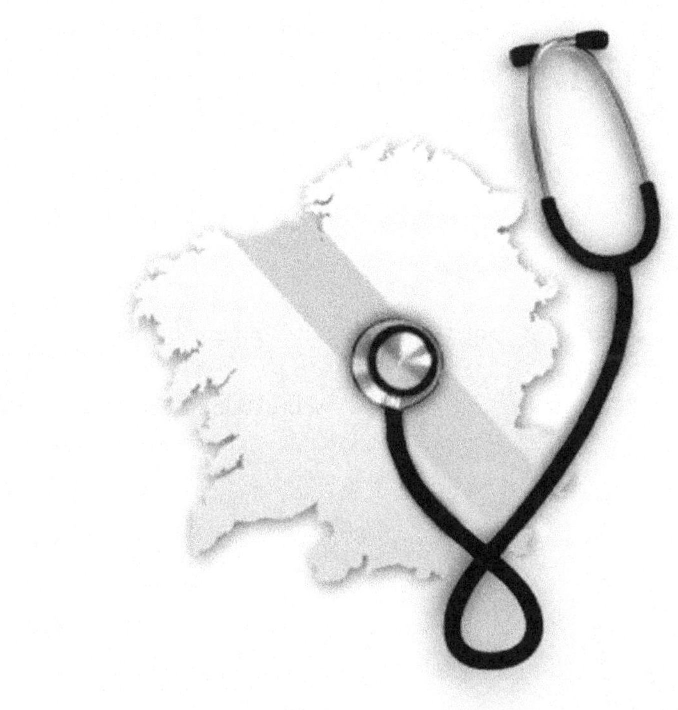

ANÁLISE DA SOCIEDADE GALEGA

Xosé Gabriel Vázquez Fernández

DEDICATORIA

Á miña irmá Isa,
que sempre loitou moi humanamente contra o cancro,
tanto a nivel social,
sobre todo no relacionado con Galicia,
como tamén a nivel persoal.

ÍNDICE

PRESENTACIÓN

Imaxinemos que o corpo social chamado Galicia entra na nosa consulta, acompañado por algún de vós, preocupado/a ou interesado/a polo estado actual do mesmo[1]. Seguindo o protocolo máis ou menos establecido nestes casos, nos que se acude a facer unha análise e obter un diagnóstico do estado xeral, o primeiro que se adoita facer é referir os datos, historial ou antecedentes. A seguir virían as preguntas sobre os síntomas ou, como se acostuma dicir, a constatación por parte do paciente do que lle ocorre ou pasa. Despois estarían as probas exploratorias e demais tomas de información directa, o que se chama en termos médicos a auscultación. Máis ou menos, con todo iso o especialista emitiría o seu informe ou diagnóstico, así como, se cadra, o tratamento, terapia ou recomendacións máis axeitadas.

Se extrapolásemos ese procedemento típico dunha consulta profesional, como por exemplo a dun médico, a unha consulta de tipo social, na que o paciente, ente, obxecto ou corpo a examinar fose unha sociedade no seu conxunto, como un todo con entidade, características e vida propios, entón estaríamos achegándonos, máis ou menos, ao que aquí se pretende facer á hora de analizar e emitir un diagnóstico sobre a situación actual da sociedade galega.

Outro símil que emprego con frecuencia para explicar o noso obxectivo é o do proceso de selección de persoal. Como se sabe, as empresas ou consultoras especializadas nestes servizos normalmente contan, en primeiro lugar, co currículo dos posibles candidatos e, se for o caso, a seguinte fase acostuma ser a da entrevista particular. Baixo este esquema, ademais dos datos curriculares que actúan de primeiro filtro -onde se recolle, máis ou menos, a traxectoria ou biografía persoal e a súa formación e experiencia profesional, se é que as houber-, normalmente se conta co contacto e impresión directos cos posibles candidatos, cara a perfilar as características intrínsecas dos mesmos e a súa adecuación ou non ao posto de traballo en cuestión.

---

[1] Entre outros motivos, recurro a esta situación figurada para, por un lado, tentar explicar perante este símil o obxectivo ou fin que aquí se pretende e, por outro, para facilitar que unhas veces me dirixa directamente a dito obxecto de estudo (investido neste caso de paciente nunha consulta) e noutras o faga o seu acompañante, é dicir, ao lector ou lectora deste libro.

Algo así é o que aquí se pretende realizar mais, no lugar de persoas ou aspirantes a unha colocación, o que se analizará é un ente ou conxunto social, integrado por múltiples elementos e aspectos e do que queremos saber ou averiguar cómo é, ter ou facer un perfil do mesmo, coas especificidades e características definitorias que se poidan recadar arredor deste obxectivo.

Baixo propostas similares ás referidas, como por exemplo a da consulta médica, teríamos que os datos e informacións a nivel social poderían vir dadas polas estatísticas, taxas e demais indicadores descriptivos desta sociedade. Así o noso historial sería o conformado polo devir ou currículo social de Galicia, conformados polos galegos a través dos anos. Canto aos síntomas expresados polo paciente, estes, poderíanse facer corresponder coas opinións, queixas, demandas e demais contidos que desprende a sociedade galega nas enquisas aquí empregadas; nas que incluimos tamén as probas específicas ou o estudo de aspectos determinados. Con todo isto, baixo a supervisión do especialista, preténdese ofrecer unha análise e diagnóstico da sociedade galega no seu conxunto, co fin e ánimo de que o *paciente* estea interesado e implicado na mellora ou remedio dos seus posibles achaques ou males, se é que os tiver, ou na conservación do seu estado actual, se é bo ou recomendable, ou incluso se só serve de simple consulta, aínda que non haxa nada polo que se preocupar.

Supoño que calquera que abra este libro terá a súa idea ou concepto de Galicia, é dicir, que este nome ou vocablo lle dirá algo. Polo que non pretendo descubrir nada novo. Máis ben, o meu obxectivo é incidir nunha perspectiva que, quizais, teña unha dimensión pouco frecuente e convencional, ao referirse á sociedade galega como un ente particular en si mesmo, é dicir, con existencia, características e comportamentos propios, e que non son os que poden ter os seus membros un a un, ou os seus sistemas administrativo, político ou económico en particular[2].

"A individualización certamente incrementa a autonomía persoal, mais como todo proceso dialéctico, termina enxergando o seu contrario: a homoxeneización colectiva. Por iso non debe esquecerse que o eu e a sociedade 'son xemelgos de nacemento; tan pronto como coñecemos a un temos conciencia do outro e a noción dun ego separado e independente é unha ilusión', porque o individuo 'non é separable da totalidade humana, senón un membro vivinte dela, derivando a súa vida da totalidade a través da transmisión social e herdeira como se verdadeiramente todos os homes formaran literalmente un só corpo. El non pode desprenderse; as febras da herdanza e da educación están tecidas en todo o seu ser'" (Veira citando a C.H. Cooley: 2007: 9)

Non busco, por tanto, entrar en revisionismos históricos, nin en guerras de cifras ou datos, nin en cuestións ideolóxicas; aínda que todos eses aspectos e outros serán tidos en conta á hora de

---

[2] Un dos principios básicos da socioloxía é que, referíndonos a entes sociais, o conxunto é algo máis que a suma das partes ou elementos integrantes e que ese conxunto ten as súas propias características e propiedades que, por suposto, tampouco son meros resultados das sumas das características ou propiedades dos seus elementos. O mesmo que pasa coas persoas, que non somos a simple suma das nosas células ou órganos.

falar de Galicia, canto a contidos que forman parte da súa sociedade. Máis en concreto, o que pretendo á hora de tratar este ente social, coas súas características e comportamentos propios, é atribuirlle o feito de ter unha vida, forma de ser e imaxe propias, igual que sucede con outros entes sociais, como as familias, os equipos deportivos, as empresas, as cidades ou as nacións. En definitiva, o que aquí se procura é facer de espello no que se poida reflectir a sociedade galega como tal.

Así logo, se algunha novidade ten esta obra é a de querer achegar unha información do colectivo conformado polos galegos e galegas como entidade propia ou corpo único, coas súas relacións e comportamentos, coas súas características, cos seus feitos máis suliñables e, tamén, con seus defectos e virtudes como parte integrante da realidade social da que forma parte. Mesmo facendo alusión ao seu espírito común que, segundo Otero Pedrayo[3], é un dos nosos mellores e máis significativos sinais á hora de identificar este pobo.

Unha Galicia entendida, tratada e, sobre todo, conformada por todos os galegos, coa súa contorna e devir, resulta pouco frecuente de atopar nas diferentes fontes de información, cando menos no que á parte práctica ou empírica se refire[4], entre outos motivos, polo difícil que resulta abranguer un ente como este na súa totalidade e, menos aínda, interactuar ou ter relación co mesmo na súa propia dimensión. De feito, parece máis lóxico pensar que iso non pode ser, xa que algo que abrangue a toda esta poboación e que se poida operativizar como un corpo único, ao que se lle poda atribuir unha existencia, comportamentos e outras características como tal, ao non estar moi acostumados a iso, parece máis ben algo afastado da realidade. Máis aínda se falamos de auscultalo ou obter informacións directas do mesmo no seu conxunto.

Para poder coñecer o pobo galego como un ente propio, como cando se quere coñecer unha persoa, recorreremos a compilar a información dispoñible e, tamén, tentaremos ter contacto directo con esta sociedade. Canto á información existente e indirecta, acudiremos a diferentes fontes: desde a historia (incluso a protohistoria), a antropoloxía, a economía, a política, a estatística, a demografía, os medios de comunicación, etc. Mentres que, para acceder a información interactiva e directa sobre unha *macroentidade* como esta, recorro principalmente a traballos de campo que podan ter a necesaria representatividade sobre o conxunto da poboación galega.

¿Como abranguer e definir unha entidade semellante?, ¿que espello, cámara, prismáticos, telescopio ou dispositivo podería facilitalo?. Como digo, para poder representar esta sociedade, así como outros aspectos referidos á realidade social, resultan fundamentais as coñecidas como técnicas demoscópicas (tanto cuantitativas como cualitativas): enquisas, grupos de dis-

---

[3] Ramón Otero Pedrayo: *Ensaio Histórico sobre a Cultura Galega*. Editorial Galaxia, Vigo, 1982.

[4] Neste traballo, aínda que falamos da sociedade galega en xeral, temos que ter en conta que non estamos incluíndo aos menores de idade (ata os 15 anos), xa que dificilmente podemos aplicar os estudos, técnicas, contidos e informacións a esta parte da nosa poboación que, por outra banda, tampouco reúne as condicións necesarias para emitir xuízos, valoracións, opinións e demais referencias válidas para conformar un concepto ou imaxe dunha poboación ou ente social en cuestión, como é o caso.

cusión, entrevistas en profundidade, etc. Se non fose a través destes métodos e técnicas representativas dos conxuntos ou entes socais, especialmente aquelas baseadas na teoría da mostraxe, resultaría imposible abordar unha sociedade no seu conxunto ou como un ente por si mesmo. Por tanto, desde aquí reivindico a utilidade e aplicación dos métodos e técnicas que principalmente a socioloxía poñen á nosa disposición, ofrecéndonos algunhas das poucas posibilidades científicas para tratar e analizar entes deste tipo; sobre todo, e comparativamente, porque se diferencian doutras informacións e coñecementos en que, ou ben elas non abarcan a totalidade, ou non hai trato nin interacción directos coa mesma na súa propia dimensión, xa que resulta complicado acceder e relacionarse con todas as súas partes integrantes, senón é a través da utilización de mostras estatisticamente representativas, que fan accesibles e operativos os estudos e análises neste tipo de dimensións sociais.

Por tanto, de entrada quero chamar a atención do lector para que tente comprender a perspectiva *macrosocial* á que imos facer referencia, como se o contido deste libro fose un *macroscopio* a través do cal se poidese chegar a observar a realidade social galega no seu conxunto; conxunto ao que non accedería a nosa percepción e coñecemento senón fose a través de formulacións como as que aquí se pretenden. Se ben, como di Barreiro Rivas, neste enfoque pode que se perdan os detalles, pero se gañe en perspectiva e amplitude (*Galicia 2020*: 19).

En principio, pois, este ensaio pode parecer unha pretensión ou, empregando un termo máis científico, unha hipótese. Unha pretensión no sentido de que o seu obxectivo é o de querer explicitar nunhas cantas follas escritas nada máis e nada menos que as características que poida chegar a transmitir a sociedade galega no seu conxunto, integrada, entre outras cousas, por case tres millóns de persoas (dous se non temos en conta á poboación con menos de 15 anos), na súa xeografía, coa súa actividade, coa súa bagaxe cultural e histórica, e demais elementos ou aspectos que a conforman[5].

Ata agora, os conceptos e coñecementos sobre a Galicia social viñeron principalmente da man de historiadores, estudos de carácter antropolóxico, escritores, medios de comunicación, etc. Menos eruditas, tamén temos referencias sobre a nosa sociedade a través de peregrinos, turistas, inmigrantes, comerciantes, estudantes, etc. Así e todo, en xeral, este tipo de informacións se refiren a aspectos e partes concretas da nosa realidade: ben do noso pasado, estrutura social, cultura, arquitectura, folclore, lingua, literatura, actividade produtiva e feitos significativos, personaxes, etc. Todo iso forma parte da nosa sociedade actual e é o que imos tentar abordar aquí: esa sociedade como tal, como cando falamos dunha persoa , unha familia ou unha empresa das que se poden obter información, tanto de forma primaria ou directa como secundaria ou indirecta.

---

[5] Aínda así, temos múltiples exemplos en que nos basearmos, como a maioría de estudos do Centro de Investigacións Sociolóxicas (C.I.S.) sobre diferentes aspectos de España, que se fan con mostras estatisticamente representativas de pouco máis de mil persoas.

Partiremos da base de que, así como se pode falar das opinións da sociedade galega, dos seus valores, das súas crenzas, das súas normas, dos seus estilos de vida, da súa relixiosidade, da súa idiosincrasia e doutras moitas máis cousas, tamén se poderá falar da súa personalidade, do seu carácter, dos seus defectos, das súas virtudes, do seu estado de saúde (social) ou da súa imaxe como ente que é e que interactúa como tal. Non se trata dunha mera compilación de datos e informacións, nin informes individuais, nin a trascripción de estudos realizados sobre a sociedade galega. O que aquí se persegue é información obxetiva, tanto directa como indirecta, sobre esta entidade social no seu conxunto. Tendo en conta estes supostos, o lector poderá compartir a perspectiva coa que se vai a abordar a presente disertación.

Por suposto, pode haber criterios distintos, engadirse, cambiar ou descartar aspectos, características e referencias sobre esta mesma cuestión, tan inxente e inabarcable en obra ningunha. Iso si, aquí nos baseamos en datos obtidos con métodos e técnicas demostradamente científicas, así como en contidos aplicados e referidos a un ente social no seu conxunto. Aínda que moitos datos e informacións das que se recollen poidan ser coñecidas ou incluso obvias para o lector, de entrada quero establecer as diferenzas entre o que aquí se pretende explicitar, repito que perante métodos científicos e sobre un ente social no seu conxunto, respecto a outros constructos, valoracións, ideas, prexuízos ou estereotipos a respecto de Galicia.

Como todo o mundo saberá, non é igual coñecer a unha persoa, familia ou empresa directamente que por referencias. Polo que o mesmo ocorrerá se, en lugar de persoas ou familias, nos referimos a outro tipo de entes, como os que estuda a ciencia da socioloxía. Con isto quero incidir nas diferenzas fundamentais da información aquí contida con respecto a outros estudos sobre Galicia e, concretamente, sobre a súa sociedade: en primeiro lugar, como xa dixen, está o feito de abordala como un ente propio ou coa súa entidade; en segundo lugar, está o feito de poder tratala no seu conxunto, perante métodos e técnicas representativas e, en terceiro lugar, contamos coa interacción ou contacto directo con dito ente social, perante mostras representativas do mesmo.

¿Pódese interactuar cun ente social?, ¿teñen existencia propia?, ¿pódese aplicar a eles os conceptos de corpo, personalidade, imaxe, etc.?, ¿son representativos ditos métodos e técnicas?. Non afondarei aquí nestas respostas, remitíndome para iso á miña tese doutoral[6], onde creo que fican explicadas.

Os estereotipos describen os galegos como traballadores, tímidos, amables, supersticiosos, toscos, etc.[7] É unha información consensuada ao longo do tempo e por múltiples fontes, mais moitas veces se trata dun coñecemento indirecto, por referencias e que non se axusta á realida-

___

[6] X. Gabriel Vázquez: *As imaxes conformantes da realidade social*. Tese Doutoral. Universidade da Coruña. 2006 (http://hdl.handle.net/2183/1158)

[7] Centro de Investigacións Sociolóxicas (C.I.S.): *Identidades, actitudes y estereotipos en la España de las Autonomías*. Estudo nº 2.123. Madrid, 1994.

de, como demostran os estudos científicos sobre este tipo de constructos sociais. Tamén está o coñecemento directo, aínda que parcial ou específico, non sobre o ente no seu conxunto e coa súa propia acción.

Por exemplo, nunha entrevista a unha inmigrante xaponesa que estaba traballando en Galicia esta manifestaba que:

".... o galego é máis educado e ten un carácter máis amable que o xaponés. En Galicia a xente non expresa tanto a súa opinión. Niso se parecen a nós, que tampouco o facemos por educación. A min o galego paréceme tímido. Aquí non son moi ordenados no traballo, hai bastantes chapuzas. Un se pon a traballar e fala co outro, detense para tomar un café... No meu país non: parase á hora regulamentaria e ninguén fala, trabállase". (A Voz de Galicia, 31/12/2001)

Esta sería unha observación e descrición dalguén de fóra da colectividade desde dentro da colectividade analizada. Tamén pode haber descricións desde dentro da propia colectividade, como a do vasco que nunha conferencia manifestaba que os da súa comunidade tiñan fama de fanfarróns pero era "porque podemos". Outro exemplo anecdótico ben podería ser o acontecido nunha liña de autobús de Galicia onde estaban realizando unha enquisa en que lle preguntaban a unha señora con que frecuencia realizaba ese traxecto, ao que ela contestou que "cando o necesitaba", mentres que a seguinte pregunta foi o motivo da súa viaxe, e a resposta foi "as miñas cousas". Supoño que a entrevistadora tería difícil a codificación das respostas desta señora que, pola outra banda, avalan o estereotipo do galego/a pouco claro/a e definido/a á hora de mostrarse fóra do seu ámbito habitual, cotián ou de confianza.

Recorrendo a outro exemplo, cando alguén visita o noso fogar, ou temos convidados, estes fanse unha imaxe ou idea do noso grupo familiar, primeiro co que coñecen do mesmo (referencias previas, relacións que se teñan, etc.), mais tamén coa idea que se fagan da casa (tanto no que respecta ao continente como ao contido: forma, espazo, distribución, mobiliario, etc.), así como da situación creada arredor á visita (trato, cordialidade, educación, etc.), na mesa (presentación, comida, modais, etc.) e doutros posibles aspectos (relacións, opinións, vestimenta, etc.). Indubidablemente, ese coñecemento sobre o grupo familiar dependerá tamén doutro interlocutor (individual ou grupal), das súas características, dos seus valores, das súas apreciacións, dos seus gustos, opinións, educación, etc. De todo iso, tanto desas informacións inherentes ou propias, como das que se derivan do proceso interactivo (reflexivo e recíproco), producirase unha (outra) información e coñecemento que, máis ou menos, tento aplicar a Galicia como ente social.

Con isto quero insistir no feito de que, para coñecer un ente, grupo ou institución social podemos contar, por un lado e a modo de currículo vitae, con toda unha serie de datos secundarios sobre poboación, emprego, economía, historia, sistema e comportamento político, normas, relixión, etc. Indubidablemente, trátase dunha información completa e que dá unha idea ampla (máis se se estableceren comparacións) sobre dita sociedade. Mais, como no caso do coñecemento das persoas e outras entidades, dita información non estaría do todo completa ou faltaríalle outra: a que proporciona a interacción directa entre suxeito e obxecto.

De feito, penso que unha das perspectivas que mellor poden axudar a definir entes sociais, como no caso da sociedade galega, é a externa, sobre todo si son tan profundas como esta:

"Traspasar ese cantón [O Cebreiro], para quen –coma min- adoita vir de abaixo, equivale a penetrar nun mundo á parte do noso, implacablemente hibernado por expresa vontade dos seus moradores. Un mundo farto máis próximo á España antiga que á actual. Tan fragrante no seu arcaismo, tan espido de mofos e fermentacións, que non cabe imaxinalo casual ou –menos aínda- determinado polo illamento e o subdesenvolvemento, tese esta que aparece con frecuencia nas pailarocadas de economistas e sociólogos." (S. Dragó, 1981, Vol. II: 48)

O presente ensaio trata, logo, de analizar a sociedade galega como un constructo máis dos que integran a realidade. Neste caso, referíndonos a ela como un ser vivo e diferenciado, coas súas interaccións e evolucións; e non a algo parcial, nin só a súa historia, economìa ou paisaxe, senón contando para iso e ó tempo con todo o que a conforma no seu conxunto, xunto coas súas opinións, valores, comportamentos, actitudes e demais aspectos deste ente. En definitiva, estoume referindo á sociedade galega atribuíndolle corpo, entidade, voz e existencia propia e, tamén, carácter, personalidade e imaxe específica. Por tanto, cando aquí falo da mesma, non aludo só á imaxe que puideron transmitir os nosos emigrantes, nin ás que se conforman quen nos visita, nin á que poidan ter as nosas empresas ou reflectir os medios de comunicación.

Facendo outro símil, unha fotografía pode ser observada polos propios retratados/as, por outras persoas, achegadas ou alleas, etc. E, en cada un destes casos, terase un concepto e imaxe diferente sobre a mesma foto. Para uns achegará unhas cousas, para outros outras e para o retratado/a seguro que é distinta a como a ven os demais. No noso caso, aceptando de entrada todas esas posibilidades (no que pode representar o *continuum* que engloba o proceso conformador de conceptos e imaxes[8]), vaise abordar a presente investigación a partir do punto de vista dun equipo investigador ou observador que interactúa co seu obxecto de análise, como é neste caso a sociedade galega. Aínda que esta obra sexa un traballo persoal, porén, a parte empírica non deixa de ser unha compilación da información a cargo de equipos técnicos, así como o tratamento dos datos, os deseños mostrais ou os traballos de campo. En definitiva, máis que da información que me poida transmitir a min a sociedade galega, neste ensaio téntase plasmar unha parte obxetivable da mesma, derivada do traballo de técnicos. Por tanto, conviría non perdermos a perspectiva de que, aínda que os contidos referidos ao conxunto de galegos sexan expostos pola miña parte, en troques sería máis axeitado asumir unha formulación interactiva

---

[8] Respecto a dito *continuum*, para máis información, remítome de novo á miña tese doutoral.

entre equipos de investigación (sobre todo do Instituto Sondaxe) e o obxecto de estudo (a sociedade galega). Sen esquecermos das diferentes fontes secundarias traídas a colación, desde as históricas, antropolóxicas, económicas, demográficas, hemerográficas, testimoniais, etc. Se ben é certo que tamén está a miña perspectiva de análise e interpretación da información. De todos os xeitos, desde un principio, convén termos en conta que o que aquí se recolle é froito, básicamente, tanto de pesquisas documentais como de traballos demoscópicos dispoñibles pola miña parte, coas súas vantaxes e as súas limitacións.

Por tanto, partimos da base de que o que se pretende reviste dificultades, tanto de medios e recursos dispoñibles, como de carácter metodolóxico ou práctico, xa que neste tipo de estudos e na obtención da súa correspondente información dase, por exemplo, o efecto de desexabilidade social ou de opinar como a maioría, tratando de agrandar as virtudes propias ou de enmascarar, na medida do posible, os defectos. Isto é, que a veces as persoas tenden a dicir o que se espera e non o que pensan ou como realmente son; aínda que isto tamén ocorre cando se trata de coñecer a unha persoa. Precisamente, iso tamén formará parte da imaxe dunha sociedade, que defectos oculta e que virtudes engrandece, o mesmo que ocorre nas nosas relacións a nivel interpersoal ou á hora de posar diante do fotógrafo.

Tamén se debe ter en conta que non se pretende conformar unha verdade absoluta, é dicir, que a información descrita sexa exacta, única, infalible ou inmutable, pois sabemos que as informacións, puntos de vista e demais aspectos interventores nas análises poden ser innumerables e sempre haberá algo que engadir ou discutir ao respecto. Así pois, máis que dunha información unívoca ou completa, teremos que definir o que aquí se recolle como unha especie de *colaxe* que pretende representar o mellor posible á sociedade galega.

Como tal obra de autor, quizais a principal fonte de posible distorsión ou contaminación sobre a sociedade galega explicitada a continuación sexa, precisamente, a miña análise e punto de vista: por unha parte, porque son parte implicada e pertencente ao ente en cuestión e, por outra, porque ao falar da sociedade á que pertenzo o máis lóxico é que o poida facer con certo *chauvinismo*, debido a dita relación persoal e ao meu querer cara a ela. Fronte a isto, espero que a miña formación e traballo científico sexan o suficientemente consistentes como para contrarrestar ou impedir que a miña subxectividade vaia por diante, deixándoa simplemente a un nivel de adorno literario ou de expresións confesables da miña relación persoal con dito ente social.

Por último, aínda que para a maioría non sexa necesario especificalo, así e todo convén deixar ben claro que, tanto polo que din as ciencias sociais, como polo que se deriva da propia realidade, polo menos ata o de agora e por moitos anos, o conxunto de galegos se pode considerar como un ente ou grupo social propio e específico, xa que cómpre cos requisitos definitorios fundamentais: poboación, territorio, historia, lingua, costumes, cultura e demais elementos e aspectos propios.

INFORMACIÓN DOCUMENTAL

"Un fillo do século XX podería contar a historia desta forma: *in illud tempus* houbo certo pobo dono de cognicións científicas que lle permitían alterar o curso da natureza. Cegadas pola soberbia, aquelas xentes forzaron pouco a pouco o ecosistema ata sobrepasar un punto crítico a partir do cal a retirada era imposible. Algúns varóns de corazón limpo e espírito desperto (que vanamente se esforzaron en deter a aturdida carreira dos seus compatriotas) construiron entón sólidas embarcacións, enchéronnas de plantas e animais (o único que merecía a pena salvar) e zarparon con ánimo sereo cara a litorais ignotos que ademais achaban definitivos. Foi logo a catástrofe, a embestida dos xeosinclinais, a chuvia sen fin, o *tsunami*, a insurrección oroxénica e, seguramente, a guerra, a pillaxe, o desbordamento dos depósitos de enerxía, as explosións en cadea. Así, víctimas de xogos científicos e puerís, aplastados pola ridícula Torre de Babel, pereceron cantos quixeron asemellarse a un Deus no que xa ninguén acreditaba. Tras o *consumatum est,* os náufragos arribaron a praias novidosas e alí, *en cifra* (para que os homúnculos non tiveran acceso ao saber. Porque aí estivo o erro: non en adquirir coñecementos, senón en divulgalos) e 'en pedra' (chave de eternidade que nin sequera outro diluvio acertaría a destruir), deixaron as instrucións necesarias para que certos homes –os cabales- 'colaborasen' coa natureza en recíproco proveito. Tratábase, pois, de 'iniciar mestres' artesáns capaces de exercer o seu oficio en amor e graza de Deus. Un ou varios daqueles heroes desembarcaron en Galicia, gravaron a súa mensaxe, granxeáronse o relixioso temor dos indíxenas e foron enterrados en dolmes ou castros que ollaban para o mar. Alí Santa Tegra, Iria Flavia, Noia, Fisterra, o Pico Sacro, Bares, San Andrés de Teixido ... e Compostela. Por todos os rincóns da Península e do Mediterráneo correu logo a fama de que naquel litoral sagrado descansaba a Ciencia, a Tradición e o Coñecemento. Entón comezaron os grandes periplos, os éxodos, as navegacións. E tamén a converxencia individual cara ao simbólico cenotafio do que aínda tardaría moito tempo en ser cidade xacobea. Veu o Habidis dos andaluces, o Lug dos aborixes, o Osiris dos exipcios, o Herakles dos gregos, o Melkart dos fenicios, o Gwydion dos celtas, o Hiram dos xudeos, o Cristo dos gnósticos, o Prisciliano dos galegos e, por último, o Santiago Matamouros das tropas leonesas e casteláns. Unha tras outra foron sucedéndose as relixións nese *exótero* atlántico, bébedo de todas elas, e unha tras outra fundiron os seus presupostos cos do mito diluvial alí petrificado. Danza milenaria cuxo paso máis recente se intitula católico, apostólico e romano. Por iso adoramos hoxe a Xacobo no mesmo lugar onde os nosos antepasados adoraban deuses diferentes (mais iguais) e onde razas novas adorarán futuros heroes. Se é que ao ciclo actual, tan próximo ao vindeiro diluvio, lle resta marxe para iso". (S. Dragó, 1981, Vol. II: 157)

Comenzo esta parte das referencias sobre Galicia con este relato, tipo "Érase unha vez ...", porque ademais de facer referencia á nosa comunidade dentro desa historia universal, podería valer tamén como colofón (tipo "... e colorín colorado"); xa que acho que nesta cita, cun pouco de perspectiva por parte do lector, poderíase resumir e facer unha idea do noso devir social.

Continuando co símil dos procesos de selección de persoal, non é que sexan idénticos nin o esquema nin o contido dunha información curricular a nivel persoal coa que pode corresponder a un grupo social determinado, entre outras cousas, porque a do grupo é moito máis longa, complexa e abrangue múltiples e diversos aspectos, actores, campos de acción, etc. Con todo e como modelo metodolóxico, non deixa de ser significativo, ou ter un valor en si, o feito de posibilitar certa analoxía entre as análises a nivel persoal e a nivel social, a través de algo tan extendido e aceptado como é a información existente sobre unha persoa á que se quere coñecer e, tamén, sobre un grupo. Así, se no caso dos individuos se adoita falar de *currículos*, integrados por información ordenada, cos datos persoais, de formación, de experiencia profisional, etc., no caso dun grupo social pódese conformar un esquema curricular similar, senón canto a contidos, polo menos no que se refire á súa funcionalidade para ofrecer información ordenada e unha aproximación ao seu coñecemento máis formal ou externo. Se o currículo persoal informa dos datos biográficos, da formación, da experiencia, dos idiomas, das afeccións, doutros méritos, etc., canto a un posible currículo aplicado a entes sociais pódese compor de información e coñecemento sobre a súa localización xeográfica, lingua, feitos históricos máis destacables, composición e características da poboación, principais recursos e actividades económicas, expresións culturais máis importantes, etc.

Hogano resulta corrente que existan datos e informacións sobre o ente social que se pretende analizar: estatísticas, indicadores, taxas, estudos, historia, estrutura económica e demais contidos propios dun grupo; os cales ofrecen e van conformando un coñecemento explícito sobre o mesmo, quizá máis formal e superficial que profundo e auténtico, polo que tamén se fai necesario un contacto e coñecemento directos, algo que tentaremos acadar neste traballo.

Por tanto, para ter un coñecemento obxectivo da sociedade galega ou, cando menos, da imaxe que Galicia proxecta desde un punto de vista social, nesta primeira fase documental acudín a fontes secundarias de todo o tipo, desde informes oficiais, como o de *Galicia en cifras* ou o *Atlas Socioeconómico de Galicia*, pasando polas fontes mediáticas, históricas, antropolóxicas, referencias persoais ou de grupos, outros estudos, outras enquisas, literatura, bibliografía, etc. Indudablemente, a meirande parte desta información ten as súas ventaxas, de cara a conformarse un coñecemento ou imaxe fiel de algo, xa que adoitan ser informacións contrastadas, con bagaxe científica e pouco dadas ás inxerencias subxectivas; se ben unhas veces adoecen dun tratamento parcial -non do ente social no seu conxunto, como un todo-, ou fáltalles información directa e interactiva co obxecto de estudo como tal (como cando, despois de ver o seu expediente e para completar a información, se entrevista un candidato nun proceso de selección de persoal).

Tampouco pretende esta parte curricular da sociedade galega ser unha información exhaustiva e mesmo os puntos poden ser obxecto de discusión e alternativas. Simplemente e na medida do posible, procúrase apañar unha primeira aproximación ou coñecemento deste ente social a través de fontes secundarias de información. Este é un paso ineludible en moitas das investigacións sociais, e esta que nos ocupa non é unha excepción. Unha vez cumprido con este requisito metodolóxico de recompilar a información válida da xa existente (e que nos diga algo sobre a Galicia social), seguidamente nos encargaremos de apañar a información de primeira man, os datos primarios, onde se establecerá a interacción co obxecto de estudo.

Por tanto, a información documental que a seguir se detalla nesta parte da investigación pretende facilitar unha descrición o máis obxectiva e ampla posible dunha sociedade, neste caso a galega, a través dos datos dispoñibles e outros que se posibilitan, cara a conformarse unha primeira idea, concepto ou imaxe (indirecta) da mesma.

IDENTIFICACIÓN SOCIAL

Comezando a nosa análise "á galega", a máis dun resultaralle familiar, sobre todo no noso medio rural, a situación de cando unha persoa inicia o proceso de (re)coñecemento doutra, en principio descoñecida, coa tradicional pregunta *¿E ti de quen es?* ou *¿De quen ves sendo?*[9], procurando así a primeira referencia dalgunha casa ou familia do lugar.

Pois algo similar pretendo ao iniciar o (re)coñecemento da sociedade galega como colectivo ou grupo, preguntándonos en primeiro lugar polos referentes de quen falamos ou "quen vimos sendo os galegos". Polo que, antes de nada, quixera recoller as primeiras referencias sobre este grupo social, do que se descoñece con certeza a súa orixe ou, máis ben, se perde na néboa do tempo.

Serán os mal e inxustamente chamados relatos máxicos e mitolóxicos, moi anteriores ás versións e informacións vertidas desde a cosmovisión relixiosa, nos que temos que basearnos para podermos obter os primeiros indicios de quen vimos a ser os galegos. Para isto, nada mellor que

---

[9] Este mesmo argumento, tipo de diálogo e escenario de carácter social coinciden cos empregados, no mesmo sentido, por Marcial Gondar no seu artigo *Entre o si e o non. Retrato antropolóxico de nós*, páxina 156, que forma parte da obra, dirixida por Víctor Freixanes, *Galicia: unha luz no atlántico*. Edicións Xerais de Galicia, Vigo, 2001.

seguir os postulados de Fernando Sánchez Dragó - na súa magnífica e prolífica obra *Gárgoris e Habidis: Unha histora máxica de España*- para obter remotas noticias ou alusións que poidan dicir algo sobre nós. Mesmo, considero que esas referencias van ser das que máis digan sobre a nosa forma de ser, de pensar, de existir, de vivir, de relacionármonos, etc. Por iso, coido necesario chamar con especial intensidade a atención, intención divulgativa e interese -para o obxectivo do presente traballo- sobre a información da nosa protohistoria. Non só pola grandiosidade que se desprende da mesma, nin polas achegas sobre a nosa conformación social, senón tamén por dar resposta e case que a solución á nosa razón de ser: por que somos así, por que estamos aquí e cal pode ser o noso papel no escenario social.

Para empezar, as nosas primeiras referencias xa parecen estar máis que unidas ao devir da humanidade, tal e como se pon de manifesto a través das distintas fontes de información ou, tamén, das conxeturas.

[esa protohistoria] ".... zurce co mesmo fío cretenses, etruscos, exipcios, vascos, andaluces e galegos." (1981, Vol. I: 159)

"Con que quizais Túbal desembarcou en Galicia e logo viñeron a ela: curetes, as mesnadas de Hércules, os almuxuces, os fenicios, os xonios e por último –de momento- eses celtas que cos seus ásperos Tres Puntos agardaban recibir a Luz precisamente nas ribeiras de ultratumba." (1981, Vol. I: 214)

Se tan importante ou significativa era ou foi Galicia naquela altura, ¿todo iso viuse reducido ao poder de atracción ou de convocatoria que hoxe en día ten o Xacobeo?.

Tras os contidos explicitados por Sánchez Dragó no seu extenso tratado, recomendable para situarnos en contexto[10], fago referencia a outro marco teórico-histórico-universal: o que nos facilitou Arnold Toynbee na súa famosa obra *Estudo da Historia*.[11]

Remitíndonos a dita información, a Galicia habería que inscribila dentro da denominada sociedade cristiá occidental, irmá da cristiá ortodoxa e descendentes ambas da sociedade helénica ou minoica, a nosa avoa como civilización; mentres que os nosos pais sociais virían por parte da sociedade conformada polo Imperio Romano. Todo o demais, como por exemplo o

---

[10] O descoñecemento sobre o noso non só e unha pandemia en Galicia, como comprobaremos, senón no conxunto do Estado. Así, mentres que case todos sabemos da historia mitolóxica sobre a fundación de Roma por Rómulo e Remo, os que foron amamantados por unha loba, ou sobre o mago (druída máis ben) Merlín, a espada Excalibur e as proezas de Artur e os cabaleiros da táboa redonda; en troques, a meirande parte das persoas deste país descoñecen, por exemplo, a historia mitolóxica ou non de Gárgoris e Habidis sobre os primeiros habitantes da Península, moito máis antiga e moito mellor referenciada que a itálica. E así todo.

[11] Nela, o autor, nun esforzo de análise sintética sen parangón, chega a diferenzar e englobar o noso mundo social e toda a súa historia en vinte e seis sociedades (aínda que este concepto pode asimilarse ao de civilización). Como outros moitos autores, Toynbee non ten en conta os celtas entre as civilizacións habidas, pola falta de referencias e probas que non deixaron. En troques, outros autores, como Ramón Cacabelos, inciden na gran influencia e extensión que tivo esta cultura no mundo coñecido.

relativo aos celtas, non virían a ser máis que, segundo Toynbee, *interrexios* dentro dos continentes sociais que él describe. Porén, tras a información analizada, pódese adiantar que a identidade social celta resulta bastante evidente e significativa en Galicia, sobre todo pola relación tan característica da súa poboación coa contorna e, segundo demostran distintos estudos, porque ditos sinais de identidade nunca se perderon nas distintas mesturas polas que foi pasando a nosa *xenética social*. Empregando terminoloxía biolóxica e aplicándoa ao social, poderíase dicir que, na sociedade galega, o xen celta foi dominante (non recesivo) en moitas xeneracións, ata a actualidade.

"E por máis que a historia os sacuda, todo o galego, o irlandés ou o bretón seguirá considerándose celta por riba de calquera outra nacionalidade." (S. Dragó, 1981, Vol. I: 224)

"O celta e a súa circunstancia: unha herdanza teosófica que obriga o galego a dialogar coa súa contorna, a recoñecer en cada obxecto a súa cota de eternidade." (1981, Vol. II: 49)

Segundo estas referencias ou informacións dispoñibles, as primixenias características dos galegos como ente social serían, por unha banda, a súa impronta celta, moi marcada no espírito e na relación coa natureza; por outra, a súa adscrición á relixión cristiá, no máis amplo sentido (macro)cultural do termo e, en terceiro lugar, á romanización da nosa cultura, baixo o sinal máis inequívoco da lingua.

Aínda que poida resultar tamén obvio, tampouco considero que estea de máis especificar que, a partir do punto de vista de raza, os galegos, consubstancialmente á nosa adscrición xeográfica ao continente europeo, somos de raza branca. Esta información, cando menos, nos diferencia de moitos millóns de cidadáns doutras razas distintas. Entrando máis en detalle, segundo varias investigacións (entre as que salientamos unha recente da Universidade de Santiago de Compostela, dirixida polo profesor José Luis Blázquez Caeiro), Galicia presenta un perfil xenético propio debido ao seu illamento. Na nosa comunidade, seguindo estes estudos, a contribución xenética doutros pobos tivo unha influencia moi escasa nos últimos 2.000 anos, xa que a mestura coas poboacións do Mediterráneo foi residual e, en especial, tampouco sufriu o proceso de islamización, fronte ao acontecido noutras zonas nas que o perfil xenético foi modificado de forma substancial. Segundo dito perfil ou marca xenética común, en xeral, sen que tampouco exista un prototipo, un galego estándar tería un rostro oval, con nariz alongado, a pel clara e a constitución robusta. Ao contrario, os científicos prefiren non relacionar a herdanza xenética coa cor dos ollos ou outros trazos físicos.

RESIDENCIA SOCIAL

Unha vez establecidas as primeiras referencias "macrosociais" para o noso obxecto de estudo, pasamos a describir aspectos máis directos ou intrínsecos ao mesmo, sen perdermos de perspectiva o enfoque de Toynbee, no sentido de que un grupo, cultura ou sociedade non se poden entender nen describir de forma imparcial, se non é explicándoas e entendéndoas en interacción co mundo que lles rodea. Noutras palabras, resultará importante para o noso estudo saber en qué contorna, medio e demais características ou circunstancias externas se desenvolveu o noso devir como pobo, grupo ou sociedade diferenciada. Como diría Otero Pedrayo:

"As culturas nacen e morren na historia, coexisten e sucédense, interfírense mutuamente na superficie mais no fondo cada unha garda un sinal de seu, propio, inalienable, como sostén o grupo inspirado pola doctrina de Spengler." (1982: 12)

Así, como adscrición territorial ou procedencia, a sociedade galega caracterizaríase pola súa situación xeográfica noroccidental na península ibérica, con todo o que iso implica socialmente no que respecta á historia, feitos e avatares nesta parte do planeta: desde a súa pertenza a Europa occidental, pasando pola súa actual integración no Reino de España, previa existencia como Reino autóctono e a súa historia conxunta co actual Portugal, por sinalar algúns escenarios de actuación deste ente ao longo do seu devir.

"O periférico, o illamento terrestre e apertura ao mar son factores, os tres, que nos abocan cara a un espazo xeográfico común: o arco atlántico.

[...]

Galicia é, sobre todo, unha rexión atlántica, porque a maior parte da súa poboación vive asomada ó mar.

[...]

Algúns autores atrévense a afirmar que o eixo étnico e psicolóxico actual de Bretaña, Cornualla, Escocia, Gales, Galicia e Irlanda é celta; manifestándose as semellanzas no tipo somático, no folclore, no sentido relixioso dos aspectos naturais e na arte.

[...]

Tradicións mariñeiras fálannos de costumes, innovacións, ritos, supersticións e manifestacións relixiosas comúns a eses pobos atlánticos. Tamén as expresións folclóricas –no sentido amplo do termo- denotan ese parentesco vivencial. Así mesmo e de xeito especial, o culto aos mortos, as cruces de pedra precristiáns, os ritos de fecundidade das nove ondas, nas súas diversas formas rituais, ou aspectos máis materiais como son certos sistemas construtivos das embarcacións tradicionais. Todos eles son aspectos que enriquecen a nosa diferenciación rexional e que en certo modo se derivan da nosa situación xeográfica." (Precedo Ledo, 1998: 27-34)

As nosas 240 millas de costa están bañadas ao Norte polo Mar Cantábrico e ao oeste polo Océano Atlántico. Limita con Portugal ao sur e coas Comunidades Autónomas do Principado de Asturias e de Castela-León ao leste. En 1833 é cando se establece a extensión e divisón territorial actual de Galicia; con catro provincias (A Coruña, Lugo, Ourense e Pontevedra) e unha superficie total de 29.434 quilómetros cadrados. A reorganización administrativa complétase coa formación de 315 municipios ou concellos. As parroquias (3.787), xunto coas entidades de poboación ou aldeas (29.179), se constitúen como o punto de referencia da extraordinaria dispersión do hábitat, a maior da Unión Europea, principalmente froito da adaptación ás características morfolóxicas da nosa terra.

"Galicia, o vértice terrestre máis occidental do arco atlántico europeo é, por esa posición, unha encrucillada xeográfica singular onde interactúan dominios ecolóxicos diferenciados. Xa o dixemos, pero esa realidade diferenciadora non deixa de ser unha parte do todo. Tamén a súa identidade cultural está nitidamente definida por uns contidos antropolóxicos, etnográficos e artísticos que se manifestan na lingua e nunha cultura propias. Da combinación destes dous factores: o ecolóxico e o cultural xorde un espazo xeográfico irrepetible. Por iso, todos os autores que, desde diversas ópticas, tentaron captar ou propor a diferenciación xeográfica española, asignaron a Galicia unha identidade precisa e constante, expresión dun feito diferencial incuestionable. O galego, co vasco, o catalán, o castelán e o andaluz son os focos xeradores e configuradores da realidade multicultural española, todo o demais é resultado das súas múltiples combinacións graduais." (Precedo Ledo: 1998: 19-20)

Como se verá na exposición curricular, creo que a particular localización xeográfica onde se asenta e asentou a sociedade galega, no noroeste da península ibérica e extremo máis occidental de Europa, inflúe na determinación de moitas circunstancias, feitos e comportamentos que, ao longo do tempo, foron conformando aspectos intrínsecos e definitorios desta colectividade, tamén no que se refire a súa imaxe ou (re)coñecemento por parte doutros pobos e culturas: desde a relación con outras comunidades, pasando polas invasións, ata certo illamento xeográfico. De feito, xa destas coordenadas se poden obter explicacións dalgúns tópicos existentes, como o que se refire ao noso espírito conservador, ao noso individualismo ou á nosa falta de interese e compromiso polas cousas comúns ou públicas e que non afecten ao micromundo que cada galego se vai conformando ao longo da súa vida; desenvolvendo así un dos espíritos sociais máis autárquicos -ao tempo que menos convulsivo- do contexto social no que se inscribe. Quizais, como se verá máis adiante, de aí tamén que dita prevalencia da independencia, autarquía e tranquilidade sociais non deixen destacar ou resten importancia e interese a outros factores tamén comúns, como o desenvolvemento económico ou político da comunidade. De todos os xeitos, como tamén sinala Otero Pedrayo:

"A mesma Galicia, en conxunto, mostra caracteres xeográficos inconfundibles, mais non temos que atribuír a tal determinismo o tema principal da cultura galega. A presenza dunha raza que se soubo adaptar a este medio moral e incorporarse a el, creou a rexión, o círculo cultural e de tal maneira se confunden ambos os factores, o natural e o humano, que nun avanzado grao de evolución é xa difícil distinguilos empregando a análise" (1982: 13)

TRAXECTORIA SOCIAL

Neste punto, a palabra traxectoria pode indicar, por un lado, a bagaxe e experiencias que, como colectivo ou ente social, a sociedade galega foi acumulando ao longo da súa existencia. Máis tamén, a traxectoria alude ás situacións vividas, a aqueles capítulos, feitos ou accións que suscitan, por parte da comunidade galega, certa resolución sobre o que acontece. Tanto no caso da bagaxe social que temos, como no experimentado como pobo, a continuación se tenta recoller a parte do *currículo social* que nos poida indicar mellor o devir e desenvolvemento desta sociedade ó longo da súa existencia como ente propio, nuns escenarios sociolóxicos determinados. Para iso, contaremos cos contidos que nos achegan as diferentes fontes de información fiables, como son as que testifican a historia, a antropoloxía, a demografía, etc. Como ben sinala José Luis Veira:

"Debe terse en conta que unha cultura implica unha memoria colectiva; e para que haxa unha memoria colectiva deberá terse compartido unha historia común." (2007: 7)

Máis que centrármonos nos feitos, etapas ou avatares experimentados ou vividos por Galicia como parte da realidade social, pretendo apañar referencias que digan algo significativo ou característico sobre este ente social como tal. Neste sentido, no lugar dun repaso diacrónico da súa traxectoria, quero sinalar peculiaridades, especificidades ou singularidades sobre a forma de ser desta comunidade; o mesmo que cando sobre unha persoa, máis que os seus datos curriculares formais, se procuran obter referencias persoais, máis alá do dato frío.

No que respecta á Historia de Galicia con maiúsculas, temos que empezar citando dúas obras imprescindibles. Unha delas, a de Ramón Villares (*Historia de Galicia*) retrata perfectamente o corpo social galego, mentres que a outra, a de Otero Pedrayo (*Ensaio Histórico sobre a Cultura Galega*), faino maxistralmente con respecto á alma ou espírito deste pobo. Ambas as dúas conforman, logo, un retrato máis que válido para ter un coñecemento e imaxe fidedignos da sociedade galega, en corpo e alma. Por todo isto, realmente a miña verdadeira contribución limítase, máis ben, á compilación e análise duns datos e informacións, sobre dita colectividade, cara a conformar un concepto como os que se adoitan obter nos chamados informes ou perfís persoais, sobre os candidatos a un posto ou, incluso, nos chamados *castings*.

Na obra de Villares encontramos os momentos máis significativos da evolución social, cultural, política e económica da sociedade galega: a partir da peculiar vida dos castros e a súa pervivencia durante a romanización, a era compostelá, coincidente co apoxeo feudal e a configuración dunha cultura tradicional, pasando polas guerras irmandiñas, que definen a crise baixo medieval, ata a maduración producida durante o Antigo Réxime. Coincidindo isto coas primeiras e tímidas tentativas industrializadoras, o empobrecemento agrario, as emigracións masivas e o caciquismo político da idade contemporánea; así como o camiño para a modernización que significan as transformacións acaecidas no século XX, a formación dunha consciencia dos sinais de identidade -a través da evolución do que a historiografía define como galeguismo-, ata as posibilidades abertas pola Constitución de 1978 e o actual réxime autonómico. Todo isto explicado cunha linguaxe clara, baseándose nunha información máis que contrastada, para ofrecernos o que considero unha visión aséptica do que foi e é a historia de Galicia, cos seus erros e os seus acertos, mais sobre todo coa verdade ou, mellor dito, ofrecéndonos unha visión clara da realidade desta comunidade, lonxe de terxiversacións, maniqueísmos, *chauvinismos* ou falsidades.

Pola súa banda, a obra de Otero Pedrayo pódenos dicir en que consiste o espírito de Galicia, cal é a súa alma. Para isto, bástalle con aludir a feitos e personaxes chaves da nosa historia, iso si, recorrendo a uns amplos marcos de referencia (xeográficos, literarios, da arte, etc.), que mostran os vastos coñecementos deste autor sobre a nosa comunidade e, ante todo, que nos descobren informacións, establecen paralelismos históricos, afastan os localismos ou deitan luz sobre moitas escuridades da nosa cultura. O seguinte resumo desta obra pódenos dar moitas pistas sobre a nosa identidade como colectivo social.

"O pequeno grupo de fragmentos clásicos vitalízase á luz da Arqueoloxía e da Enografía. E podemos imaxinar o horizonte humano da Galicia, estritamente celta. (1982: 26)

[....]

Vicente Risco expresou con acerto a caracterización histórica de Galicia como Occidente da Romania e Sur da Celtia. (1982: 40)

[....]

Algo ficou do pobo suevo: un trazo de carácter. (1982: 85)

[....]

A historia de Galicia incorporada ao reino godo de Toledo é meramente eclesiástica. .... Novo silencio, outra pausa no devir histórico. (1982: 98)

[....]

O árabe podía transpor cordilleiras mais non dominar un país de montañas anárquicas e poboación dispersa xa desde séculos enraizada e cun sentido de necesidade cósmica da patria que veremos en todos os momentos da súa historia. (1982: 103)

[....]

Mais no conxunto o pulo monástico orixinal ou penitencia dun vivir violento, representa un elevado espírito (non só de renuncia senón tamén de formas superiores de colectividade) e debe considerarse como un dos creadores eficaces da Galicia futura ao facerse unha gran parte, sen dúbida a mellor, a máis reflexiva da sociedade, amparo dos servos e colonizadora dos países incultos. (1982: 113)

[....]

Nestes séculos Galicia afirma a súa personalidade, mais aínda non a sabe expresar. Fáltalle, entre outras cousas, a linguaxe da arte. (1982: 118)

[....]

Galicia pode explicarse completamente como céltica, barroca e románica. Fóra destas intuicións só será posible obter unha explicación incompleta ou mecánica. (1982: 123)

[....]

Baixo el [Xelmirez] chegou Galicia a unha unanimidade de pensamento porque a sentía como unha realidade, e fíxoa base do culto de Santiago, algo indiscutido e respectado en toda a comunidade cristiá. (1982: 132)

[....]

O castelán foi dominando en Galicia, o país acepta unha condición provincial e vai sendo un recordo a súa vella e nobre dignidade histórica. (1982: 181)

[....]

Galicia deixa de ser orixinal. (1982: 192)

[....]

Sen esquecer o mundo exterior, Galicia, a calada Galicia, precisa ser interpretada en función de universalismo histórico. (1982: 198)

[....]

En Galicia un aspecto paralelo a outros de Europa e de España: a incomprensión do pobo folclórico, en plena posesión da súa consciencia cósmica e eterna e da súa lingua, polas cidades ou polo menos a casta distinguida delas, sobre todo o estrato administrativo e oficinesco. ... A administración absolutista, regalista e centralizadora divide máis que a tan falada opresión feudal. (1982: 200)

[....]

Ela [a Revolución de 1837] constatou algo esencial: que a sociedade tradicional [galega] perdera a seiva nutricia do seu ser. Era unha armazón baleira. (1982: 228)

[....]

Mais no seu conxunto a vida galega é exteriormente provinciana e triste. O galeguiño listo humíllase en Madrid e explora as súas cualidades subalternas para medrar. (1982: 230)

[....]

Faltou a veciñanza de Europa. Faltou a atención pública e sobrou o espellismo da loita política. (1982: 242)

Todo o cal nos leva ao gran paradoxo de, por un lado, ter unha rica e importante historia e bagaxe desde o punto de vista social e cultural e, por outro, que para a historia máis extendida ou coñecida pasemos máis ben desapercibidos, como se dunha vella sociedade se tratar, que non sintoniza cos trazos sociais actuais. Exceptuando o Camiño de Santiago, quizais froito dun priscilianismo tamén importante na súa época e esquecido (amputado máis ben) historicamente, moi poucos saben das nosas prolíficas relacións con outros pobos, cando iso era máis a regra que a excepción, ou da nosa contribución á conformación do que hoxe se coñece como España (con conquistas como as de Mérida, Badajoz, Lisboa, Córdoba, ou mesmo a repoboación de Salamanca) ou que Portugal, e pode que o mundo luso, sexan ramas sociais e culturais directas de Galicia. Ou da nosa contribución europea e noutros países (Arxentina, Venezuela, Cuba, etc.). Ou da importancia da nosa arte, como ben se encarga de sinalar Pedrayo co románico e o barroco autóctono, ou mesmo da nosa literatura, con poesías e outras obras escritas ata por reis. Todo o cal nos leva a ese gran paradoxo que é, nin máis nin menos, o de que tendo unha bagaxe histórica rica, importante e prolífica, en troques a sociedade galega resulta máis ben descoñecida, empezando entre nós mesmos, e xogando un papel na realidade social xeral pouco ou nada relevante, cando menos aos ollos da historia convencional. Algo que, para o noso obxecto de estudo, deberá ser tido en conta (como cando se pretende coñecer unha persoa que, tendo grandes virtudes, experiencias ou coñecementos, con todo ofrece ou aparenta unha imaxe nada destacada ou, mellor dito, que pasa desapercibida). Oxalá o feito de pasar desapercibidos fose unha estratexia de camuflaxe ou supervivencia social, mais simplemente facendo caso ao refrán de que "pano en arca non se vende", máis ben parece que a sociedade galega adoece moito de autoestima e darse a valer colectivamente, por múltiples razóns, como ben se encargan de explicitar tanto Villares como Pedrayo: desde as invasións e sometementos sufridos, pasando por unha endémica falta de liderado social ou, mellor dito, a continua ausencia dun proxecto común válido, ata a mala sorte histórica, as conspiraións e traicións, etc. A cuestión ou resultado final é que, empezando polos curetes, os celtas, pasando polos romanos, suevos, mouros, casteláns, monárquicos, republicanos ou fascistas, a historia máis universalmente coñecida apenas fai referencias sobre a nosa colectividade, agás algúns relatos/lendas do pasado (Lug, Breogán, Garkok, etc.), o relacionado co Camiño de Santiago, a nosa "doma e castración" na conformación do Estado español ou o caso da nosa emigración.

Volto recorrer a Sánchez Dragó tentando dar as chaves para a mellor comprensión do noso pasado, que quizais nos sirva para explicar mellor o noso presente:

"A historia de Galicia impónsenos como un xoguete intransferible. ¿Por que?. Porque alí o anterior convive sempre co posterior. E porque discorre someténdose a un estraño cómputo de cronoloxía: o paso do tempo non se mide por substitución, senón por acumulación. Cabe preguntar: ¿a onde chegaría se nada depredase esa despensa nin interrumpira o proceso de armacenamento?. *Só na India atopei un cosmos máis rico, unha actitude máis fertilizada polo que xa aconteceu. Aí están os países do futuro.* Insisto en que Galicia é a única branquia de emerxencia que todavía non se nos encharcou. No seu ámbito coexiste o mediterráneo, o atlántico, o celta e o xermánico: catro esquinas que conviven adecuadamente ao recinto do español. Teño que lembrar o xa mencionado: mámoas e petroglifos, labirintos, pedras de avalar, San Andrés de Teixido, o escollo de Bares, o folclore dos curetes, a Limia, o hercúleo, as eguas fecundadadas polo vento, Koridwen, as virxes dos cabos, o ovo druídico .... Galicia é un 'aleph', un punto de observación e vida cara ao o que lentamente flúe o universo e alí fica, empapado por unha atmósfera sen tempo como a daquelas mastabas exipcias onde ata un grao de trigo mantiña o seu poder gnésico por riba das eras e os diluvios." (S. Dragó, 1981, Vol. II: 49. Cursiva miña)

Non sei se isto coloca ou descoloca ao lector e, sobre todo, a nosa sociedade. Dicir que Galicia é, segundo este autor -que para esta obra se apoia en máis de 1.600 fontes documentais e sábese que ten moito mundo percorrido-, o segundo cosmos do planeta e país do futuro debería, cando menos, facernos pensar e cuestionar unhas cantas cousas aos que aquí habitamos.

Para min, non hai dúbida de que esta característica do noso devir histórico é unha das principais con respecto a nosa forma de ser como pobo e, por tanto, dos trazos máis significativos que poden conformar a nosa imaxe social. En xeral, os avatares, accións ou feitos protagonizados polo colectivo galego case non tiveron publicidade, nin unha campaña de seguimento ou aval que os fixeran valer como tales, nin o recoñecemento interno nin externo dos mesmos, nin o froito que se podería esperar deles.

Probas deste desapercibido resultado social histórico galego son, por exemplo, que poucos saben que, segundo a *Cronoloxía inédita de Galicia* -de Serrano Cambón-, entre os anos 448 a 456 (d.C.) o Reino de Gallaecia acadaba a súa máxima extensión, co rei Reckiario (primeiro rei católico de Galicia), chegando a abranguer nada máis e nada menos que toda a Península Ibérica, agás a franxa costeira mediterránea. Ou que practicamente non consta que, segundo esta mesma fonte, nos tempos de Ramiro II (930-950 d.C.), o Reino de Galicia era considerado internacionalmente como un dos máis poderosos e temidos.

Reino suevo de Galicia durante a súa máxima extensión (448-456).
Fonte: "The new Penguin Atlas of medieval History"

Tamén podemos falar de épocas nas que a lingua e a cultura galega cobraban unha auxe e esplendor que non se volverían a repetir, como así se desprende do feito de que fose o idioma común a gran parte da lírica ibérica do século XIII e anteriores. Incluso, autores como Miguel -Anxo Murado[12] poñen sobre a mesa de debate indicios que poderían demostrar que o idioma castelán se derivou do galego.

Así ata a actualidade en que, segundo o mesmo Cambón:

"... no século XXI Galicia constitúe a entidade territorial máis antiga de España, sendo a única que mantivo o seu nome permanentemente durante máis de vinte e dous séculos e que ademais conserva as súas fronteiras estables case sen variación desde fai máis de oito séculos". (Op. cit.)

Outra etapa importante da nosa historia, como é a das revoltas irmandiñas, tamén case non resulta coñecida. Isto a pesar de que cando se produciron, alá polo século XV d.C. (1431-1469), supuxeran adiantarse prácticamente 300 anos á revolta social máis importante do mundo coñecido, a revolución francesa, considerada como o acontecemento que marca o final dunha época da historia universal e o comenzo doutra. Mentres que tres séculos antes dese histórico feito se producira en Galicia o que podería considerarse como unha das primeiras revoltas sociais coñecidas da historia da humanidade, no sentido de sublevarse contra o poder establecido neses momentos, mudando a orde social, aínda que só fose durante un ou dous anos.

Ademais dese pasar máis ou menos desapercibidos para a historia universal formal, salvo honrosas excepcións e con méritos máis que suficientes para ocupar un lugar máis destacado, o que me interesa sinalar deste aspecto conformante da imaxe dos galegos, segundo interpreto e percibo, son as consecuencias que dita constante no noso devir puidese ter para esta sociedade e a súa forma de ser. É dicir, penso que o historial deste ente social, lonxe de conducir cara a un avance e desenvolvemento correcto do mesmo, supuxo a represión, a submisión e o ostracismo dunha comunidade que, xa de por si, nin era moi dada ás protestas, nin a querer problemas, nin a ter moitas causas comúns, nin a querer manifestalas. E que exemplos de acción e unidade colectiva, máis aló dos localismos e cunha dimensión propiamente galega, temos poucos na nosa biografía social. Ademais dos xa sinalados das revoltas irmandiñas e as defensas territoriais ou contra ataques inimigos, quizais só teñamos os protagonizados fóra das nosas fronteiras con motivo das peregrinacións xacobeas e a emigración. Máis en concreto, practicamente desde o século XV Galicia deixou de ter un papel relevante como ente social. Ata deixamos que, despois de tantos séculos, Galicia perdese a súa condición de Reino, e disto non hai moito (1833).

"Nun país como o noso, máis proclive a resistir que a competir, e máis acostumado á reivindicación e á queixa que á xestión e á análise de responsabilidade, resulta perfectamente lóxico que o sentimento da 'aldraxe' se manteña a flor de pel. Mais non debemos esquecer que a aldraxe é un síntoma de confusa debi-

---

[12] Miguel-Anxo Murado: *Outra idea de Galicia. 2008.*

lidade, que se relaciona co mundo a través de dous sentimentos contradictorios: un de hipervaloración, que nos sitúa no epicentro das envexas do mundo exterior, e outro de infravaloración, ou de autoodio, que nos converte en punto de atracción de celadas e inxusticias a cotío imaxinadas." (X. L. Barreiro Rivas, en *Galicia 2020*: 26)

Como se sabe, tras reprimir as insurreccións e para pagar os servizos prestados na reconquista aos árabes, os Reis Católicos empregaron Galicia como moeda de troco en favor de fidalgos e vasalos casteláns e doutras xentes afíns, ás que se entregaron terras, títulos e postos de poder e goberno neste aínda Reino. Incluso, oficialmente, vímonos privados dun dos nosos sinais de identidade cultural máis importante, como é o emprego da lingua autóctona, castelanizándose desde aquela toda a vida oficial, administrativa, xurídica e socialmente significativa. Ata practicamente a aparición de Rosalía de Castro, e parafraseando a Celso Emilio Ferreiro, unha "longa noite de pedra" foi imposta e pesou moito sobre a nosa cultura e comunidade. Isto, sen dúbida, ten contribuído de forma decisiva a conformar a nosa forma de ser actual e, por ende, terá algo que ver na imaxe ou concepto que podamos transmitir aos demais como colectivo.

"Son os Reis Católicos os que determinaron que fose o castelán única lingua oficial en Galicia, desterrando o galego, por medio dun decreto, incluso dos instrumentos xurídicos públicos e privados. Esta política de represión cultural tendía a privar Galicia da súa expresión propia, nacional, para convertir mellor o antigo e rebelde Reino nunha simple provincia castelá. Nin Fernando nin Isabel podían esquecer que a maioría dos señores e o pobo de Galicia tomaron o partido de Alfonso V de Portugal na cuestión dinástica de Castela, e que, derrotada a causa da 'excelente señora doña Xoana', o mariscal Pedro Pardo de Cela e outros nobres galegos continuaron loitando pola liberdade da Terra ata que rodaron polo chan as cabezas do Señor da Frouseira e de seu fillo na praza de Mondoñedo no 1483." (E. Guerra Da Cal, 'O Renascimento galego contemporáneo'. En Luso-Brazilian Review, University of Winconsin, 1964. Citado por Anne Marie Morris no libro de Xesús Alonso Montero: Enquisa mundial sobre a lingua e a cultura galegas, páx. 120)

A desconfianza, sobre todo cara ás institucións, a falta de motivación cara a accións conxuntas, o implicarse só nos asuntos que nos afectan directamente e outras observacións parecidas que se adoitan dar sobre nós, poden ter explicación ¡pero non xustificación! nestes feitos e devires que compoñen a nosa biografía.

"A Teoría do Capital Social mantén porén ata a data esta hipótese como certa, isto é, que un clima de baixa confianza institucional dificulta o desenvolvemento social e económico dunha sociedade." (Veira, 2007: 35)

O que si parece claro é que, durante estes últimos 500 anos, Galicia e a súa xente viviu e está vivindo un proceso máis de osmose cultural e social, neste caso en favor da nosa asimilación no Estado español. A cuestión é, máis ben, cómo o estamos facendo: ¿deixándonos levar, controlando ou sendo conscientes do proceso?, ¿perdendo identidade propia ou enriquecéndoa con outra/s?, ¿valorando o alleo ou minusvalorando o autóctono?.

Ao meu modo de ver, a cuestión fundamental é se, a día de hoxe, se pode falar -e en que grao- da disolución, da fusión ou da fagotización da nosa cultura e, con ela, da nosa identidade social; ou se, polo contrario, estas seguen vivas no discorrer deste mundo, coa súa evolución e historia propias. Aínda que expoño o tema para o debate quero antes apuntar un dato: a progresiva e case inexorable diminución dos galego falantes na nosa comunidade, tal e como se recolle nos informes da Real Academia Galega, a través dos seus estudos do Mapa Sociolingüístico de Galicia, así como as graves consecuencias da perda deste preciado ben cultural, segundo pon de manifesto Xesús Alonso Montero en múltiples ocasións e, en concreto, no seu libro: *Enquisa mundial sobre a lingua e a cultura galega*.

Particularmente penso que, sen criminalizar ou descalificar nada, se pode e debe manter unha identidade social propia, ao mesmo tempo que se participa ou forma parte doutros procesos sociais integradores, como o da nosa pertenza ao Estado español ou, máis recente todavía, á Unión Europea. Xa que, precisamente, considero que o camiño a seguir e futuro corresponderán ás integracións, é decir, á construción de entes sociais cada vez máis amplos; respondendo a un proceso parecido ao que experimentaron na antigüedade as cidades-estado, que se foron integrando en entes máis amplos, como as rexións ou reinos. Estes tamén pasaron a formar parte do concepto actual de países e, seguindo o proceso, integraranse noutras entidades sociais maiores, como é o caso dos Estados Unidos de América, no noso caso a Unión Europea, ou organismos supranacionais coma a ONU. Mais se o camiño é o da integración, o da chamada globalización social, nin moito menos iso quere dicir ou levar implícito a perda de identidade propia. Moi ao contrario, o mundo precisa de identidades sociais maduras, capaces de desenvolver os roles que se precisan nesa integración social global. O que tampouco quere dicir, nin moito menos, que a identidade dun pobo estea no nacionalismo excluínte ou nas autarquías, que máis ben serían pasos atrás no proceso e camiño antes comentados. Así pois, identidade e integración non son incompatibles, senón necesarios e, volvendo ao noso obxecto de estudo, no caso de Galicia esa identidade manifesta uns síntomas cando menos contraditorios, aínda que todo iso pode ter explicación.

"Digámolo: non existen moitos nexos entre este país –o meu, o de Unamuno- e Galicia. Únennos a ela uns cantos siglos de azar na roda van da historia: pouca cousa, auténtico grao de anís ou de area para quen vivir de pasado máis antigos e de futuros menos inminentes. De aí que coas inevitables excepcións esa rexión se desentendera sempre dos asuntos peninsulares. Seguía sendo celta cando todos éramos romanos. Foi sueva (ou nada, senón ela mesma) cando nos fixemos visigodos. Non se mezclou cos árabes, nin os tomou en serio, nin case interviu na reconquista. Viaxou a América non cando os demais o fixemos, senón moito despois e por motivos estritamente personais. A guerra civil apenas chegou os seus campos. Hai neles outra xente. A linfa española coagúlase no Cebreiro. Non falo de separatismos administrativos nin políticos, que se me dan un ardite (e ademais carecerían de sentido), senón de barreiras espirituais e, por isto, máis fondas. Ou raciais e, por iso, aínda máis fondas, xa que a raza é só a derradeira singradura dun enteiro periplo físico e mental, o definitivo balance dunha longa cadea de sumandos. Só unha vez pareceu que os galegos se interesaban por España. Foi no 1467, cando ao grito de *Deus et fratresque Galleciae* desencadearon a Guerra dos Irmandiños para desnidar das súas fortalezas ós señores que os oprimían. A cousa durou dous anos, ao cabo dos cales os conxurados de Irmandade voltaron, encolléndose de ombros, ás súas verdes guaridas. Sen dúbida cheiraron os delirios centralistas de Isabel [a Católica], mais en seguida deberon pensar: ¿que poden as Isabeles?.

Non haberá nunca camaradería entre un español e un galego. Síntoo, mais o entendo. Tampouco a hai entre parias e brahmins, dito sexa a título abertamente metafórico (posto que non son galegos todos os que están nin, por suposto, españois cantos en España naceron). Galicia vive fincada na beira doutro mar e proxectada cara a outros horizontes. E iso desde hai tanto tempo que as diferenzas xa non poden desteñirse" (S. Dragó, 1981, Vol. II: 75)

Sen ánimo de repetir datos e informacións, quero traer a colación outra referencia histórica bastante peculiar, da man do recomendable libro do Dr. Ramón Cacabelos: *O legado de Garkok*. Por unha parte, porque considero que esta obra ven a supor unha transmisión de coñecemento como aquelas que vimos a denominar orais, de avós a netos, de pais a fillos. Tomándoa, así, no sentido dunha historia contada. En segundo lugar, porque creo que a versión dos feitos que se recolle neste libro reúne unha característica moi peculiar, ao describir o comportamento dos habitantes de Galicia nos momentos históricos en que entraban en contacto, "chocaban" ou, como se di no argot sociolóxico, interactuábamos con outros pobos, culturas e sociedades.

Dos devanditos encontros a nivel social pódense obter bastantes conclusións, o mesmo que ocorre a nivel individual nas relacións entre persoas. Para min, unha das principais é poder observar como, nestes episodios interculturais ao longo da nosa historia, o comportamento da sociedade galega se pode considerar ou cualificar como a dun pobo dócil e non agresivo no seu conxunto. Deixámonos dominar no social e no político, sempre que o noso ámbito particular non se vexa alterado substancialmente. Isto, en principio, non debería ser nin bo nin malo, senón unha característica identitaria máis, de acordo coa cal os enredos ou disputas, máis alá da nosa contorna inmediata, non van connosco ou non nos interesan. Se se me permitir a comparación, o mesmo que hai persoas que son máis agresivas que outras, tamén a nivel de comunidades humanas, poderíase establecer esta caracterización, neste caso para poder extraer outro aspecto da imaxe social de Galicia, sobre todo no que se refire as súas interrelacións con outras culturas e civilizacións nos encontros históricos, dominacións, conquistas, procesos sociais, discorrer do tempo, etc.

O misterio dos celtas en Galicia é tan enigmático como a escuridade da Galicia actual, sempre envolta na penumbra do seu pasado e na néboa do seu futuro. (Cacabelos, 2006: 444)

Lonxe de pareceren as acepcións contradictorias da nosa historia aquí explicitadas, creo que se complementan á hora de buscar a información necesaria para o noso obxectivo de estudo. Mentres que a versión de Cambón parece exaltar a nosa historia e valía sociais, incluso de sociedade temida nos seus tempos, transmitindo con iso unha imaxe grandilocuente do noso pobo. En troques a do Dr. Cacabelos transcribe un temperamento acomodaticio, sen maior compromiso colectivo, social ou identitario que o que vai máis alá dos límites de cada un. E creo que ambas as versións teñen razón: aínda que valentes e bravos na loita cando toca, estes trazos non resultarían indicativos, característicos ou distintivos da nosa comunidade.

Do noso currículo histórico-social, quixen reservar unha alusión explícita ao papel conformador da imaxe da sociedade galega a través do **Camiño de Santiago**, pola súa importancia como referencia e proxección de Galicia a nivel interno, nacional e internacional, marcada desde o século IX polo signo relixioso deste feito diferencial.

"Terra de Santiago (Jakobsland) chamaban os nórdicos a noso país [España] nos séculos XI e XII". (S. Dragó, 1981, Vol. II: 183)

Empregando unha expresión figurada, o Camiño de Santiago para Galicia foi e é o noso embaixador socio-cultural máis emblemático e significativo. Neste sentido, para moitos europeos e cidadáns do mundo, Galicia -concretamente Santiago de Compostela- supón o lugar onde presuntamente está enterrado o Apóstolo Santiago. Non creo equivocarme demasiado se afirmo que estas peregrinacións supuxeron os motivos de coñecemento ou referencia de maior alcance sobre a nosa comunidade, quizais xunto coas consecuencias derivadas do proceso migratorio, tal e como tamén sinala Ramón Villares:

"Con todo, a emigración é o factor máis definitorio da poboación galega contemporánea, tanto pola cantidade como pola calidade: é un dos escasos elementos que sitúa Galicia, aínda que a un custo excesivamente alto, no ritmo evolutivo do capitalismo a nivel mundial" (1985: 132).

Por tanto, moitos dos conceptos máis ou menos consensuados sobre esta sociedade poden vir da man destes dous factores ou circunstancias.

Grazas a iso, por exemplo e a partir do século XII, Galicia, mantívose dentro do marco referencial da civilización cristiá-occidental ou, dito doutra forma e basicamente, grazas ao Xacobeo Galicia existiu nestes séculos escuros do noso devir para o resto do mundo. Débese mencionar a este respecto que, xunto con Xerusalén e Roma, Santiago de Compostela supón un dos tres lugares referentes máis importantes para o cristianismo (o segundo en Europa, despois de Roma). De feito, algunhas teorías apuntan ao papel transcendental do Camiño de Santiago como principio da vertebración da actual Unión Europea. Aínda que o que me interesa destacar aquí, a este respecto, é a influencia ou non que puidese ter dita interacción social á hora de configurar a imaxe de moita xente sobre nós.

"... Adiantándose a Quevedo, ninguén buscaba a Xesús en Roma, senón en Compostela." (S. Dragó, 1981, Vol. II: 186)

O primeiro que xa se sinalou a este respecto é que, polo menos, este feito achega coñecemento sobre a nosa existencia, é dicir, resulta un referente social noso. A segunda achega podería ser a relación ou interacción directa que estas peregrinacións producen entre os visitantes e a rexión galega, nas diferentes ordes de aprehensión e coñecemento sobre a mesma, tanto a nivel social, paisaxístico, cultural, etc. En terceiro lugar, tamén poderiamos aludir ás experiencias dos peregrinos como fontes de información e que, en todo ou en parte, se poden contar para describir a nosa colectividade de acordo coas súas percepcións e interaccións. Indubidablemente, todo iso axuda a configurar unha imaxe ou concepto sobre a nosa colectividade, imaxe que podemos encontrar en múltiples escritos e referencias bibliográficas baseadas na experiencia da devandita peregrinaxe (empezando polo propio Códice Calixtino, alá a mediados do século XII, ou incluso contando con referencias moi anteriores).

"Foron, porén, os celtas os que ian practicar e divulgar unha estraña maneira de botarse ao camiño 'porque si', elevando o movemento á finalidade do movemento, o querer chegar ao ter chegado e o que anda moito á filosofía do existir absolutamente satisfactoria. Xentes que *non coñecen a presa nin aínda nos días de festa.* Tuaregs. Sabias benignas procesionarias [¿como a Santa Compaña?] en fila polo borde dun prato sen máis aspiración que a de manterse en contacto co cu doutra larva. ¡Que invención tan profunda e enxeñosa!. Desmesúrase o desmesurado ata comprimir o universo nun dedal de viño. Calquera cousa –o borde do prato, a pegada da sandalia- postula un transo de infinidade. O detalle faise deserto dos tártaros. O home, propietario do cosmos. Trátase dun errar sen obxecto aparente, dun crédulo avance a cegas na procura do motor inmóbil. Billete de ida, fidelidade constantemente renovada, indiferencia a todo o que non sexa o propio ego, nomadismo tan gratuíto como esencial: a forma máis nobre de empregar o tempo que ata agora se inventara.

Obsesión machadiana: *faise camiño ao andar.* Así viaxan os cabaleiros 'andantes' e os monxes 'xiróvagos', depositarios –nos séculos monstrencos- do *way of life* dos druídas. Na aventura pola aventura: unha fabulosa concepción existencial que xa case ninguén alcanza a comprender. Os *clereci* irlandeses – Brandáns ou Columbanos- lánzanse ao Atlántico en pos das Sete Illas, mentres que os galegos –Exerias ou Avitos ebrios de sacra abstracción- atravesan tambaleándose as augas, aínda azuis, do máis pagán e pródigo de todos os mares. Esas navegacións chámanse *imnsramas*. Os seus protagonistas –Exeria, Brandán, Xacobo, Perceval, Artur- proseguen a busca da inmortalidade iniciada tres mil anos antes por Gilgamesh. Xardín das Hespérides, grial, Paradisus Avium, insula pomorum, excalibur, Indias Occidentais, Cíbola, Eldorado, paso do noroeste, Tumbuctú: cada época postulará o mesmo soño baixo unha palabra diferente. E o Apóstolo, mal que nos pese, non foi cabaleiro de ningún exército nin patrono de nación algunha, senón escueto peregrino de talante celta." (S. Dragó, 1981, Vol. II: 137-138)

Así e todo, como se tratará máis adiante, a actual imaxe externa de Galicia virá sobre todo da man da nosa relación con España, da que formamos parte e coa que mantemos máis interacción a nivel social; xa que con Portugal máis ben se mirou para outro lado (tamén debido aos novos horizontes planetarios que se abriron ao noso país veciño), e coas nosas limítrofes Asturias e León falamos dunhas dimensións máis *micro* á hora de determinar a incidencia na nosa imaxe social actual.

"Victoria Armesto coida, tallantemente, que sen o descubrimento ou invención da tumba, España seguiría os destinos do norte de África. Américo Castro polemiza en sentido inverso: o culto a Santiago –didescristianizounos. E Sánchez Albornoz empéñase en considerar o xacobeo unha sorte de imán que retivo a Península no ámbito da cultura europea. As tres posicións son xuiciosas. E quizais exactas. Mais en calquera caso, dígase o que se dicir, parece evidente que tamén o mundo musulmán xogou a súa baza de ouros ou espadas no xulepe. Por comisión e por omisión: non hai quen escape a esa dialéctica." (S. Dragó: 1981, Vol. II: 186)

"Se algo tivermos en común os españois, Santiago é o numen desa consciencia colectiva, o espírito do español eterno, irreversible e quizais universal". (1981, Vol. II: 188)

Aínda que as fontes de información poden ser múltiples e variadas á hora de conformar un coñecemento e imaxe sobre un determinado obxecto social, quero rematar este punto de recollida de información identificativa referencial de Galicia unindo pasado con presente. Concretamente, Marcial Gondar Portasany, Catedrático de Antropoloxía Social na Universidade de Santiago de Compostela, como autor dun dos capítulos de *Galicia. Unha Luz no Atlántico*, reflexiona así nunhas declaracións realizadas ao diario A Voz de Galicia (16/01/02):

"Cando falamos de identidade sempre nos imos ao pasado, fixámonos no como se fixeron as cousas. A identidade é unha forma de solucionar un problema, e botas man dela se é útil.... Se ollas a sociedade de hoxe, baséase nas novidades, en estar á última, en ollar para o futuro. Se quixermos que a identidade sexa aglutinadora non podemos loitar contra o noso tempo. En resumo, o que nos une non é unha historia común, que tamén, senón un proxecto común. A miña aposta vai por aí. É se antes as identidades eran homoxéneas, agora son máis complexas ... Neste momento estamos vivindo entre o vello estilo e a modernidade, e a presenza do vello estilo é máis forte do que se pretende."

CAPITAL HUMANO

Nen que dicir ten que un dos "tesouros" máis importantes dun ente ou colectivo social é, precisamente, o seu capital humano, sendo o artífice ou compoñente principal do mesmo.

Tanto polo que á forza de traballo se refire, como ao desenvolvemento demográfico, consumo, competitividade, se for o caso defensa, etc., a composición e continxencia dun país, comunidade, pobo ou rexión dependen e fanse tanxibles principalmente a través dos seus habitantes. Neste sentido, nada mellor ao falar de conceptos e imaxes aplicadas ao ámbito social que referirnos para iso a unha pirámide de poboación, neste caso de Galicia, xa que é un xeito gráfico de representar e facernos unha idea dun ente social a este respecto, con independencia doutros datos e aspectos que trataremos máis adiante.

Poboación según sexo e idade.

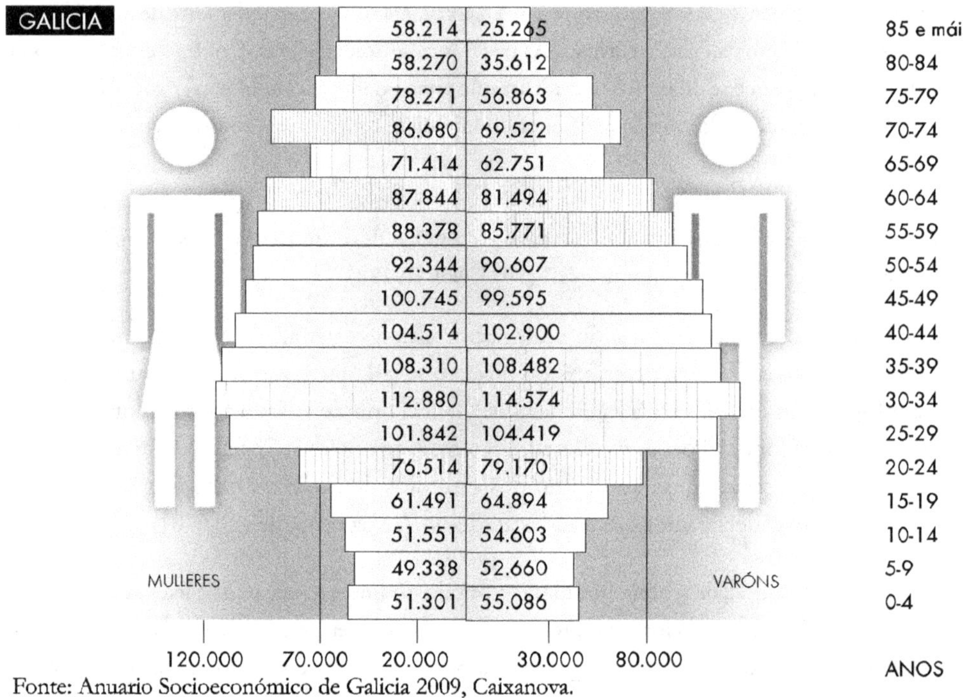

Fonte: Anuario Socioeconómico de Galicia 2009, Caixanova.

Así, partindo dos tres modelos básicos de pirámides de poboación (expansiva, estancada e recesiva), vemos nesta imaxe que a sociedade galega está, desde o punto de vista demográfico, estancada; xa que a base (idades máis novas) estreítase, a zona ancha é a das idades intermedias, mentres que as persoas maiores supoñen xa máis que as que nacen (síntoma claro de poboación recesiva). Aproveito tamén para sinalar o dente de serra que se produce entre os sesaxenarios, posiblemente en clara referencia ás consecuencias da guerra civil española ou á emigración.

No que fai á demografía, esta dinos que en 1900 vivían en Galicia pouco máis de dous millóns de persoas. Un terzo residían na Coruña e o resto repartíanse, máis ou menos a partes iguais, entre as outras tres provincias. No 2001 a poboación galega está preto dos tres millóns de habitantes. Na Coruña vive o 41% e en Pontevedra, a que máis medrou no século XX, o

34%, mentres que Lugo e Ourense dan cada unha o 13% (cunha diminución continua do seu peso poboacional desde hai anos, en resposta ao proceso de concentración da poboación galega nas cidades e no eixo atlántico). Nestas últimas provincias, os xubilados supoñen xa máis dunha cuarta parte da poboación, e as súas taxas de natalidade son dous puntos porcentuais menores á xa de por si baixísima media de Galicia. Os datos oficiais de poboación, procedentes do Instituto Nacional de Estatística, a 1 de xaneiro de 2006, dinnos que en Galicia están empadroadas 2.767.524 persoas. A nosa densidade demográfica (95,5 habitantes por quilómetro cadrado) supera a media española.

Outra análise da realidade xeográfica galega, a través das comarcas, mostra diferenzas aínda maiores. Só 11 das 53 comarcas galegas gañaron poboación desde 1981. E estas son as das cidades (a excepción da de Ferrol), a burelense, O Salnés, O Morrazo, O Barbanza e Baixo Miño. Aludindo claramente á distinta situación poboacional da Galicia interior e a costeira, pódese comprobar como as áreas que experimentan crecementos demográficos son as das franxas litorais: a área metropolitana da Coruña (a de maior crecemento sostido), as Rías Baixas (sobre todo a urbe de Vigo), a zona de pesca e marisqueo da ría de Arousa e, debido a súa recente industrialización, a costa norte de Lugo. No interior serán Santiago de Compostela e as áreas urbanas de Lugo e Ourense os eixos destacados a este respecto. Mentres que, polo contrario, destaca o retroceso demográfico da área de Ferrol.

No medio rural galego salienta a gran dispersión da poboación. O 72% das parroquias -unidade básica da organización social, funcional, xurídica e relixiosa do medio rural galego- perderon unha parte notable da súa poboación. Este deterioro demográfico é o resultado da redistribución interna da poboación e do efecto da emigración.

Como dato significativo sinalar que arredor da metade da poboación galega se concentra fundamentalmente na costa. Neste sentido podemos comentar que boa parte da franxa litoral galega -sobre todo o Golfo Ártabro e Rías Baixas- están, como xa comentamos, entre as áreas máis densamente poboadas de España.

Nunha palabra, Galicia está demograficamente desestruturada, tal e como se recolle na obra de Andrés Precedo Ledo, *Xeografía humana de Galicia*, na que se afonda sobre os procesos de localización, urbanización e demais aspectos relacionados coa distrubución da poboación no noso territorio. É unha sociedade sen unha estrutura demográfica definida, o que non pode senón incidir clara e negativamente á hora de articular un corpo social axeitado, converténdose nun hándicap á hora de pretender ou querer articular dito corpo social.

"Galicia é, pola súa mesma situación e por unha peculiar combinación de factores físicos e humanos, un espazo singular. ... . Galicia é, por riba de todo, unha xeografía intensamente humanizada.

A súa singularidade é, como en tantos lugares, un resultado da interacción entre factores xeográficos, os socioeconómicos e os culturais; os tres conforman un complexo sistema espacial, fortemente interrelacionado e cohesionado, ao menos en canto ós elementos visibles que compoñen a paisaxe se refire. Non así na articulación social e económica do territorio que segue constituíndo –aínda que cada vez menos- un reflexo dunha sociedade dual, aqueixada todavía por inercias herdadas, que manteñen sistemas de relación e de organización pouco evoluídos." (1998: 9)

"En resumo, Galicia preséntasenos como unha rexión media en tamaño, densamente poboada e intensamente humanizada, con marcados –se ben lóxicos- contrastes socioeconómicos internos; dotada dunha gran unidade paisaxística que se impuxo á variedade comarcal existente; condicionada polo seu illamento relativo –en termos de distancia aos focos de crecemento-, e absoluto –pola posición e a orografía-, aberta ao mar, emigrante e campesiña. Outros atributos que son comúns ás rexións periféricas de Europa poderían engadirse, mais como tratamos da diferenciación omitímolos." (1998: 27)

Do que estamos a falar e falaremos é, desde xa, dunha simbiose entre poboación e territorio que caracteriza esta comunidade, tal e como veñen a reflectir tamén as seguintes palabras do propio Precedo Ledo. Pódese chegar a dicir que, como ningunha outra parte, poboación e territorio galego forman unha entidade difícil de separar, o que dificulta a análise desta sociedade se non se ten en conta esta clave:

"Unidade diferenciadora, tanto xeográfica como cultural, porque aquí a xeografía se fai culta e a cultura materialízase na paisaxe, que explica esa percepción unitaria do galego, manifestada nesa xeografía intensamente humanizada." (1998: 22)

ACTIVIDADE SOCIAL

Centrándonos na forma de saír adiante ou gañarse a vida, sabemos que Galicia sempre se caracterizou polo seu recurso a dúas actividades principais: a agropecuaria e a mariñeira. quizais esta última, a pesca, tivera unha maior transcendencia na conformación da nosa imaxe externa xa que, en principio, implicaba un número maior e máis frecuente de interrelacións con outros entes sociais (caladoiros e portos internacionais, licenzas, tratados, tripulacións de diversa orixe, etc.); mentres que a actividade agropecuaria foi tradicionalmente máis de carácter interno e sen apenas se mover da contorna máis inmediata. É dicir, que o sector primario ten moita importancia tanto na actividade, no sustento, como na impronta social desta comunidade, cobrando despois protagonismo outras facetas, como a do sector téxtil, a construción, a industria naval, o sector conserveiro, a acuicultura, o sector da alimentación, a industria farmacéutica, a produción de enerxía, etc.

"En consecuencia é a galega unha economía rexional modesta polo seu tamaño, diversificada pola distribución dos ingresos, cun interesante equilibrio social e suxeita a dous procesos de reaxuste simultáneos." [reestruturación sectorial e crise demográfica] (Precedo Ledo: 1998: 58)

Poboación >16 anos segundo relación coa actividade económica.
Milleiros de persoas
Fonte: Enquisa Poboación Activa 2006 (Instituto Nacional de Estatística)

	Activos	Poboación ocupada	Poboación parada	Inactivos
Total	1.272,1	1.164,2	107,8	1.100,6

Poboación ocupada por sectores.
Milleiros de persoas

	Galicia
Agricultura e pesca	110,9
Industria	213,9
Construción	138,9
Servizos	700,5
Total	1.164,2

Segundo a información facilitada pola Voz de Galicia (6/8/ 2007, páxs. 2 e 3), atopamos que as catro bases actuais da economía galega serían a construción, os ramos téxtil e de automoción e a industria marítima (extractiva, transformadora, comercializadora e de construción naval). Estes catro sectores contribuirían, directa ou indirectamente, co 50% do PIB galego; sendo que unicamente a construción naval menexa previsións de crecemento, mentres que os outros se encontran seriamente ameazados, ben pola deslocalización, os axustamentos, as restricións internacionais ou a competencia asiática. De feito, segundo este informe, eses "cimentos da economía rexional" parecen tambalearse e o único sector que emerxe capaz de desbancar os tradicionais é o das enerxías renovables (eólica, biocombustibles ou o gas) que, segundo algunhas previsións, poderían desbancar as industrias marítimas ou da automoción alá polo 2012 (chegando a supor daquela o 15% do PIB).

No que respecta ao tecido empresarial, Inditex (a matriz de Zara) na Coruña, Citroën en Pontevedra, Coren en Ourense e Leite Río en Lugo son as empresas de maior tamaño en cada unha das provincias, o que supón o mellor reflexo do xigantesco desequilibrio industrial existente en Galicia. Sería menor se se tiver en conta a Alcoa-Inespal, cuxa sede está en Madrid mais ten a súa maior fábrica na Mariña lucense (Xove). Aínda así, as diferenzas interprovinciais son enormes. Ademais, a progresión e implantación da sociedade da información parece que incrementa a distancia de Galicia en comparanza co conxunto de España, e tamén está facendo medrar as diferenzas dentro do territorio galego.

Comparando máis informacións temos, tamén, que 2.100 euros separan a renda per cápita da provincia máis rica, A Coruña, da que menos, Lugo. A Coruña acada o 69% da riqueza media europea, ao nivel de Burgenland, a rexión máis atrasada de Austria. Lugo e Ourense, co

57% e o 58%, respectivamente, equipáranse con Andalucía. En troques, Pontevedra sitúase no mesmo nivel que o conxunto de Galicia, no 64% da renda da UE.

Datos económicos publicados pola Voz de Galicia o 20/2/2007 (páx. 13), e procedentes da Oficina Estatística da Comisión Europea (Eurostat), indican que:

"Galicia segue entre as autonomías máis pobres, aínda que supera xa o 80% da renda media europea" (pola entrada de países do leste). En España só tería por debaixo a Andalucía, Extremadura e Castela-A Mancha, mentres que, dentro da Unión Europea, ocuparía "o posto número 167 entre as 268 rexións da comunidade. ... Segundo Eurostat, o PIB per cápita de Galicia ronda os 15.800 euros ó ano por habitante, 3.800 euros por debaixo da media española e 5.700 euros da comunitaria".

Así pois, podemos afirmar que Galicia ten unha economía deficientemente desenvolvida. Móstrase novamente como un país de contrastes entre o arcaísmo e a innovación, entre o benestar e a pobreza, entre o preindustrial e o postindustrial, en definitiva e como víamos no punto da xeografía humana, tamén está desarticulado estruturalmente desde o punto de vista económico. Ademais, hai que ter en conta que, en boa medida, se trata dun modelo económico "informal", de economía mergullada, polo que o volume de capital circulante é dificilmente cuantificable por proceder de actividades que non entran nos circuítos normais: traballo a tempo parcial, predominio da empresa familiar ou actividades non declaradas, remesas dos emigrantes, salarios de mariños mercantes enrolados en frotas doutros países, etc.

Deste xeito, segundo o *Anuario Social de España*, os galegos teríamos importantes carencias no referente ao benestar social. No ano 2001, parámetros como o índice de saúde, o equipamento do fogar ou o nivel de convivencia reducían a posición galega ao duodécimo lugar (entre as 17 comunidades autónomas do estado español); salientando, porén, en conceptos tales como o índice de seguridade cidadá ou da contorna natural. Segundo dito Anuario, Galicia tamén estaría por debaixo da media española no índice de educación, cultura e ocio, no de vivenda, en convivencia e participación social, así como no nivel de renda. Por provincias, Lugo leva a peor parte. O estudo, que analiza os 3.153 municipios de máis de mil habitantes que hai en España, sitúa a "terra do nabo" como a provincia de España cos peores indicadores dos explicitados (a mellor seguía sendo Girona). Segundo o Instituto Klein, da Universidade Autónoma de Madrid, os lucenses só aprobaban en seguridade cidadá (nota = 9) e índice de emprego (6), suspendendo en todo o demais. Ourense tampouco saía moi ben parada: ocupaba o posto 47 entre as 50 provincias e só salientaba en seguridade cidadá; arrastrando ademais unha lacra nada acorde coa era das novas tecnoloxías, ao ser a provincia con menos acceso a internet. A Coruña sería a provincia galega mellor situada no *ranking* deste anuario socio-económico, ocupando o posto 21 no conxunto do Estado e estando só por debaixo da media nacional nos parámetros de saúde, emprego e vivenda. Pola súa banda, no posto 31, Pontevedra aprobaba cun cinco xustiño na maioría deses indicadores.

Datos máis recentes e específicos sobre a realidade socioeconómica de Galicia, correspondentes ao Atlas Socioeconómico de Galicia Caixanova (segunda edición, 2006),[13] véñennos a dicir que:

- A evolución da poboación en Galicia é sensiblemente menos favorable (+1,1% de 2000 a 2005) que a do conxunto de España (+8,9%); producíndose un decrecemento en dúas das súas catro provincias, Ourense e Lugo: (-2,2% e -1,6%, respectivamente).

- O aumento da renda dispoñible por habitante, durante o período 2000-2004, foi algo maior en Galicia (22,7%) que en España (21,5%), sendo a provincia da Coruña a que experimentou un maior crecemento (25,2%), e a de menor Pontevedra (19,4%).

- A taxa de natalidade (nacementos por habitante) aumenta lixeiramente en Galicia (6,9% no 2000 e 7,5% no 2005) e algo máis en España (de 9,5% a 10,6%).

- A evolución da taxa de mortalidade (defuncións por habitante) tamén é favorable, xa que diminúe lixeiramente en Galicia (de 10,7% a 10,4%), aínda que algo menos que en España (de 9,3% a 8,7%).

- A idade media da poboación galega no 2005 (43,2 anos) é superior á do ano 2000 (41,8 anos). Tamén aumenta a idade media do conxunto de España, aínda que con menor intensidade (de 39,3 a 40 anos). Por provincias, salienta o feito de que as de Ourense e Lugo, que xa no ano 2000 tiñan unha idade media moi elevada (45,5 e 45,3 anos), a seguen aumentando significativamente, sendo no 2005 de 47 e 46,7 anos, respectivamente.

- A evolución dos índices de infancia, mocidade e vellez en Galicia explican dito aumento da idade media, xa que diminúen os índices de infancia (12,1% no ano 2000 e 11,3 % no 2005) e mocidade (22,4% no 2000 e 19,7% no 2005), mentres que aumenta o índice de vellez (20,3% no 2000 e 21,3% no 2005). No conxunto de España, en troques, diminúe o índice de vellez (16,9% no 2000 e 16,6% no 2005). Respecto ás provincias de Ourense e Lugo, das que xa se indicou que a súa elevada idade media se ven acentuando, se comportan de xeito parecido respecto ao índice de vellez, chegando no 2005 ao 28,1% e 27,6%, respectivamente.

- O índice de dependencia, ou peso relativo de nenos (0-14 anos) e maiores (65 e máis anos) sobre a poboación adulta (15 a 64 anos), ten unha evolución lixeiramente favorable en Galicia no período 2000-2005 (48,9% a 48,3%), aínda que en menor medida que en España (46,5% a 44,6%). Por provincias, obsérvase que Ourense e Lugo, aínda que melloran lixeiramente os seus índices de dependencia, estes continuan sendo moi elevados: 60,4% e 59% respectivamente.

---

[13] Dito Atlas ten por obxecto a presentación de variables e indicadores económicos, demográficos, sociais e comerciais de Galicia, tanto de ámbito municipal, comarcal, provincial, rexional ou comparativo a nivel nacional.

- A Taxa de Migración, ou saldo migratorio (inmigrantes menos emigrantes) por 1.000 habitantes, evoluciona moi favorablemente en Galicia (do 2,52%o no 2000 ao 6,10%o no 2005), o mesmo que en España (8,95%o a 14,76%o), aínda que se atopa a moita distancia desta.

- Por outra banda, na evolución destos indicadores socioeconómicos, en Galicia se producen moitas diferenzas entre os municipios de máis de 10.000 habitantes. Así, temos que os concellos de Ames, Culleredo e Cambre experimentan un crecemento da poboación superior ó 20% no período 2000-2005, mentres que nos de As Pontes, Ferrol e Fene decrece a poboación máis do 3%. As diferenzas son tamén importantes na renda dispoñible por habitante, con crecementos superiores ao 33% en Ribeira (56,0%), A Guarda (36,2%), Rianxo (35,8%) e Verín (33,8%), e de menos do 10% en Ames (7,7%), Vigo (8,0%), O Barco de Valdeorras (8,4%) e Pontevedra (9,9%).

			% Paro Rexistrado s/poboación 15 e máis			
	Variación da Poboación (2000-2005)	Renda Dispoñible por Habitante (Nivel de variación 2000-2004)	Evolución Homoxénea (*)		Evolución Homoxénea (*)	
PROVINCIA	%	%	2000	2004	2000	2004
Coruña (A)	1,6	25,2	5,6	5,9	7,0	6,6
Lugo	-2,2	23,0	4,1	4,7	5,2	5,0
Ourense	-1,6	23,7	5,2	5,8	6,8	6,7
Pontevedra	2,8	19,4	5,8	6,3	8,0	7,4
GALICIA	1,1	22,7	5,4	5,9	7,1	6,7
ESPAÑA	8,9	21,5	4,3	4,4	5,5	5,2

	Taxa Natalidade		Taxa Mortalidade		Idade Media		Índice de Infancia		Índice de Mocidade		Índice de Vellez		Índice de Dependencia	
PROVINCIA	2000	2005	2000	2005	2000	2005	2000	20005	2000	2005	2000	2005	2000	2005
Coruña (A)	6,8	7,6	10,3	10,0	41,3	42,9	12,0	11,2	22,8	19,7	19,0	20,1	45,2	45,7
Lugo	5,4	5,6	14,0	13,3	45,3	46,7	10,6	9,5	18,9	17,5	26,7	27,6	60,7	59,0
Ourense	5,3	5,6	13,4	13,0	45,5	47,0	10,6	9,6	19,2	17,3	26,9	28,1	61,5	60,4
Pontevedra	8,1	8,7	8,9	8,6	39,6	41,0	13,5	12,8	24,5	21,3	16,9	17,7	43,9	43,8
GALICIA	6,9	7,5	10,7	10,4	41,8	43,2	12,1	11,3	22,4	19,7	20,3	21,3	48,9	48,3
ESPAÑA	9,5	10,6	9,3	8,7	39,3	40,0	14,6	14,2	23,1	21,0	16,9	16,6	46,5	44,6

(*) No ano 2005 o INEM cambia a metodoloxía de cálculo do paro rexistrado, que en xeral dá lugar a un maior número de parados rexistrados, co que non se poden establecer comparacións homoxéneas dos anos 2005 e 2006 cos anos anteriores

Na quinta edición do Atlas Sieconómico de Galicia, correspondente ao ano 2009 –e dispoñible, xunto coas outras, nas páxinas web de Caixanova, promotora desta obra, e o Instituto Sondaxe, coordinador da mesma-, xunto co Instituto Klein, da Universidade Autónoma de Madrid (UAM), coincidimos á hora de sinalar que, máis que o económico, o problema de base principal de Galicia é o demográfico. Pode que o paro, o peche de empresas e outras consecuencias que estamos a padecer -por mor dun sistema económico doente, tal e como o diagnostica Jordi Pigem no seu recente libro *Boa Crise*[15]- sexan síntomas máis visibles. Pero en Galicia a crise demográfica resulta tan evidente e inmediata case como a outra. E, posiblemente, teña máis consecuencias e profundidade. De feito, como sinalou José Vicens Otero - Catedrático de Economía Aplicada da UAM-, as simulacións feitas a curto e medio prazo apuntaban a unha no moi afastada situación en que nos acharemos no momento en que non haberá xente suficiente para traballar na nosa comunidade. Consecuencia diso tamén sería que a chamada poboación dependente, os que non traballan, estaría por riba da poboación activa, a cal –cada vez máis reducida- soportaría a carga económica e social propia máis a do resto. Tamén sabemos polo Atlas que esa crise demográfica afecta sobre todo a unhas zonas de Galicia, sendo as provincias de Lugo e Ourense as que experimentan un despoboamiento xeneralizado, agás nas cidades, e que poden convertirse nun deserto social. Proba diso é que nestas dúas provincias hai, en comparación coas outras dúas do litoral atlántico, tres veces (o triple) menos poboación presente (a residente máis a flotante, ven sexan traballadores, estudantes, turistas ou xente de paso que, por exemplo, fai as súas compras). Outro dato preocupante, esta vez dispoñible grazas ás series que vai conformando o noso Atlas nas súas sucesivas edicións, é que en oito anos (entre o 2000 e o 2008) a media de idade en Galicia aumentou en catro anos, mentres que España o fixo nun (para os que non estean familiarizados ca estatística, simplemente apuntar que para que aumente unha media, referida neste caso ás idades do conxunto da poboación galega, integrada por case tres millóns de persoas, ten que notarse considerablemente o peso dos valores altos desta variable, máxime si o aumento ao que nos referimos é, nada máis e nada menos, de catro puntos ou anos).

Poderíase aludir e recompilar moitos máis datos, como aqueles que din que os galegos están á cola de España en gasto anual de roupa, ou que Galicia foi a segunda comunidade máis segura durante o 2006 (A Voz de Galicia, 14 e 15 de febreiro de 2007). No noso caso, apañei aqueles dispoñibles e que me pareceron significativos á hora de ofrecer algunha información que axudase a conformar un concepto e imaxe deste colectivo no seu conxunto, que é o obxectivo final deste traballo.

Tanto a parte adicada a identificación como a dos datos curriculares que máis nos poden chegar a dicir algo sobre a sociedade galega, veñen a reflectir un desequilibrio social característico, endémico e que pesa como unha lousa no noso desenvolvemento colectivo. Un desequili-

---

[15] Jordi Pigem: *Buena Crisis. Hacia un mundo postmaterialista.* Kairos. Barcelona. 2009

brio que, seguindo as propostas de Precedo Ledo, non existe ou non se da en Galicia "entre a dotación dos recursos naturais, humanos e culturais e a calidade de vida alcanzada" (1998: 69). Describindo así un cadro clínico social que ben se pode resumir nas súas propias palabras:

"Cinco sistemas territoriais [metropolitano, cidades medias, rururbano, vilas e rural] que engloban e integran os sistemas de asentamentos humanos, os sistemas económicos espaciais e os sistemas ecolóxicos. Mais esa integración non é –polo momento- máis do que unha alusión formal, porque na realidade son subsistemas rexionais debilmente integrados, algúns deles claramente desvinculados dos outros, e en xeral funcionan como elementos desarticulados que impiden a vertebración real do territorio; sinónimo, a súa vez, da desarticulación cultural e social existente.

[....]

O maior desequilibrio, en termos cuantitativos, correspondeu ao factor cultural, referido á cualificación dos recursos humanos. Máis do 82% da poboación que pusuía titulación superior se concentraba nas áreas urbanas e rururbanas, onde a poboación residente estaba en arredor do 68%.

[....]

O segundo factor de desequilibrio era –na análise- o económico, reflexo do atraso do sistema produtivo.

[....]

O terceiro factor está moi asociado ao anterior. Refírese á actividade comercial, que se asocia tanto á urbanización como á capacidade de consumo. Un índice parecido correspondeu ao nivel de renda, ambos en estreita relación.

[....]

O cuarto factor significativo é o demográfico, centrado esta vez na poboación nova. As áreas rurais, incluíndo nelas as vilas, tiñan só a terceira parte da poboación menor de quince anos. ..... Tamén se destacaba o desequilibrio territorial da distribución da poboación –o quinto factor- pero, a pesar da súa relevancia, resultou menos significativo que os anteriores.

Son, por tanto, factores culturais, socioeconómicos e demográficos, por esta orde, os que marcan os maiores desequilibrios territoriais en Galicia. Unha vez máis temos que dicir que os desequilibrios humanos son maiores que os naturais." (1998: 66-68)

OUTRAS REFERENCIAS SOCIAIS

Se poden atopar outros casos significativos de observación e configuración de conceptos, ideas e imaxes sobre o pobo galego. Mesmo no fenómeno da inmigración, que nestes momentos se está producindo en toda Europa, e que afecta a Galicia, sobre todo a procedente de Hispanoamérica, e que responde ao esquema de interrelación ou interacción social que aquí se procura analizar. Tamén no fenómeno do turismo temos outras fontes de información ao respecto da configuración de conceptos e imaxes sobre Galicia, baseadas nos mesmos principios de interacción e alteridade sobre os que se pretende construír a nosa análise da sociedade galega. Nunha recente entrevista ao Director de Programa e Coordinación da Organización Mundial do Turismo, Eugenio Yunis, manifestaba:

"No mercado europeo e no latinoamericano, Galicia ganouse unha imaxe medianamente clara como un rico destino cultural, rural e gastronómico e, en menor grao, tamén de praias desconxestionadas e preciosas. Aínda que a súa gran imaxe fóra, obviamente, é Compostela, polo seu valor espiritual, histórico e patrimonial. A catedral de Santiago é xa, sin dúbida, un fito do turismo mundial. Agora ben, máis alá de Europa e América Latina, Galicia tal vez carece aínda dunha proxección definida, coa excepción do Camiño de Santiago, que tivo como ruta temática un desenvolvemento espectacular, modélico" (A Voz de Galicia, 01/11/2009).

Así mesmo, podemos falar de fenómenos menos coñecidos que os aludidos, como son os derivados das relacións comerciais, os dos estudantes de fóra ou calquera outra interacción na que a outra parte se conforma unha idea, concepto ou imaxe sobre algo (neste caso respecto á sociedade galega). Como a compilación de toda esa información secundaria, procedente das interaccións entre a poboación galega -máis ben de partes da mesma- e outros axentes, non é posible na presente obra, ademais de ser parcial ou incompleta na maioría das veces (pois precisamente as técnicas de mostraxe son as que permiten abordar ás poboacións no seu conxunto, e non unha relación comercial ou as peregrinacións), ademais de non ser o obxectivo específico da presente investigación, porén, a modo de resumo, cito algunhas impresións como exemplos.

Pensando que reúne a múltiple condición de estranxeira, estudante, traballadora e que vive en Santiago de Compostela, en primeiro lugar temos as impresións dunha arxentina sobre a nosa comunidade, recollidas nunha serie de entrevistas que, baixo o título "Así nos ven", foron publicadas polo xornal A Voz de Galicia:

"O primeiro que se me ocorre ao reflexionar sobre a miña experiencia é a idea do intercambio cultural. No pensamento popular arxentino encóntrase o concepto de que os españois (e sobre todo os galegos) son iguais a nós. Se ben nalgúns aspectos é así, hai moitos outros que converten os galegos nunha cultura moi diferente á nosa. As diferenzas vense desde a comida ata no humor. Mais, que algúns costumes sexan diferentes, non significa que sexan mellores nin peores, só distintos. Ao principio sentín certo choque cultural, mais como o ser humano é un animal de costume e adaptación, souben descifrar os seus códigos culturais. Unha vez entendidos estes, o camiño para a fraternidade mutua e a amizade é fácil. Pero o intercambio non é só para nós; tamén o é para a xente do lugar, que ao a coñecernos aprende outros códigos culturais e, a través deles, outro mundo."

Como este, ou similares, pódense recoller múltiples testemuños, tantos como visitantes, peregrinos, estudantes, traballadores, comerciantes e demais persoas que convivan dunha ou outra maneira con esta comunidade, ben mediante estancias, vacacións, traballo, negocio, etc. Se ben non deixan de ser unha fonte de información sobre as percepcións, representacións, estereotipos e demais conceptos que se poidan forxar sobre un pobo (o galego neste caso), debemos convir que resultan, cando menos, parciais e subxectivos. De aí a necesidade de ofrecer un coñecemento e información obxectivos e o máis completos posibles, ademais de áxiles e factibles, como os que se pretenden coa nosa análise: a dun grupo social perante métodos e técnicas axeitadas.

Neste punto tamén quero mencionar as conversas mantidas cun siciliano, Máximo, que leva traballando varios anos en Galicia e ten parella nesta comunidade. Aínda que continuan sendo percepcións persoais, ao meu modo de ver non deixan de ter certo valor e contidos bastante enriquecedores para o noso propósito. En primeiro lugar, despois de explicarme cuestións referentes ao seu país, como a mafia, Máximo afirmábame que unha diferenza e característica fundamental dos galegos, con respecto á súa sociedade de orixe, é que aquí non se inculcaban normas de carácter grupal ou colectivas, o que repercutía na falta de unión e espírito social en Galicia, así como tamén na falta de compromiso máis alá do círculo inmediato. Ao contrario, dixo, a eles se lles ensinaba desde moi nenos que tiñan que escoller e decantarse nesta vida, para poder saír adiante, e que había unha serie de normas de identidade e respectos sociais cos que o siciliano vivía desde que nacía: o respecto e a fidelidade inquebrantable ao grupo. Para Máximo, en Galicia non hai esas normas de carácter social, aquí, dixo, cada un vai por libre, mentres que na súa terra existen causas comúns, protección entre eles, hai clans, hai bandas, hai rivalidades, hai unión, hai respesto, hai preceptos sociais que cumprir, hai pertenza, etc. Para Máximo en Galicia non hai nada disto e, segundo el, iso supón un gran baleiro dende o punto de vista de facer comunidade e da unión social.

Outro testemuño recollido a este respecto é o dun vasco que tamén traballa e vive en Galicia. El resume a idiosincrasia galega na coñecida indecisión da escaleira (que non se sabe si a subimos ou a baixamos), xa que di que nos define moi ben. Para este vasco, o que nos caracterizaría socialmente sería a nosa falta de decisión, o non tomar partido polas cousas, o non decantarse e aplicar a (case) todo esa "lóxica borrosa" da que falan algúns autores. Para o vasco, di, todo é máis branco ou negro, decántase rapidamente, mentres que o galego parece que anda sempre na corda frouxa, a ver a que lado se termina inclinando. Para este interlocutor, iso, entre outra cousas, supón unha perda de tempo e de efectividade. Non hai que pensalo tanto e por aí se nos vai moita da nosa forza, o mesmo que a outros é pola boca. Incluso, puña en dúbida a fama de traballadores que temos os galegos xa que, precisamente debido a esa indecisión e a súa suposta e implícita perda de tempo, a nosa efectividade laboral deixaba moito que desexar. Tamén cuestionaba o subterfuxio que se adoita facer nestes casos cando os galegos nos defendemos con aquilo de " .... mais temos unha calidade de vida mellor", parecéndolle máis un premio de consolación que unha realidade desexable.

Aínda que estes testemuños directos, interactivos e de diferentes procedencias sobre os galegos sexan parciais e non poidan abarcar a totalidade, con todo, merece a pena destacar a coincidencia de opinións e perspectivas á hora de chamar a súa atención sobre a indecisión e a falta de definición que, segundo eles, nos caracteriza. Falta de compromiso, ausencia de normas colectivas, lóxica borrosa, dubidosos, etc. ... todo iso pode que deixe unha marca ou pouso colectivo que, como imaxinarios sociais[16], nos van dando certo "formato social". Outra cuestión sería entrar a discutir se ese comportamento, esa falta de decisión, esa indeterminación, ese non implicarse fóra do noso espazo máis inmediato, que parecen tan típicos da poboación galega, son características sociais, é dicir, imputables ao conxunto de Galicia ou non. De momento, ademais das apreciacións recollidas nesta liña argumental, tamén temos o resumo sobre o noso comportamento social que fai Ramón Villares:

"... o ritmo histórico de Galicia manifestouse, con frecuencia, perante pulsacións acompasadas, mais excesivamente parsimoniosas." (1985: 11)

Por se criticar a nosa falta de definición, ¿deberíamos decantarnos máis e tomar máis partido nas cousas?. Incluso, algún destes testemuños afirmaba que historicamente nos ocorreu o que nos ocorreu debido precisamente á nosa falta de compromiso, ao deixar facer e pasar as cousas, ao non actuar cando debíamos.

Repito que se expón un debate moi interesante sobre a bondade ou non desa "lóxica borrosa" característica dos galegos, se ben deixo para as conclusións a miña postura a este respecto. De todos os xeitos, quixera que o lector se fose cuestionando estas ideas e tomase partido no debate.

Referencias sobre a Galicia social tamén podemos atopalas noutros estudos e traballos científicos, como o levado a cabo polo Catedrático de Políticas da Universidade de Santiago de Compostela, Xosé Vilas Nogueira: *Competitivos, xerárquicos e igualitaristas en Galicia: prosopografía*. Nesa separata[17], temos un claro exemplo de utilización da técnica de enquisa para analizar unha sociedade -neste caso a galega- en base ó modelo de categorización da cultura política de Wildavsky. Sin entrar a explicitalo, basicamente analiza unha sóa cuestión ("¿en que aspecto social incidiría para que as cousas funcionasen mellor?"); aplicándoa a unha mostra representativa da poboación adulta galega (1.600 entrevistas, realizadas polo Instituto Sondaxe), para chegar a establecer, segundo dito modelo, se esta sociedade é máis ben competitiva, xerárquica ou igualitaria e poder clasificala nalgún dos catro tipos de cultura política que se constrúen con estas dimensiones. As alternativas de resposta e as súas porcentaxes válidas foron: orde moral (12,4%), competitividade económica (25,4%), igualdade social (58,4%),

---

[16] Emprego o termo "imaxinarios sociais" no sentido de sedimentos do coñecemento social que van quedando e conformando constructos ou imaxes.

[17] No nº 103 da Revista de Estudios Políticos (Nova Época, xaneiro-marzo 1999).

outro aspecto social (3,8%). Sendo que o resultado final o resume Vilas dicindo que, sin poder inscribila nun deses modelos, "a nosa sociedade é preferentemente igualitaria, moi pouco tradicional e concede unha marxe apreciable á valoración da competitividade económica" (op. cit.).

Outro traballo, coordinado polo Catedrático da Facultade de Psicoloxía da Universidade de Santiago de Compostela, Xosé Manuel Sabucedo, trata da *Identidade social, valoración política e mobilización colectiva nun contexto supranacional*, comparando para elo o comportamento do noso sector agrario co holandés. A finalidade do estudo era construír un modelo teórico para determinar por que se mobilizan os grupos, neste caso de agricultores. Para iso, analizáronse tres variables básicas: inxustiza, identidade e eficacia. No que respecta á primeira delas, agricultores galegos e holandeses terían unha percepción de inxustiza moi elevada a nivel cognitivo (pesimismo sobre o futuro, baixa valoración da súa profesión); mentres que o nivel emocional da inxustiza -o que activa ó individuo- resultaría alto en Holanda (hai un sentimento de ira), e moi baixo en Galicia, apelando á fatalidade e a resignación. No que fai á identidade, na Galicia agraria os sentimentos de identificación serían a nivel local, diminuíndo de forma significativa ao incrementarse o grupo de referencia; mentres que na Holanda agraria ocorre ao revés, se reforzarían. Finalmente, mentres os agricultores galegos apenas esperaban que as protestas tivesen resultados, os holandeses acentuaban as mobilizacións confiando no seu éxito.

Para rematar o dito nesta parte referencial sobre a forma de ser galega, quixera facelo citando unhas palabras que recollen moi ben tanto as nosas virtudes como as nosas fraquezas, como as que –coido- foron explicitadas nesta parte do traballo. Son palabras do gran estudioso e membro da nosa sociedade, Manuel Murguía (1888), que se atopan encabezando a obra citada de Ramón Villares (*Historia de Galicia*):

"Moi poucos pobos como o galego souberon conservar a través dos tempos máis pura, máis constante, máis indeclinable a súa fisionomía. Non é posible dubidalo. Todo nel é tradicional e está no costume mellor que na lei escrita; na literatura oral, que na erudita; na súa cerna e non nas manifestacións exteriores. Non se verifica modificación algunha que non se leve a cabo cunha certa parsimonia e como contra a vontade. Réndese ao incontrastable dos destinos que así o queren, máis non se fai outro nen se desprende por completo da tradición, antes impregna a nova vida de canto é nel privativo e conxénito."

IMAXE MEDIÁTICA

Hoxe en día resulta indiscutible que os medios de comunicación supoñen, ademais do que se deriva das súas propias funcións, unhas valiosas fontes de información e documentación para todo tipo de estudos e análises, cal xanelas á realidade social.

Neste caso, as referencias hemerográficas recollidas sobre o noso obxecto de estudo, a análise da sociedade galega, supoñen un claro paso intermedio entre as chamadas fontes secundarias de información e as primarias. É máis, tratándose de imaxes da realidade social, estes medios de comunicación pódense considerar claras canles de conformación das devanditas imaxes do social, xa que recollen e reproducen (desde o seu punto de vista ou perspectiva) a actualidade, o que pasa no noso mundo, ofrecendo así aos seus seguidores panoramas, versións e, en definitiva, formas de ver e entender a realidade social máis actual. Precisamente, o que se debate hoxe en día é o papel destes medios nesa conformación social da realidade e en que medida se axusta a información que nos ofrecen á verdade.

Por iso o gran valor que teñen na presente investigación as referencias a estas fontes de información xa que, por un lado, nos achegan máis datos e, por outra, supoñen probas palpables para validar a hipótese central desta obra: a constatación de formas de describir a realidade social a través do que vimos a denominar "imaxes do social" (o caso máis claro serían os medios audiovisuais, sobre todo a televisión).

Ademais, aproveito a ocasión para aludir tamén a outras moitas fontes de información neste mesmo sentido, como poden ser as obras literarias, sobre todo as de viaxes, históricas ou que describen certos lugares, xentes, etc., ou aquelas outras que poderíamos englobar como guías turísticas, documentais, campañas publicitarias ou mesmo diarios, bitácoras, contos ou ditos populares, cancións, folclore, festas, etc. En definitiva, todo aquilo que pretenda describir ou reflectir, real ou figuradamente, o mundo que nos rodea estará conformando conceptos e imaxes e os medios de comunicación fanno todos os días, coas súas descricións do que acontece.

No noso caso, neste punto, temos contidos eminentemente xornalísticos[18], principalmente do diario A Voz de Galicia, nos que se alude, faise referencia ou, incluso, edítanse suplementos especiais para tentar reflectir a imaxe dun determinado grupo, colectividade ou país (xa non digamos dun feito determinado, que é o pan noso de cada día para estes medios).

Precisamente, a parte final deste traballo coincidiu coa encarga e publicación por parte deste xornal dun estudo titulado "O ADN dos galegos"; o que deixa ben ás claras, primeiro, o interese por estes temas, segundo, a demanda deste tipo de estudos de carácter social e, terceiro e máis importante, a necesidade de dar respostas científicas sobre a cuestión.

Sen máis preámbulos, as seguintes informacións, contidos e referencias recompiladas nos medios de comunicación, concretamente na prensa e internet, creo que constitúen por si un claro argumento e proba do que estamos dicindo con respecto ao recoñemento, concepto e imaxe aplicados, neste caso, a un grupo social baixo a denominación de Galicia.

A primeira referencia traída a colación é, para min, coma se o xornal se fixese eco do que se expón e defende na presente investigación: o interese e a demanda para coñecer entes sociais,

---

18 Tamén se poderían traer a colación contidos radiofónicos, televisivos, de internet, libros, cine, etc.

perfís, colectivos, sociedades ... dunha maneira obxectiva e real. Non a partir dos estereotipos, nen só polos datos históricos, estatísticos, económicos ou calquera outra alusión ás que, máis ou menos, estamos acostumados. A sociedade, os medios de comunicación, as empresas e, en xeral, todo o mundo necesita información e coñecementos que respondan o máis fidedignamente posible á realidade social que lles rodea e coa que se interactúa, ben nas relacións sociais, nas comerciais, nas diplomáticas, etc.

O ADN dos galegos

(Suplemento Especial polo día da Patria Galega. A Voz de Galicia, 25 de xullo do 2005).

"As raíces (¿de onde vimos?, ¿cales son as orixes históricas de Galicia?). A laboriosidade (a fama de bos e tenaces traballadores acompaña os galegos). Listos (lizgairos, astutos e donos dunha mirada penetrante). A retranca (Galicia é dos poucos países do seu tamaño que posúe un sentido do humor propio). Emigración (a nosa gran epopeia como pobo). Individualistas (espíritos ceibes, con pouco afecto polo traballo en equipo). Creatividade (¿por que Galicia achega tantos grandes literatos e artistas plásticos?). Seductores (nós non o sabemos, mais fóra nos ven así). Escépticos (os galegos somos pouco dados a afirmacións categóricas). Reservados (intimidade con blindaxe). Aforro (Galicia debe potenciar produtos co seu propio ADN para triunfar na economía global). A familia (os galegos fixemos da cohesión familiar sabedoría e arte). Festa (nin unha parroquia sen verbena. A festa nos xenes). Desinhibidos (ao contrario de puritanos). Biotipo (¿cáles son as nosas características físicas peculiares, se é que existen?). A comida (a gastronomía, relixión galega). Españois (o sentimento español combínase coa forte querencia polo propio). Galeguistas (na marxe da súa articulación política, o sentimento galeguista é fortísimo). O feísmo (un trazo distintivo dramático que a época moderna truxo: a destrución da nosa paisaxe). Depende (unha das palabras chaves da galeguidade). O galego (o tesouro do noso idioma). Moda (e pasou o inesperado, Galicia marca estilo). Morriña (unha mágoa con denominación de orixe). Mar (Galicia prolóngase polos océanos do mundo). Éxito (o xen da Galicia do século XXI, galegos que triunfan masivamente)".

Estas serían as 25 características (*cromosomas*) sociais distintivas dos galegos seleccionadas nos respectivos artigos, escritos por xornalistas, historiadores, técnicos, profesores, artistas, etc. Ao que hai que sumar a enquisa específica sobre a cuestión, na que se pediu a unha mostra representativa da poboación galega a súa opinión sobre diferentes temas: cal é o noso principal problema, que idioma fala normalmente, que é o que máis lle preocupa, que é o que lle fai máis feliz, etc. Dos resultados desta enquisa, os cales se recollen na parte de información primaria ou directa deste traballo, A Voz de Galicia titulou no mesmo Suplemento:

"Galicia, un país optimista e satisfeito.

Unha enquisa de Sondaxe mostra que a maioría dos galegos confían no futuro e dan un notable alto á comunidade autónoma".

Por outra banda, deste suplemento quixera destacar algo que, ao meu modo de ver, identifica e diferenza significativamente a nosa colectividade en particular. Estoume referindo ó artigo de Siro López (artista, humorista e, ata a súa xubilación, viñeta xornalística galega de referencia).

"O humor como mecanismo de defensa

A retranca galega é unha característica psicolóxica directamente relacionada á nosa coñecida desconfianza.

...a sacorronería castelá non é só astucia e disimulo, senón tamén burla encuberta, que non é propia da retranca. ...como tampouco encaixa nos de ironía, sátira ou sarcasmo, formas agresivas do humor, coas que tamén se identifica ás veces. A retranca é sempre unha actitude defensiva, nunca agresiva...

Razón tiña Baldomero Cores cando no ano 1957 publicaba na revista Lar, do Centro Galego de Bos Aires, o ensaio Socioloxía do humorismo e da retranca, no que dicía que a retranca é unha actitude comunitaria específica de pobos nos que concorren determinadas condicións e nos que o suxeito ten a retranca como medio para evitar a intromisión na súa intimidade; para esquivar a curiosidade allea, proceda do grupo ou doutro individuo".

Se a retranca é un mecanismo de defensa, como afirma Siro, entón é que moi violentos non debemos de ser, polo menos nun principio. Se a isto engadimos a nosa característica ou idiosincrática *lóxica borrosa*, entón se pode empezar a pensar que moi claros ou fáciles de entender non é precisamente que sexamos, e quizais por iso contestamos con outra pregunta ou non se sabe se subimos ou baixamos a escaleira.

Outras referencias mediáticas arredor da imaxe de Galicia son menos condescendentes e, incluso, algunhas delas polémicas, como a do xornalista francés que nos describe por unha casa que non tiña luz eléctrica, extrapolando esa imaxe ao resto da nosa sociedade (ver A Voz de Galicia do 11 de febreiro do 2005, páx. 14). De aí a necesidade de ter información obxectiva e científica que evite, entre outras cousas, disputas espurias como a que se cita.

"Cidadáns de dez países ofrecen a A Voz a súa visión da comunidade.

Galicia, unha imaxe que triunfa no mundo.

Hai uns días, unha axencia de prensa estranxeira vendía unha Galicia atrasada. A Voz quixo coñecer a imaxe da comunidade en dez países. Neles falan dunha rexión puxante, progresista e moderna.

(A Voz de Galicia, 20 de febreiro do 2005, páxs. 18 e 19)

FRANCIA. Solidariedade pola marea negra do 'Prestige'. Poucos franceses saben que a moda que compran en 83 tendas de Zara vén de Arteixo.

ALEMAÑA. O fútbol e o Camiño, as principais vías de acceso. A marea negra do 'Prestige' e a reacción dos galegos impresionaron os alemáns.

COLOMBIA. Xente emigrante que conseguiu a prosperidade. Parécese moito a Bogotá polo verde e esas resonancias campesiñas que non perde.

CHILE. Unha comunidade 'bucólica' cun ritmo vital distinto. Visitar Galicia é como volver á raíz máis profunda dos pobos.

ARXENTINA. É algo que forma parte dos arxentinos. Galicia xa non é só agradable para o turismo. Agora se ve como unha rexión puxante e próspera.

ESTADOS UNIDOS. Un país de rica cultura que une rural con moderno. É unha rexión moderna e desenvolvida, que mellorou en transportes e con universidades de prestixio.

CUBA. Onde todos os españois son galegos. Cando fun a Galicia atopei unha sociedade moderna, que non ten que envidiar ó resto de Europa.

BÉLXICA. Para un belga, a paella pode ser un prato galego. Imaxino un país con moito bosque, onde chove e a xente fala moi gracioso, cantando.

INGLATERRA. Un corral verde, acolledor e hospitalario. A miña primeira imaxe foi desde O Cebreiro. Nunca pensei achar un anaco de miña Inglaterra en España.

ITALIA. Os italianos coñecen Santiago e pouco máis. En calquera supermercado hai productos Pescanova e desde fai uns anos Zara está en Milán e Roma".

Respecto á imaxe de Galicia e dos galegos noutros medios de comunicación, como a literatura ou mesmo o teatro, contamos coas teses da obra de Xesús Caramés Martínez (*A imaxe de Galicia e dos galegos na literatura castelá*, publicada por Galaxia no 1993), segundo as cales (1) "os historiadores atribúen o éxito do tópico ao descoñecemento da realidade galega da época e (2) que o éxito do arquetipo se debeu, en parte, a que a figura literaria era asimilable coas principais ocupacións dos galegos da época en que se propagou".

Ademais, podemos ler tamén, baixo un dos subtítulos do xornalista Camilo Franco, un exemplo magnífico de como se poden configurar eses tópicos, por que medios (neste caso polas obras literarias) e como perduran no tempo. Noutras palabras, o exemplo pode valernos para a nosa tentativa de demostrar como se conforman os estereotipos que, como veremos, non teñen aval científico nin representan fielmente a realidade, supondo unha especie de atallo do coñecemento, neste caso, sobre os grupos sociais, aos que pode perxudicar.

"Ata o século XV as alusións literarias aos galegos conservan o tópico do carácter bélico.

Os refráns fixaron e propagaron o arquetipo de galego inculto.

O estereotipo pasou á literatura, que o converteu nunha figura cómica case imprescindible.

(A Voz de Galicia, 8 de marzo do 2005, páx. 47)

...

Ditos Populares

Como se transforma unha frase ata convertela en algo común.

No libro de Xesús Caramés se ofrece un exemplo de ata que punto os refráns se transforman e se alimentan das confusións.

No século XVI, o catedrático de Salamanca Hernán Núñez recompila unha serie de ditos populares entre os que figuran dous que resumo a perspectiva que desde Castela se tiña naquela altura. 'A galego pedidor, castelán tenedor' foi relacionado por Fermín Bouza Brey coa afluencia de galegos ás segas e ás súas queixas polas malas condicións. O outro exemplo é 'somos galegos e non nos entendemos'. O refrán tivo o seu eco en dous escritores, Lope e Tirso. O primeiro utilizao como fondo para explicar os problemas de entenderse 'se ás linguas a ciencia non acompañan / o mesmo é saber grego que galego'. Tirso de Molina, máis explícito, converte o refrán nunha síntese e nunha referencia ao escribir 'ou somos galegos ou non nos entendemos', dando por feito que os galegos non afacían a entenderse nin entre eles".

Precisamente, a raíz da polémica xurdida e recollida nos medios, a propia Voz de Galicia editou o seu suplemento semanal Culturas, do 19 de marzo do 2005, baixo o título:

"A imaxe dos galegos en España

Xosé Ramón Barreiro, Presidente da Real Academia Galega, escribe para Culturas sobre 'a literatura do menosprezo e vilipendio contra os galegos'.

Fai poucos anos publicouse en Arxentina un libro en que se recollían os chistes máis ferintes contra os 'galegos' (españois). O autor, un sucesor daquel Mambrú que tamén na Arxentina desacreditou durante anos aos galegos, probablemente descoñecía que o escarnio e menosprezo dos galegos comezou catro séculos antes.

Sen necesidade de decretos nin leis, de pragmáticas ou reais ordes, o Estado impulsa a cultura oficial do Imperio, especialmente o idioma castelán. ....

Para abrirse camiño nesta selva de xuros, a aristocracia galega preséntase como a aristocracia máis limpa e antigua porque non foi afectada pola invasión árabe. .....

Cando a literatura antigalega insiste tanto na nosa proximidade aos mouriscos, calquera pode entender que estamos diante dunha campaña de descrédito que ao afectar a todos os galegos e a Galicia, afecta tamén a aristocracia...

Unha vez creado o tópico, xa funcionou só, levado pola inercia dos escritores, especialmente os dramaturgos, conscientes de que cando aparecía un galego en escena, as gargalladas estaban aseguradas. ......

O tempo foi, non obstante, minorando o prexuízo antigalego, pero aínda no século XVIII e reempregando lendas tan desatinadas como as do Meco se mantén unha literatura de infamia. Recuperar agora estas cousas non é un exercicio de victimismo. Facémolo por dignidade histórica e tamén para que os analistas topen nestes prexuízos antigalegos algunhas claves da nosa histórica marxinación...".

Para afondar neste maltrato cara a Galicia e os galegos no proceso de conformación de España, é máis que recomendable ler o recompilado e ben argumentado por Miguel-Anxo Murado, no seu libro *Outra idea de Galicia*.

Pero seguimos recollendo polémicas na prensa, como as suscitadas polos significados da palabra 'galego'; a maioría deles fóra da nosa comunidade, o que resulta algo moi significativo de cara a obter a impronta que dimos (¿damos?) ou deixamos nas nosas interaccións sociais.

"O BNG presentou a proposición para que a RAE retire os significados de 'parvo' e 'tatexo'

Os dicionarios foron variando as súas acepcións de 'galego'

(A Voz de Galicia, 18 de abril do 2006, páx. 41)

A palabra galego variou o seu significado co tempo ou, polo menos, o seu rexistro nos dicionarios. Unha consulta aos da Real Academia Española permite apreciar estas mudanzas, tanto as definicións que ficaron polo camiño, como as incorporacións. A apertura do Dicionario aos americanismos supuxo novidades pouco amables co significado de galego: en Costa Rica é unha palabra válida para denominar ao 'parvo' e no Salvador é sinónimo de 'tatexo'.

O Bloque Nacionalista Galego acaba de presentar unha proposición non de lei no Congreso na que pide á RAE que retire do Dicionario estas definicións por consideralas 'vexatorias e pexorativas'. O BNG empraza ademais o Goberno a que realice xestións oportunas para suprimir estas acepcións. O deputado nacionalista Francisco Rodríguez quéixase de que o Dicionario non especifique o contexto en que se utiliza esta definición de galego, polo que resulta 'unha sinonimia estereotipada, vexatoria e pexorativa'. Na súa opinión, os académicos deberían 'pór límite ao tópico e ao prexuízo ou ben indicar que é un uso coloquial e parcial'. Por último, o político cre que a Academia, de aplicar o mesmo rigor que con galego, debería inclui-las acepcións negativas de vocábulos como xitano ou xudeu.

A visión que se dá de galego nos dicionarios do século XVIII non é demasiado positiva. Na edición de 1783, por exemplo, galego defínese como 'cousa pertencente a Galicia'. O exemplo escollido non pode ser máis claro: 'como touciño galego'. Agora galego xa é 'natural de Galicia'.

En 1884 incorpórase ás definicións 'dialecto dos galegos'. A cualificación de dialecto manterase nas edicións ata 1970, cando ao fin se inscribe como 'lingua'. Algo parecido ocorre coa definición de galeguismo. A definición orixinal é a de 'locución, xiro ou modo de falar particular e propio dos galegos', pero no 1984 engádese a de 'amor a Galicia e as cousas galegas'. Un repaso á entrada galego nas distintas edicións do Dicionario permite comprobar como algunhas definicións pouco amables foron desaparecendo. Así, na de 1936, galego como 'mozo de corda'. Ao longo do século XX tamén se indicaba que en Arxentina galego se utilizaba para referirse ao conxunto dos españois, aínda que engade: do matiz do uso despectivo.

Outras alusións son refráns e ditos como mesa galega (mesa sen pan) ou un determinado vento en Castela. Se o Dicionario consigna o uso que os falantes fan da lingua, estas definicións desaparecerían por desuso".

Terminamos este punto de referencias hemerográficas sobre o concepto e imaxe da sociedade galega -e sobre o noso obxecto empírico de estudo (Galicia como entidade social)-, cuns artigos que conectan o pasado co presente e co futuro. Estámonos referindo ás novas tecnoloxías, ao fenómeno social do turismo e a este mundo cada vez máis globalizado, sen fronteiras mais, como se pode ler seguidamente, no que aínda perduran as identidades características de colectividades, como a galega, así como certas imaxes derivadas das interaccións dentro da realidade social que nos rodea.

As guías de viaxes estranxeiras describen a comunidade sen erros mais caen nos clixés de sempre.

Unha Galicia tópica e utópica

Os turistas cren chegar a un país celta esquecido sumido en brumas e néboa

(A Voz de Galicia, 7 de xullo do 2003, páx. 42)

Galicia: o esquecido país celta, unha terra rodeada por brumas e néboas, no que os lugareños practican ritos ancestrais máxicos e que se alimentan de fresquísimo marisco. Así podería resumirse a visión que de Galicia proporcionan as guías de viaxe estranxeiras, entre tópica e un pouco utópica. En consecuencia, os turistas chegan procurando as innumerables marcas celtas, nunha terra 'verde como unha esmeralda', segundo unha guía inglesa, e na que poderán ver pitas do monte 'cun pouco de sorte'.

...As excelencias da gastronomía son gabadas en todas as guías, unha ganga, a niveis norteamericanos. 'Para min, Galicia no que fai a prezos está ao mesmo nivel que a India', di unha xornalista nunha reportaxe sobre o Camiño de Santiago. Precisamente o camiño dos peregrinos é o maior atractivo cultural que citan as guías, aínda que a algunhas lles parecen escasos os servizos e comodidades: o feito de que nalgúns albergues non hai duchas separadas para homes e mulleres é moi destacado. Iso si, segundo unha web con información para futuros peregrinos, non hai perigo para que elas viaxen soas. Tamén dá un consello: comprar a comida nos supermercados pola mañá. Despois, as tendas pechan 'por sesta'.

...Advertencia final: os galegos son moi amigables, mais poucos falan inglés.

...Poucas guías se meten na historia de Galicia e menos aínda constatan a existencia dunha literatura propia (só se chega a Rosalía, 'a poeta favorita de Galicia'). Segundo algunhas guías, Galicia achegou á cultura española dúas das súas figuras máis importantes: o xeneral Franco (o define como un antihéroe histórico) e o apóstolo Santiago".

Poderíamos citar contidos doutros medios de comunicación con información sobre os conceptos e a imaxe da sociedade galega. Por exemplo os programas de televisión, de radio, ou os moi didácticos dos documentais, monografías, literatura, etc. Coido que fica claro que estas fontes xogan un papel moi importante na conformación de conceptos, ideas e imaxes sobre os aspectos da realidade social que tratan nas súas informacións. De feito, cos exemplos citados, ademais dos seus contidos, quizais podemos sacar algunha conclusión, xa que mesmo os temas que tratan nos poden dar unha pista do que está candente ou se reflecte na realidade social nun momento e sobre un ente (neste caso a sociedade galega) determinados. Tal e como podemos comprobar, os temas de que tratan os medios actuais -ao referirse á identidade galega- son (ou continuan sendo) relativos a un imaxinario social subxacente que cuestiona e incluso polimiza sobre elo. Non se ocupan doutros temas ou cuestións, como por exemplo do noso papel no escenario internacional ou da exemplarizante sociedade civil que constituimos; quizais porque aínda non chegan a ter relevancia como para ser actualidade ou, quizais, porque precisamente non brillan pola súa presenza -están *missing* (desaparecidos)-.

Así pois, se os medios se ocupan deses temas -dos que se citaron algúns-, como se adoita dicir, *por algo será*. E ese algo é ou conduce -no caso do tratamento mediático que ten ou co que conta na actualidade a sociedade galega- a unhas informacións entorno ás dúbidas, discusións ou formulacións sobre a (minus)valía social do noso colectivo. E aínda que como reza o refrán, "*a* dúbida ofende", non fica máis remedio que recoñecer que, ao menos con respecto á nosa imaxe mediática, nestes momentos aínda estamos intentando librarnos da aldraxe que nos veu caracterizando socialmente nestes últimos séculos. Por suposto, mellor sería se saíramos nos medios de comunicación por outros motivos sociais máis brillantes.

Con todo isto, acho que resulta evidente a notoriedade, actualidade e recurso que se fai das imaxes, tópicos, estereotipos, arquetipos, categorizacións e, en definitiva, das formas nas que se produce hoxe en día o noso (re)coñecemento a nivel social, resultando necesario completalo. Por tanto, é recomendable que as ciencias acheguen as súas experiencias e metodoloxías para pór algo de orde neste terreo tan amplo das identidades e (re)coñecementos sociais; ou que, polo menos, sirvan de referentes fidedignos para poder discernir aquilo que responde á realidade daquilo que é froito doutros procesos, motivos e intereses.

ESTEREOTIPOS DOS GALEGOS

Dentro do capítulo de recompilación de información secundaria ou existente sobre o noso obxecto de estudo, quixen incluír este punto sobre os conceptos e ideas estereotipadas que, en distintas formas e procedentes de diversas fontes, se refiren á poboación galega.

¿Cómo ve o resto da poboación española os galegos?. En base tamén a enquisas ao respecto, nas que se recompila información deste tipo (principalmente por medio do Centro de Investigacións Sociolóxicas[19]), as valoracións positivas sobre o noso colectivo son predominantes. Así, aos ollos dos españois, os galegos adoitan ser considerados como "boa xente", "amantes da súa terra" e "traballadores". Tamén unha enquisa realizada por Yahoo confirma os tópicos, vendo -os internautas- aos galegos como amables, tenaces e pechados.

Todos estes calificativos poderíanse resumir no tópico galego de xente tranquila, humilde, traballadora e apegada ao seu lugar de orixe. Xunto a iso, somos vistos como persoas pechadas, cun carácter reservado e de desconfianza cara ao estraño. Así mesmo, baixo esta óptica, resultaríamos un pobo moi supersticioso, triste, xeograficamente afastado e cun clima predominantemente húmido e gris. Paralelamente, tamén somos considerados moi relixiosos, só superados neste sentido e a nivel nacional polos andaluces, aparecendo por tanto a espiritualidade como un trazo bastante marcado da Galicia social, percibida a través deses atallos do coñecemento que son os estereotipos.

A lembranza das migracións na procura de traballo motiva imaxes e conceptos de persoas emprendedoras, aventureiras e indomables, que non se achantan ante as dificultades, ao tempo que parecemos realistas e xenerosos. A dureza do clima e do traballo no campo, así como a emigración a outros lugares para garantir a supervivencia, tamén dan como resultado unha imaxe estereotipada de pobo sufrido, ao que os avatares da vida mallan duramente. De feito, a tenacidade e o sentido da responsabilidade salientan para os demais como modos propios e característicos dos galegos, para facer fronte ás adversidades. Xunto a isto prevalece a idea de xente cariñosa, fogareña e sensible. Sendo a sinxeleza outro dos trazos singulares do modo de ser galego, salientado polo resto dos españois.

En base a outro estudio recente do C.I.S., publicado en maio deste ano (2009), contamos coa medida en que a poboación española se sinte próxima ou non ás diferentes comunidades:

Asturianos 94,9%, Aragoneses 84,6%, *Galegos 83,9%,* Casteláns-Manchegos 82,8%, Estremeños 82%, Navarros 81%, Andaluces 79,4%, Madrileños 78,1%, Cataláns 74,7%, Canarios 74,5%, Mallorquines 74,2%, Castelán-Leoneses 72,3%, Cántabros 70%, Rioxanos 70%, Murcianos 68,2%, Vascos 67%, Ceutís 66,7%, Valencianos 63,9%, Melillense 50%.

---

[19] Sangrador, J. L.: *Identidades, actitudes y estereotipos en la España de las autonomías.* C.I.S. Madrid. 1994.

En base a estes datos, seríamos a terceira comunidade que máis afinidade suscitaría en España, destacando claramente neste sentido os chamados nosos curmáns sociais, os asturianos.

Máis resultados desta enquisa do C.I.S. permiten facer comparacións entre características comúns ás distintas Autonomías do Estado español. De tal xeito que os galegos destacamos no que se refire ao apego á nosa terra (o que tecnicamente se coñece como *topofilia*), ficando tamén en segundo lugar –tras os cataláns- en canto a traballadores; mentres que nos outros dous trazos analizados estamos no termo medio dos valores da táboa:

OS TRAZOS COMÚNS (Fonte: CIS 2009)	Boa xente	Amantes da súa terra	Traballadores	Amables
Andaluces	26%	15%	9%	19%
Aragoneses	30%	17%	12%	12%
Casteláns	30%	13%	15%	11%
Cataláns	12%	18%	27%	5%
Galegos	27%	21%	17%	11%
Madrileños	22%	9%	9%	13%
Valencianos	24%	18%	15%	12%
Vascos	19%	20%	15%	6%

Este estudo cuantitativo tamén nos revela, en concreto, os trazos percibidos ou que trasmitimos os galegos, diferenciando tres puntos de vista: interno, externo e estereotipado. De tal xeito que se pode comprobar como os considerados estereotipos sobre nós obteñen case idénticas porcentaxes que as denominadas percepcións externas, o que viría a dicir que uns e outras coinciden ou, quizá, que son a mesma cousa. Pola contra, as nosas propias percepcións afástanse bastante destes dous puntos de vista, sen vérmonos tan pechados, supersticiosos ou sinxelos como o fan os demais; agás, curiosamente, no que respecta a ser desconfiados, que resulta destacado por nós mesmos, por riba de calquer outro trazo ou perspectiva.

TRAZOS GALEGOS (Fonte: CIS 2009)	Estereotipo	Vistos por si mesmos	Vistos polos demais
Pechados	11%	7%	12%
Supersticiosos	10%	6%	10%
Cariñosos	9%	7%	9%
Desconfiados	9%	13%	8%
Sinxelos	9%	6%	9%

Deste recente estudio tamén se fixeron eco os medios, con titulares como o seguinte (publicado na Voz de Galicia, o 31/05/2009, páx. 2):

"A amable percepción que hai dos galegos contrasta coas súas dificultades para venderse. A galeguidade desperta moitas simpatías, pero poucas inversións" [20].

Podéndose ler nunha columna da mesma páxina, baixo o título *Unha certa mirada compasiva*:

"Aínda que ninguén dubida que a imaxe de Galicia ten mellorado nos últimos anos, non son poucos os que coidan que inda funcionan moitos estereotipos. O ministro de Xustiza, Francisco Caamaño, pensa que a mellora ten sido relativa: 'Recoñécense elementos de modernidade, innovación e unha aposta en valor dos seus recursos naturais, mais todavía hai moitos que pensan nos galegos como un pobo de emigrantes, eminentemente rural e mariñeiro'.

Ramón Villares, presidente do Consello da Cultura Galega, coida que os estereotipos se revisaron 'en parte, sobre todo fóra de España' e suxire que sobre Galicia aínda se segue depositando 'unha certa mirada compasiva. Aínda que é certo que antes a xente que ía a Madrid eran só caciques ou emigrantes. Agora hai médicos, arquitectos ou artistas que compiten de igual a igual'. Un deles é Roberto Verino: 'Quen nos coñece un pouquiño percíbenos como un pobo amable, discreto, traballador e amante das súas tradicións culturais. Pode que aínda haxa quen pense que estamos algo retrasados, mais iso é un prexuízo, só sustentable nalgunhas zonas do interior'.

César Antonio Molina, ex ministro de Cultura, apunta outra clave: 'Sempre estivemos fóra da Historia, pero o futuro non se acaba mañá".

Rematando esta reportaxe periodística -sobre como nos ven aos galegos no exterior-, contamos cunhas entrevistas a xente de diferentes partes do mundo, titulando o xornal, na súa páxina 4:

"Santiago e o marisco, os embaixadores

A ruta xacobea segue constituíndo o referente máis claro de Galicia cara ao mundo, aínda quen visita o país non esquece citar nunca a súa gastronomía e o calor humano que recibiu".

En xuño do mesmo ano, A Voz tamén publicou outras entrevistas sobre cal debería ser a imaxe cultural de Galicia no exterior, sendo que encabezaba a información a seguinte conclusión: *Mellorar a difusión da producción galega e romper estereotipos* (07/06/2009, páx. 58).

"Outra das constantes nas respostas é a de que a imaxe que se ofreza ao exterior rompa con tópicos que, entre outras cousas, gardan relación con imaxes estereotipadas dunha Galicia que, segundo os enquisados, é anterior ao presente e que algunhas asociacións co folclore ou a gastronomía das romarías. En xeral, consideran que esa imaxe xa non se corresponde coa cultura que o país produce no presente e, sen embargo, consideran que aínda fica algo dela fóra de Galicia".

---

[20] Ademais de recollerse nesa mesma reportaxe que a inversión estranxeira bruta en Galicia -sobre o total nacional do ano 2007- foi tan só do 0,13%, nunha entrevista ó Embaixador de Portugal en España, Álvaro José de Mendonça e Moura, A Voz de Galicia publicaba (o 01/06/2009, páx. 8) as seguintes declaracións: "Os portugueses e os galegos non nos sabemos vender fóra".

INFORMACIÓN
INTERACTIVA E DIRECTA

Coa información recollida ata o de agora, aínda que secundaria, indirecta ou por referencias, mais diversa, procedente de múltiples fontes e relativa a moitos aspectos da sociedade galega, poderíanse obter perfectamente resultados concretos para o noso obxectivo, sobre todo coas contribucións máis completas que nos ofrece a ciencia da Historia. É máis, supoño e desexo que, a estas alturas, o lector tivese oportunidades de conformarse ideas, conceptos e imaxes de Galicia como entidade social. Creo que case ata se podería dicir que, máis que imaxes, temos xa toda unha película sobre esta comunidade. Así e todo, debemos insistir e tentar completar ditas informacións con aquelas que nos proporcionan as relacións directas e interactivas co obxecto de estudo en cuestión; sabendo tamén a estas alturas que, tratándose de entes con dimensións sociais, resultan escasas e difíciles as informacións de primeira man referentes ao conxunto ou á totalidade dun colectivo determinado.

Por tanto, nesta outra parte do estudo e análise da sociedade galega abórdase, por dicilo así, o quid da cuestión. Tanto polo obxecto de estudo (a comunidade galega no seu conxunto, como un ente propio, que forma parte da realidade deste mundo), como polo enfoque metodolóxico (utilización das enquisas para un proceso de interacción obxecto-suxeito). Estamos a falar de, en primeiro lugar, recoller e, en segundo, analizar unha serie de informacións directas e interactivas que nos faciliten contidos e referencias, o máis completas e certeiras posibles, sobre o grupo social en cuestión, como se adoita dicir, *en vivo e en directo*.

Deste xeito, estamos reivindicando e tendo en conta esa interacción necesaria co grupo ou ente social determinado, no mesmo sentido que se aplica ás entrevistas ou encontros persoais que precisan información sobre un determinado individuo. Practicamente, e que se saiba ata agora, dita interacción só pode darse de maneira obxetiva e global con entes sociais -como é o caso dunha determinada sociedade como a galega-, a través de deseños de mostra e outras técnicas de investigación social.

Tanto para analizar interactivamente a sociedade galega no seu conxunto, como para demostrar a utilidade da metodoloxía demoscópica, nesta parte empírica e de recollida de información directa, vanse explicitar varios estudos ou enquisas realizadas á nosa poboación, e que abarcan diferentes aspectos e contidos da mesma. Dito coñecemento nunca será absoluto, nin total ou unívoco, ao igual que ocorre nos procesos de selección de persoal ou mesmo nas nosas relacións persoais de cada día, nas que dificilmente terminamos de coñecer do todo unha persoa (e así adoitamos oír expresións como, "pois non daba esa impresión" ou "non esperaba iso del/a", etc.).

Non obstante, e antes de nada, convén precisar que as enquisas adoitan recoller o que a xente di, que pode ou non coincidir co que fai ou pensa. O cal implica dificultades e ter que conxugar efectos como a desexabilidade social, a mediatización de opinións, os sen resposta, etc. Aínda que, de todos xeitos, máis que un obstáculo, o que iso pode supor é o detectar ou descubrir máis características dunha determinada poboación: sinceridade, grao de ocultación, adecuación das contestacións, etc.

Pretendemos logo, analizar e basearnos nese discurso oral, tal e como se presenta no esquema de enquisamento -sabendo que é limitado (emisor-receptor)-, para así conseguir unha información descritiva, interactiva e directa sobre a sociedade galega. Tendo en conta así mesmo de antemán que, tanto no que se refire á recolla de información como á análise da mesma, esta investigación non pretende, nin moito menos, ser un modelo pechado senón que, máis ben, ao contrario: estou certo de que ambas fases (recollida de información secundaria e primaria) poden ser susceptibles de moitas variantes, melloras ou ampliacións. Tamén hai que decatarse que a análise da información recadada non deixa de ser unha interpretación dos profesionais ou equipo técnico sobre a mesma e, como en todo, pode haber diferentes puntos de vista, aspectos non reflectidos ou outros que poden ser achegados, mellorados e discutidos.

Conformaríame co feito de que, ao utilizar e traballar con varios estudos -a modo de entrevistas- sobre o obxecto de estudo, polo menos se entresaque ou fique un *pouso* de coñecemento e información sobre os galegos que responda ao concepto ou imaxe que proxecta dito grupo social ao interactuar sendo él mesmo, na súa máxima posible integridade e amplitude.

INTERACCIÓN I:

ENQUISA MUNDIAL DE VALORES (Edición Galicia)

A Enquisa Mundial de Valores (*World Values Survey*) realízase desde hai vinte anos, en sucesivas edicións, nun centenar de países, entre eles España, e recolle, perante representación estatística de mostra, as opinións de preto do 80% da poboación mundial. O seu director internacional é Ronald Inglehart, ao que seguiremos nas súas propostas teóricas, metodolóxicas e de análise[21]. Ademais, en España fanse edicións específicas desta enquisa en varias Comunidades Autónomas, entre as que se atopa Galicia, centrándomonos aquí na edición do ano 2001.[22]

Este estudo empírico ven a supor, logo, a primeira das interaccións directas e específicas que se pretenden levar a cabo co noso obxecto de estudo -a sociedade galega-, mediante unha mostra representativa da mesma, co fin de obter, a través das opinións e respostas recollidas e outras informacións válidas, os valores, crenzas e normas que caracterizan este ente social como tal e no seu conxunto, como dí Veira na introdución do libro *As actitudes e os valores sociais en Galicia*:

"O simple feito de compartir valores xera climas de confianza que a súa vez contribúen á cohesión social e ao incremento do capital social".

Así, seguindo a idea desta Enquisa Mundial de Valores, poderíase concluír que os actuais galegos integrarían unha sociedade en tránsito entre o predominio dos valores materialistas e os de carácter post-materialista. Iso quere dicir que constituímos un conxunto social que, sen abandonar de todo anteriores estadios, empeza a incorporar na súa forma de ser (ou polo menos de exteriorizarse) certos novos valores (ecoloxismo, solidariedade, calidade de vida, etc.), menos relacionados coas necesidades básicas aínda imperantes (seguridade económica ou traballo estable) e as crenzas relixiosas.

Se ben esta definición na escala de valores de Inglehart podería responder a outros moitos grupos ou entes sociais, porén, tamén vemos nesta enquisa aspectos sociais diferenciadores en

---

[21] Resumo dito plantexamento na achega de José Manuel Sánchez Santos e José Atilano Pena López, recollida no libro de Veira (*As actitudes e os valores sociais en Galicia*):

"As sociedades contemporáneas experimentaron sensibles mudanzas valorativas paralelas ás transformacións socioeconómicas, en particular á elevación dos niveis de renda. A noción de postmaterialismo proposta por Inglehart, a partir da escala de necesidades de Maslow, explica este proceso como a natural evolución dunha sociedade materialista a unha postmaterialista. A primeira está centrada en valores que acentuaban a seguridade física e económica, en tanto que a segunda propón un modelo social no que se acentúan os valores de realización individual, liberdade, participación social, etc. Este xiro sería resultado das melloras en termos de benestar social ou, o que é o mesmo, a satisfacción das necesidades de orde inferior farían relevantes as necesidades de índole 'non material' (hipótese da escaseza)." (2007: 185-186)

[22] En concreto, en Galicia leváronse a cabo dúas edicións desta Enquisa Mundial de Valores, a do ano 1995 e a do ano 2001, ambas dirixidas polo Catedrático Xosé Luis Veira (ver bibliografía), a quen lle agradezo a disponibilidade dos datos.

Ficha Técnica da Enquisa Mundial de Valores en Galicia 2001: Universo de estudo: Poboación residente en Galicia de 18 ou máis anos. Tamaño da mostra: 1.192 entrevistas. Erro mostral: +/- 2,9% para datos globais, e un nivel de confianza: 95.5%,(z=2), no suposto de que p=q=0,5. Deseño de mostra: Estratificado, con afixación proporcional por tamaño hábitat. Tipo de entrevista: persoal no fogar do entrevistado. Selección dos entrevistados: perante táboas aleatorias Traballo de campo: realizado polo Instituto Sondaxe, entre decembro de 2000 e xaneiro de 2001.

Galicia, como a súa exacerbada defensa do individualismo, unha clara asintonía coa "cousa pública", o seu escaso asociacionismo e ausencia de espírito colectivo ou, no que fai ás crenzas, unha indefinición ou mestura entre o pagán, o relixioso e o agnóstico.

Todos estes aspectos, xunto coa documentación xa comentada, son os que poden ir conformando un concepto ou imaxe máis cercana ou axeitada da poboación galega. Mais non imos afondar agora niso, xa que temos outras fontes empíricas que poden achegar máis información e coñecemento a este respecto, polo que deixaremos para o final a descrición e análise de dita sociedade, tal e como aquí se pretenden postular.

Segundo esta interacción co pobo galego, en liñas xerais, a mostra representativa entrevistada declárase bastante ou moi feliz (87%), satisfeita coa súa vida (81%), o seu traballo (80%) e a situación económica do seu fogar (70%). Do mesmo xeito, case un 70% se considera "unha persoa relixiosa", mentres que cerca da metade deste colectivo mantén que goza de boa saúde. Polo que respecta aos valores socias explicitados, concédese moita importancia á familia (91%), á liberdade persoal (74%) e ao traballo (62%), sendo que tamén parece que nos importan bastante os demais (58%), os amigos (51%) e o ocio ou tempo libre (49%).

"A importancia da relixión en Galicia está por debaixo da familia, o traballo e a amizade". (Veira, 2007: 104)

Valor da familia

Afondando no tema da familia, preto do 80% da mostra representativa desta sociedade afirmaba que os pais deben sacrificarse polos fillos e que querían aos seus proxenitores, mentres que máis da metade desexaba que os mesmos se sentisen orgullosos deles. Ademais, segundo esta enquisa, case nove de cada dez galegos consideran valores importantes para inculcar aos fillos a responsabilidade e a tolerancia, así como tamén o esforzo (70%). Estes entrevistados tamén defenden que "o neno necesita o pai e a nai" (82%) e que "o matrimonio non está pasado de moda" (70%). En troques, a sociedade galega áchase dividida ante a cuestión da necesidade de ter fillos, xa que un 49,4% di que non, mentres que un 42,5% opina que si.

Outras consideracións sobre o núcleo doméstico móstrannos que a maioría da poboación galega está de acordo con que tanto homes como mulleres contribuían nas tarefas do fogar (56%), tendo en boa consideración o feito de dedicarse ou realizar este tipo de labores caseiros (40%). Tamén a metade desta mostra representativa discrepa con que se a muller traballa teña que ser en detrimento da crianza dos fillos; mentres que tres de cada catro galegos non rexeitan que unha nai poida ser solteira.

Como sinala Veira:

"Finalmente podemos suxerir que a familia nuclear tradicional, aínda a sabendas de que ningunha institución social é eterna, está adaptándose con bastante éxito a un contexto social de máis liberdade e democracia, incluso mellor que outras institucións de carácter relixioso ou político. quizais debido a que a familia, como ningunha outra institución, posibilita un dos valores máis estimados socialmente: o "altruísmo". Porque se ben o altruísmo se pode dar noutros ámbitos, o certo é que só na familia pode ser considerado unha obriga ética." (2007: 85)

Valor do traballo

Con respecto ao terceiro valor máis importante para a sociedade galega, os principais motivos desta poboación para traballar ficarían na mellora persoal (30%) e na satisfacción das necesidades (26%). Sendo considerado o traballo preferentemente como un deber (42%), algo perentorio ou inevitable (38%) e que permite o desenvolvemento persoal (34%). Ao mesmo tempo, dexesan unha ocupación ben retribuída (85%), segura (77%), adaptada as súas condicións (73%), respectable (64%) e cun bo horario (60%). Mentres que outras condicións tamén serían: que permita a iniciativa (49%), que realice como persoa (47,5%), que teña vacacións abundantes (44%) e que non sexa agoniante (42%).

Ademais, un 40% dos galegos equipara a relevancia que ten o traballo coa do tempo libre, dividíndose o resto da poboación entre os partidarios de que prevaleza sobre o ocio (26%) e aqueles que o antepoñen ao seu desenvolvemento persoal (24%). Mentres que a metade da mostra declara que a competencia laboral é boa, sendo partidaria dos incentivos para incrementar o esforzo.

Outros conceptos da sociedade galega sobre a actividade laboral poderíanse resumir nas seguintes expresións que foron sometidas a test:

- "É preguiceiro quen non traballa" (41%)
- "Non se debe recibir diñeiro sen traballar" (29%)
- "No traballo non é importante ser o primeiro" (34%)
- "As empresas deben ser dirixidas polos seus propietarios" (45%)
- "No traballo débense obedecer as ordes" (45%).

Como conclúe Celia Muñoz Goy no libro de Veira:

"Os datos de Galicia indican que no ámbito laboral os valores vinculados ás necesidades primarias como a supervivencia e a seguridade teñen maior influencia que aqueles outros vinculados a necesidades secundarias como a afiliación, o recoñecemento e a autorrealización. Así, as orientacións instrumentais, relacionadas co soldo e a estabilidade, seguen sendo predominantes no mundo laboral, fronte ás orientacións expresivas, vinculadas a necesidades de realización persoal e satisfacción intrínseca co traballo. É máis, ao pasar de 1995 a 2001 obsérvase unha intensificación das orientacións instrumentais." (2007: 135-136)

Cosmovisión dos galegos

Non emprego a palabra cosmovisión no sentido amplo do termo (*Weltanschauung: de Welt*, "mundo", e *anschauen*, "observar"), tal e como adoita aplicarse na antropoloxía, na filosofía ou na socioloxía, á hora de referirse á percepción ou concepto da realidade que ten un determinado ente social. Neste punto seremos máis modestos e imos tentar reflectir os valores, crenzas, opinións e demais aspectos relevantes para o noso estudo e que se poden extraer desta enquisa, referidos sobre todo á relación da sociedade galega coa súa contorna, tanto natural, como social, institucional ou, incluso, a nivel espiritual.

Así, por exemplo, respecto ás relacións cos demais, dous de cada tres entrevistados pensan que nunca se é suficientemente prudente, mentres que o outro terzo coida que se pode confiar na xente. Tamén resulta maioritaria a predisposición a empregar esa confianza en beneficio dun mesmo, máis como resposta ás necesidades básicas de supervivencia que a un posible egoísmo antisocial, xa que case sete de cada dez galegos enquisados preferiron que as relacións humanas se baseen na comprensión dos demais, antes que sobre os propios intereses. Esa aparente convivencia social tamén se manifesta nas supostas aceptacións de veciños que fosen drogadictos (54%) ou bebedores (46%), xitanos (37%), que tivesen antecedentes penais (37%) ou que fosen emocionalmente inestables (34%). Así mesmo, pódese comprobar como case dúas terceiras partes desta sociedade non rexeita aos inmigrantes, sempre e cando isto non vaia en detrimento dos traballadores autóctonos.

Por outra banda, aínda que a responsabilidade social manifestada polos galegos sexa elevada (84%), en troques resulta característica a súa escasa pertenza a organizacións ou asociacións de carácter benéfico, relixioso, profisional, político, deportivo ou cultural. Así, atopamos que menos da quinta parte dos entrevistados di ser membro de organizacións relixiosas (17%), asociacións deportivas (15%) ou asociacións culturais (10%). Se se tratar doutro tipo de participación, a porcentaxe diminúe considerablemente, con só un de cada dez galegos que o fai como voluntario (10%), en asociacións deportivas (8%) ou culturais (6%).

Seguindo coa concepción do espazo social por parte dos galegos, na enquisa realizada recóllense unha serie de acordos e desacordos en relación a diferentes afirmacións sometidas a test. Así, rechazan que os homes deban ter máis dereito ao traballo (66%), que por definición sexan mellores líderes políticos (44%) ou que a educación universitaria sexa máis importante no caso dun varón (88%). Pola contra, maniféstanse a favor do divorcio (32%), a homosexualidade (28,5%) e a eutanasia (21,4%). Mentres que hai cuestións, como a prostitución e o aborto, sobre as cales a sociedade galega está dividida entre a súa xustificación ou non.

Respecto ao medio ambiente, practicamente a totalidade dos entrevistados (96%) expresa que os seres humanos deben convivir coa natureza antes que dominala (2%). De igual modo, a metade da mostra está de acordo con dar diñeiro para evitar a contaminación, mentres que unha porcentaxe similar estaría a favor de aumentar os impostos en beneficio do medio natural. Así e todo, ao plantexar a opción de que esa mellora medio ambiental non supoña gasto aos particulares, máis da metade dos enquisados estaban de acordo. Tamén, a maioría coida que se debe dar prioridade ao medio ambiente (42%) sobre o crecemento económico (32%).

Rematando esta *minicosmovisión*, a sociedade en xeral é percibida pola maioría de galegos como competitiva, orientada á consecución do benestar e regulada polos poderes e autoridades. Por outro lado, tres de cada catro coidan que no mundo non existe moita consideración polos dereitos humanos, mentres que a metade dos enquisados sinala como obxectivos sociais prioritarios o crecemento e a estabilidade económicas, resultando tamén preocupantes para unha quinta parte desta poboación a carestía da vida ou a subida dos prezos. Ademais, nesa visión xeral, prefiren un mundo en orde (38%), sen delincuencia (33%), antes que un -por exemplo- onde prime a liberdade de expresión (28%), que sexa máis humano (25%) ou onde as ideas fosen máis importantes que o diñeiro (16%).

Así pois, baixo unha considerable sintonía coa contorna, á que parece concedérselle máis relevancia que á propia sintonía social (algo que, como veremos nas conclusións deste traballo, pode ser un dos sinais de identidade máis relevantes da sociedade galega), sobre todo se o social non é próximo ou está afastado, temos en Galicia unha cosmovisión algo lonxe todavía dos modelos post-materialistas que, segundo Inglehart, caracterizan ás sociedades máis avanzadas. Aínda que as perspectivas sobre o noso futuro social indican que estamos nese proceso de mudanza ou transición sinalados, xa que case un 70% desta poboación pensa que o diñeiro irá perdendo o seu valor social e, tamén, que haberá máis respecto entre as persoas; mentres que arredor da metade das persoas desta comunidade considera que a tecnoloxía terá cada vez máis importancia e o traballo menos, así como que os avances científicos axudarán a humanidade. Con todo, nove de cada dez galegos manifestan que no futuro a vida familiar terá máis relevancia e, apostando claramente por un mundo máis igualitario, opinan que este debería continuar regulado, mais cun equilibrio entre favorecer o benestar colectivo ou o individual. De feito, a maior parte desta sociedade aposta por que os gobernos traballen coordinadamente para mellorar os dereitos humanos (70%), na axuda ao desenvolvemento (67%), para o mantemento da paz (67%), á axuda a refuxiados (62%) e na protección do medio ambiente (56%).

Con relación á valoración do sistema de goberno, considérase o rexido por militares como o peor (moi malo: 69%, bastante malo: 18%); seguido polo goberno dun líder forte (moi malo: 36%: bastante malo: 35%) e o de expertos (bastante malo: 32%; moi malo: 24%). Mentres que a democracia é percibida como o mellor sistema (91%), considerándoa moi boa (53%) ou bastante boa (41%). Da mesma maneira, a maior parte dos entrevistados (53%) di que está dabondo satisfeita co desenvolvemento da democracia no noso país, aínda que a maioría pensa que Galicia acostuma estar gobernada para interese duns poucos (62%), o que explicaría en parte a gran desafección pola política e a cousa pública que caracteriza os galegos. De feito, a maioría da mostra (70%) declara non ter interese pola política, a pesar de que un 60% di seguila a través dos medios de comunicación (todos os días: 40%, varias veces á semana: 20%) e preto da metade dos galegos consultados (45%) di que fala de temas políticos ocasionalmente, fronte a outro 44% que non o fai nunca. Mentres que, canto á importancia das institucións, case a metade das persoas consultadas nesta comunidade sinala como máis importantes a Policía, o Movemento Ecoloxista, a Unión Europea, as Nacións Unidas, a Coroa e o Parlamento de Galicia.

A este respecto, convén sinalar as conclusións ás que chega Santiago Míguez cando analiza a cultura política dos galegos:

"De forma xeral, pode afirmarse que a cultura política dos galegos comparte moitos trazos coa do resto dos españois. Neste sentido, as mudanzas que en tan pouco tempo conduciron á transformación de Galicia, especialmente visibles no aumento do nivel educativo e na transformación do papel tradicional das mulleres, deu lugar á incorporación desta comunidade ás tendencias culturais das sociedades occidentais avanzadas e á 'incardinación' nas redes da globalización económica e política.

En primeiro lugar, a cultura política dos galegos segue caracterizándose pola persistencia de valores de 'moderación', que, como vimos, se extenden sobre case todas as dimensións da nosa cultura política, o que debilita considerablemente os efectos polarizadores dos cleavages políticos tradicionais.

En segundo lugar, outro trazo definitorio da cultura política dos galegos consiste na singular combinación de elementos, aparentemente incongruentes entre si e que ata agora ven sendo presentada, de xeito simplificado, baixo a expresión de 'cinismo democrático'. Esta síndrome actitudinal inclúe: a) un grao moi elevado de aceptación da democracia como mellor forma de goberno; b) unha actitude crítica sobre o funcionamento dalgunhas das institucións da mesma, especialmente as dirixidas aos partidos e a clase política e c) uns niveis de implicación política algo inferiores á media española e máis aínda en relación con outros países da nosa contorna.

Xunto ao anterior, en terceiro lugar, canto aos referentes identitarios dos galegos, parece oportuno concluír que, en Galicia, a persistencia e aínda o reforzamento dos sentimentos 'localistas', permiten afirmar que contar cun forte sentimento de identidade 'propia' non significa homoxeneidade, senón que, máis ben, pode falarse dunha enorme diversidade interna, que vai máis alá da tradicional distinción entre unha Galicia interior e rural e outra costeira e urbana." (Veira: 2007: 241-242)

No que se refire ao sentimento de pertenza, algo máis da metade dos entrevistados considera que o lugar xeográfico de identidade é, en primeiro lugar, a localidade en que vive e, en segundo lugar, a Comunidade Autónoma, sentíndose moi orgullosos de ser galegos (74%) e compartíndoo coa nacionalidade española (54%), aínda que só unha pequena parte da poboación analizada estaría disposta a loitar polo seu país (39%).

Para rematar con esta enquisa, sobre a vida espiritual e relixiosa, crenzas e actitudes, os entrevistados, católicos na súa maioría (89%), decláranse como "persoas relixiosas" (69%), que pensan no sentido da vida (algunhas veces ou con frecuencia: 70%), que atopan consolo na relixión (51%), que rezan a Deus fóra dos oficios relixiosos todos os días (28%), pero que non acoden á igrexa con moita frecuencia (nunca: 27%; unha vez á semana: 22%). De feito, aínda que esta sociedade se pode dividir entre os que dedican tempo á oración (50%) e os que non (48%), segundo esta enquisa, os galegos cren en Deus (82%) e concédenlle moita importancia nas súas vidas (64%). Tamén cren que hai alma (59%) e, así e todo, descartan a existencia do inferno (54%). Mentres que manifestan as súas dúbidas no que respecta á vida despois da morte (Si: 40%, Non: 37%) ou sobre a existencia do ceo (Si: 42%, Non: 39%). Ademais, predominan os que non trazan unha liña divisoria clara entre o ben e o mal (59%), liña que -ao contrario- si establecen á hora de separar o humano do divino, xa que rexeitan que "os políticos deban crer en Deus" (50%), que "os cargos públicos teñan que ser crentes" (41%) ou "que as autoridades relixiosas inflúan no voto (39%) ou no goberno (38%)".

A modo de resumo, tanto desta enquisa, como da idea xeral da mesma, nas súas diferentes oleadas, empregando a escala de materialismo-postmaterialismo, recollo a seguir parte das achegas feitas por Sánchez Santos e Pena López no mencionado libro dirixido por Veira:

"Sobre os resultados da oleada 2001 podemos afirmar que, tanto para os casos de España como de Galicia, corrobórase a hipótese inicial de Inglehart sobre a evolución cara aos valores de tipo postmaterialista. ... Respecto ao conxunto de España, a sociedade galega segue unha evolución totalmente paralela. De feito non podemos establecer diferenza ningunha significativa, salvo unha leve vantaxe da presenza de valores postmaterialistas.

[...]

En resumo, tanto en España como en Galicia a proporción de postmaterialistas case non variou ao longo das dúas últimas décadas, aínda que se detecta unha leve tendencia ao crecemento. Por outra parte, os materialistas perden terreo en beneficio dos mixtos, o que podería interpretarse como unha mostra da tendencia progresiva ao abandono dos valores materialistas en favor dos postmaterialistas.

[...]

.. No seu conxunto, a mudanza de valores na sociedade galega, ao igual que noutras sociedades occidentais, é tanto o produto dun proceso de socialización e cambio xeracional como un produto dunha relación centro-periferia social, dado que a incorporación se realiza en primeiro lugar a través dos grupos de alta renda e elevado nivel educativo." (2007: 147-151)

INTERACCIÓN II:
TIPOLOXÍAS DE GALEGOS

Este segundo traballo de campo, ou toma de información primaria e interactiva co obxecto de estudo, ven a definir e determinar subgrupos, subconxuntos, *clusters*, conglomerados, partes, categorías ou tipoloxías que se poden conformar e diferenciar entre a poboación galega, segundo unha serie de variables e aspectos dos recollidos e analizados, distintos as comúns de sexo, idade ou hábitat, e que abarcan desde os estilos de vida, pasando polos hábitos, consumos, actividades, ocio, cultura, etc.

Utilizando un símil organicista, neste estudo demoscópico preténdese diseccionar o *corpo social galego* en partes socioloxicamente diferenciadas. Véxase tamén nesta analoxía que non estamos falando das partes internas de dito *corpo social*[23], senón das visibles ou externas, en definitiva, da súa impronta e imaxe. Tampouco nos referimos, por suposto, a persoas en concreto, senón a agrupacións características das mesmas nunha serie de tipoloxías (oito, máis os indefinidos) que se conforman e identifican atendendo a unha serie de comportamentos, opinións e demais aspectos sociais comúns ou afíns entre os seus integrantes, non só no que se refire ás variables sociodemográficas (sexo, idade, hábitat), senón recorrendo (e esta é a novidade) a outra serie de variables clasificatorias, pouco empregadas para isto na práctica sociolóxica e que se centran na nosa vida ou existencia comunitaria.

Moitas veces se recurre a dividir unha determinada poboación, como é o caso da galega, por provincias ou en base a outros criterios axeitados para os fins que se pretenden (estado civil, nivel de formación, situación laboral, actividade, etc.). No noso caso, faremos esa división atendendo a eses outros criterios de carácter sociolóxico e que poidan darnos información sobre o noso propósito: coñecer como é esta sociedade como tal.

O resumo de resultados que se recolle a seguir forma parte dunha investigación que o Instituto Sondaxe realizou durante os últimos meses do ano 2000. Na mesma, aplicouse un enfoque metodolóxico mixto, que combinou técnicas cualitativas e cuantitativas[24].

Para determinar os subgrupos poboacionais seguintes, procedeuse a realizar unha análise de compoñentes principais sobre a totalidade das variables relacionadas cos contidos de ocio, afeccións, consumo, hábitos, opinións, crenzas, valores, identificación territorial, uso do idioma

---

[23] Como poderían ser a nivel anatómico os órganos internos (sistema nervioso, circulatorio, respiratorio, musculatura, etc.), e que en socioloxía equivalerían a referirnos, por exemplo, ao sistema de parentesco, á estrutura social, ás relacións económicas, ao sistema educativo, ao sistema político, ao sistema administrativo, ao xudicial, etc.

[24] Técnicas cualitativas: - 3 reunións de grupo ou grupos de discusión que permitiron seleccionar *a priori* as variables de segmentación apropiadas. - 5 grupos de discusión *a posteriori* co fin de corroborar os resultados obtidos no estudo.

Técnicas cuantitativas: realización dunha enquisa (segundo a Ficha Técnica seguinte), co seu correspondente traballo de campo, a unha mostra representativa da poboación galega.

Ficha Técnica: Ámbito: Galicia. Universo: Poboación residente de 16 anos ou máis. Mostra: 2800 entrevistas. Afixación: fixa por provincias, con catro submostras de 700 enquisas. Dentro de cada provincia, proporcional por tamaño hábitat. Selección do entrevistado: Por cuotas de sexo e idade e mediante listaxes aleatorias de números telefónicos. Tipo de entrevista: telefónica asistida por ordenador (sistema CATI). Erro: + 2% para o conxunto dos datos, sendo p=q=0'5 (caso de máxima indeterminación), cun nivel de confianza do 95.5%. + 3,8% en cada submostra, baixo idénticos parámetros. Traballo de campo: segunda quincena de setembro de 2000.

galego, etc., sobre unha mostra de 2.800 persoas, representativas da poboación galega, agrupándose os entrevistados arredor a aqueles resultados afíns, comportamentos e identificacións parecidos e demais aspectos comúns recollidos nos cuestionarios aplicados. É evidente que se poderían definir outros conglomerados, en base a outros criterios ou variables. No noso caso, foron construídos tamén tendo en conta os seus respectivos pesos poboacionais, é dicir, agrupando e referenciando en cada tipoloxía un número elevado e parecido de cidadáns, arredor duns douscentos mil por grupo. Por tanto, o lector terá que comprender que cando sinalamos características predominantes -ingresos ou estudos medios, afeccións ou consumos máis frecuentes, etc.-, estámonos refirindo ao groso, característico e común dese *cluster*, a arquetipos e non a persoas en concreto ou que teñan que reunir tódalas características especificadas dun subgrupo determinado. Así, por exemplo, se falarmos de que a renda persoal media nunha determinada categoría social das construídas é de tanto diñeiro, dita media estará quizais conformada por casos que non teñen ingresos, outros que poden ter máis do que a media indicada e outros menos, polo que desde aquí pido ao lector un esforzo de xeneralización e non de concreción, xa que tentar resumir e reunir toda a poboación galega en oito tipoloxías, construídas en base a variables máis alá das sociodemográficas, supón todo un reto metodolóxico e profesional desde o punto de vista da natureza e dimensións do obxecto de estudo que estamos a tratar.

Por último, antes de pasar a describir esas tipoloxías ou partes diferenciadas da sociedade galega, tamén convén aclarar e comprender que se procedeu a nomear ou titular cada unha delas atendendo a unhas etiquetas que, diferenciándose doutras segmentacións máis usuais, puidesen describir e resumir o mellor posible a súa hipotética imaxe ou carga conceptual como partes dun determinado ente social, neste caso chamado Galicia, reflectindo e subliñando as súas respectivas peculiaridades. Así, por exemplo, a tipoloxía denominada "novas tradicionais" virá a dicir que se conforma unha parte específica da poboación galega maior de 15 anos que destaca pola súa xuventude, maioría feminina e valores, actitudes ou comportamentos tradicionais; o que non quere dicir que nesa categoría non poida haber varóns afíns ás idades, afeccións ou hábitos que caracterizarían a dito subgrupo, ou algún adulto/a con comportamentos parecidos, ou algún moderno/a desde o punto de vista social ou cultural, mais que pola súa mocidade, afeccións, respostas ou xénero teña máis características en común que o mesmo e, por tanto, era incluído nel. En definitiva, estas tipoloxías construíronse por proximidade dos contidos e compoñentes principais obtidas na mostra representativa sometida a test, seguindo técnicas estatísticas e de análise propias da demoscopia, co cal quero incidir en que todas e cada unha das asignacións e constructos non son froito de criterios subxectivos, senón resultado de todo un proceso técnico e metodolóxico (mapas perceptuais, correlacións, discriminantes, etc.[25]), aplicado aos datos obtidos e cos que, deste xeito, se puido chegar a establecer oito categorías sociais en Galicia que abarcarían practicamente o 95% da poboación consultada, men-

---

[25] A este respecto, sinalo o traballo de Carlos Neira Cortizas, técnico do Instituto Sondaxe naquelas datas, tanto no tratamento dos datos como na elaboración e denominación das tipoloxías.

tres que só o 5% restante ficou, pola súa propia indefinición, sen poderse asignar a algún dos conglomerados ou partes diferenciadas en que resultou diseccionada a sociedade galega, para a súa análise e mellor coñecemento.

Distribución e peso das Tipoloxías Sociais en Galicia (en milleiros de persoas maiores de 15 años)	A Coruña	Lugo	Ourense	Pontevedra	Total Galicia
1. MOZOS DINÁMICOS	126	16	23	106	271
2. NAIS SOÑADORAS	125	27	18	97	266
3. AFECCIONADOS DEPORTIVOS	80	34	29	90	233
4. NOVAS TRADICIONAIS	94	19	33	74	220
5. PASIVOS CULTURAIS	60	25	35	86	207
6. MADUROS SATISFEITOS	47	19	42	35	142
7. TELE INFORMADOS	64	17	36	85	201
8. CULTOS POLITIZADOS	84	18	34	61	196
9. INDEFINIDOS	43	12	15	28	97
Total Galicia	723	187	263	660	1.833

Mozos dinámicos

Idade: é o subgrupo máis novo no que respecta á idade.

Xénero: é mixto, aínda que con predominio dos homes fronte ás mulleres. Estado Civil: son solteiros na súa inmensa maioría, aínda que un 25% están casados.

Situación laboral: case dous terzos traballan e os demais estudan.

Nivel de estudos: teñen o nivel de formación máis elevado. A metade conta con estudos secundarios e a outra metade universitarios, de primeiro ou segundo ciclo.

Nivel de renda: os que traballaban gañaban arredor ás 125.000 pesetas ó mes (ano 2000), mentres que os estudantes recibían rendas duns pais cuns ingresos polo xeral elevados.

Clase social: son de clase social media ou media-alta.

Relixión: son indiferentes ante a relixión, ou cren nalgo sen practicar nada; mentres que unha boa parte é atea.

Ideoloxía: a maioría non teñen ideoloxía, pero os que a teñen simpatizan máis con posicións de esquerda ou centro-esquerda.

Hábitat: viven fundamentalmente nas cidades ou nos concellos de mediano tamaño (arredor aos 20 mil habitantes).

Idioma galego: coñécenno, aínda que a maioría son selectivos á hora de usalo, situándose por debaixo da media xeral da poboación.

Tempo libre: dispoñen de tempo libre, sobre todo os fins de semana, mentres que pola semana nin teñen moito asueto nin deixan de telo, situándose na media da poboación xeral.

Ocio: prefiren aquelas actividades que realizan fóra de casa, como ir ao cinema, a concertos, á discoteca, a cafés, a restaurantes, exposicións... e facer deporte, normalmente en ximnasios. Tan importante como isto é que todas as actividades as prefiren facer cos amigos. E na casa optan por escoitar música e ver películas de vídeo, conectarse a internet e ler.

Relacións: é o grupo que manifesta ter un círculo de amizades e compañeiros máis amplo que o resto de tipoloxías.

Afeccións: encántalles todo o que ten que ver co cine, sobre todo o de acción, suspense e ciencia-ficción, aínda que ningún xénero cinematográfico desmerece nas súas preferencias. Tamén lles gusta a música, concretamente o *pop-rock* das radio fórmulas, aínda que son receptivos ao *folk*, á *new age* e á música disco. Manifestan inclinación polos deportes, aínda que neste caso non é o fútbol o que prefiren, senón outras alternativas: o tenis, o baloncesto, deportes de risco. Con todo, aparecen neutrais en todo o que se refire á televisión, que nin lles gusta nin lles disgusta, e na que adoitan ver películas, deportes e documentais.

Hobbies: apaixónalles todo o que se refire ó mundo das novas tecnoloxías, tendo a maioría internet e disfrutando cos videoxogos. Tamén senten inclinación polas actividades ao ar libre, máis relacionadas coa natureza, e o verán, sendo o único subgrupo poboacional dos construídos en Galicia que se caracteriza pola practica dos deportes de risco. Tamén teñen como *hobbie* o ir bailar, sobre todo elas, mentres que eles prefiren falar de coches e motos. Así mesmo, aborrecen as actividades máis tradicionais e as relacionadas co fogar.

Consumo: practicamente todos teñen na súa casa abundantes electrodomésticos (tv, vídeo, *walkman*, cadea *hi-fi)* e a maioría aspiran a ter novos equipos (dvd, tv de pagamento ou dixital, discman, cámara de vídeo). Así mesmo, o 70% posúe ordenador persoal e o 80% usa internet, xeralmente para buscar informacións e entreterse.

Tendencias sociais: Non defenden posturas definidas en relación co camiño por onde debe discurrir a sociedade, aínda que se mostran a favor de darlle menos importancia ao traballo e ao diñeiro que as xeracións maiores. Ao contrario, teñen claro que o concepto tradicional de familia debe mudar, e tamén se caracterizan pola súa falta de respecto á autoridade, entendida no sentido clásico do termo.

Principios: non parecen persoas de principios profundos ou sisudos, xa que como eixos reitores da súa vida prefiren divertirse e pasalo ben, ter novas experiencias, ser un/ha mesmo/a e auto-realizarse, procurando a liberdade e a independencia personais.

Valores: non teñen unha escala de valores moi definida. Só o tempo libre e os amigos sobresaen un pouco, descartando a relixión.

Asociacionismo: salientan polo feito de que a metade deles pertenceu ou pertence a un clube deportivo, sendo o seguinte colectivo do que formaron ou forman parte unha asociación cultural ou artística (30%).

Identificación territorial: este aspecto non é definitorio do subgrupo, se ben se aprecia unha xerarquía de ámbitos que empeza por Galicia, segue pola UE e acaba na provincia.

Lectura: gústalles máis ler que ver a televisión, mais menos que o cinema e a música. As publicacións que prefiren son os libros de novelas, as revistas e os xornais, mais sobresaen respecto ás demais tipoloxías pola súa afección aos cómics.

Nais soñadoras

Idade: preferentemente son mulleres de idade madura, con media nos 55 anos, mais abarcando un amplo espectro entre os 35 e os 70.

Estado civil: están casadas (ou viúvas), teñen fillos e incluso netos.

Situación laboral: un 40% traballa e, aínda que outro 40% circunscribe o seu labor ao fogar e non posúe ingresos propios, son mulleres que pensan en traballar. O outro 20% son pensionistas, en virtude da súa idade.

Nivel de estudos: a inmensa maioría ten estudos primarios, aínda que case un 40% cursou máis anos de formación.

Nivel de renda: os seus ingresos medios apenas superaban daquela as 100.000 pesetas mensuais (600 euros), mentres que o nivel de renda da unidade familiar se distribuía de forma homoxénea entre todos os tramos de renda.

Clase social: séntense parte da clase media ou media-baixa.

Relixión: todas son crentes e a maioría tamén se consideran practicantes.

Ideoloxía: non participan das cuestións políticas, sendo moi reservadas á hora de tomar postura e, cando o fan, adoitan situarse no centro.

Hábitat: a metade vive en cidades e o resto se distribúe de forma homoxénea nos municipios e vilas de mediano tamaño.

Idioma galego: a maioría o coñece e máis da metade o emprega sempre ou cando o considera conveniente, coincidindo co comportamento típico da poboación en xeral.

Tempo libre: con respecto a outros subgrupos, non teñen moito tempo libre e, incluso, manifestan dispor de menos durante os fins de semana, aínda que, aparentemente, tampouco o valoran en exceso.

Ocio: as actividades de lecer máis frecuentes nesta categoría social galega serían, na casa, ler xornais, revistas ou libros e, fóra dela, ir de compras. Outras actividades que declararon neste punto foron falar por teléfono con familiares e amigos, mentres que raramente van a cafés ou restaurantes e tampouco usan internet, sendo que a maior parte destas actividades que implican saír de casa as realizan en compañía dos seus maridos.

Relacións: o seu círculo habitual de amizades e coñecidos non é nin moi grande nin moi reducido, arredor a 6-10 persoas, máis ou menos coincidente coa media da poboación.

Afeccións: tras a lectura, a segunda actividade que máis lles gusta é ver a televisión, manifestando seguir con atención os informativos e programas de debate (especializados ou incluídos en espazos de variedades), seguidos de documentais, concursos e revistas. Canto á música, non lles gusta nin lles disgusta, inclinándose pola clásica e a canción popular ou folclórica española. En troques, aborrecen as discotecas, a música moderna, o fútbol e os deportes de risco. No que respecta ao cinema tamén son neutrais, a excepción dos dramas e películas románticas e, tal vez, do cine épico.

Hobbies: califican como tales coser e cociñar e, en menor medida, a xardinaría, a fotografía e a pintura, brillando pola súa ausenia a práctica de deporte.

Consumo: descoñecen, non teñen ou non usan practicamente ningún dos electrodomésticos modernos (vídeo, cadea musical, ordenadores, internet), a excepción da radio e a televisión.

Tendencias sociais: estas mulleres teñen claro que a sociedade actual debería retomar o respecto á autoridade, a importancia da vida familiar e do valor intrínseco do traballo.

Principios: considéranse persoas de principios e o primeiro que defenden (incluso para os seus fillos) é a responsabilidade e o sentido do deber, seguido da solidariedade, a axuda ao próximo, a seguridade, cultivar e formar a personalidade ou ter un traballo estable. Ao contrario, aínda que tamén contan, non lle conceden tanta importancia á liberdade e á independencia persoais, así como a vivir sen agonias e con folgura e, sobre todo, a divertirse e ter novas experiencias.

Valores: posúen unha escala de valores moi acusada, comenzando pola relixión e seguindo coa familia, o traballo, as amizades e a política, mentres que o tempo libre resulta menos trascendental para este subgrupo.

Asociacionismo: o 40% pertence ou pertenceu a unha asociación de veciños e outro 20% a algunha de carácter relixioso.

Identificación territorial: estas persoas se identifican co territorio do que forman parte, figurando en primeiro lugar a referencia a España e, en último, á Unión Europea.

Lectura: gústalles moito ler, sendo as súas publicacións preferidas os libros de poesía, de autoaxuda e os xornais, seguidos das novelas e as revistas. Sen que exista un xénero que lles disguste, aínda que os últimos que relacionan son os cómics e as revistas de humor.

Adictos ao deporte

Idade: non é un grupo definido pola idade, xa que a súa distribución por intervalos de anos é moi hetereoxénea.

Xénero: dos analizados, é o subgrupo co perfil masculino máis acusado.

Estado civil: como na variable anterior, case o 80% están ou estiveron casados, permanecendo solteiros soamente o 20% do total.

Situación laboral: o 55% di estar traballando e un 30% é pensionista.

Nivel de estudos: máis da metade posúe estudos de primeiro grao (BUP, FP1, ESO1), un 25% non os complementaron e outro 25% cursaron estudos secundariose, sen que atopemos universitarios neste subgrupo.

Nivel de renda: a media de ingresos personais ao mes sitúase arredor aos 600 euros (100.000 pesetas daquela), sendo algo maior o nivel de renda familiar.

Clase social: aínda que se consideraron preferentemente de clase media, a distribución resulta interclasista e fortemente asimétrica, salientando tamén o peso da clase media-baixa.

Relixión: o 85% declarouse crente, dividíndose por un igual os que eran practicantes e os que non.

Ideoloxía: maioritariamente non teñen ideoloxía política ou se sitúan no centro, mentres que entre os que se posicionaron, fixéronno máis cara á dereita.

Hábitat: a distribución espacial ou territorial deste subgrupo reproduce exactamente a da poboación xeral. Quere dicir isto que o 35% habita nas cidades, mentres que o resto se reparte de forma bastante homoxénea, destacando a súa presencia nos concellos entre 2 mil e 20 mil habitantes.

Idioma galego: a inmensa maioría o coñece e máis da metade o emprega sempre, mentres que outro 30% o fai cando o considera conveniente. Menos dun 5% non fala nunca galego, sendo dos analizados o subgrupo co perfil idiomático que máis utiliza o noso idioma en calquera ámbito.

Tempo libre: dispoñen dun tempo libre parecido ao resto da poboación galega, aínda que nos días laborables están lixeiramente por riba.

Ocio: case que as únicas actividades preferidas por este subgrupo son ver a televisión e escoitar a radio na casa, mentres que fóra dela é ir de bares ou cafetarías.

Relacións: o seu círculo habitual de amizades e coñecidos é coincidente coa media da poboación: arredor a 6-10 persoas.

Afeccións: claramente os deportes e a televisión, especialmente a combinación de ambas: ver deportes en televisión. Gústanlles todos os espazos deportivos, mais en primeiro lugar figura o fútbol, seguido do motor, o ciclismo e o baloncesto. Pecha a lista o xadrez e, a pesar diso, prefírenno a calquera programa televisivo que non sexa unha retransmisión deportiva. No resto de actividades obteñen índices de preferencia inferiores ao conxunto da poboación; salientando a súa aversión á lectura.

Hobbies: xogos de mesa (cartas, dominó), bricolaxe, xardinaría, caza e pesca serían as afeccións características deste *cluster*, en comparación ao resto da poboación galega. A práctica deportiva tamén aparece nesta relación, pero moi por debaixo da súa versión contemplativa. Non acostuman visitar exposicións, museos, nin ir a concertos ou ao cinema, así como tampouco bailar nin sair a comer ou cear.

Consumo: descoñecen, non teñen ou non usan practicamente ningún dos electrodomésticos modernos (vídeo, cadea musical, ordenadores, internet), a excepción da radio e a televisión.

Tendencias sociais: en opinión da maioría dos integrantes desta tipoloxía social galega, a importancia da autoridade e da familia son as orientacións fundamentais que debería adoptar a humanidade. Tamén se mostran contrarios a restarlle importancia ao traballo e ao diñeiro.

Principios: non se consideran persoas de principios, mostrándose neutrais ante as diferentes cuestións deste tipo expostas na enquisa.

Valores: tampouco se pode dicir que teñan unha xerarquía de valores moi definida, despuntando lixeiramente os máis comúns da relixión, a familia e o traballo, mentres que non son partidarios das modas sociais referentes á creatividade, á imaxinación, ao cultivo da personalidade, á autorrealización, á liberdade ou á independencia persoal.

Asociacionismo: só a pertenza a clubs deportivos destaca algo, demostrando un interese máis ben baixo pola integración común.

Identificación territorial: comparativamente, estes galegos posúen un nivel medio de adscrición, salientando un pouco as súas referencias ao concello e á provincia.

Lectura: as escasas publicacións que caen nas súas mans adoitan ser xornais ou revistas, rexeitando a maioría dos xéneros literarios chamados cultos (novela, poesía, divulgación...).

Novas tradicionais

Idade: son maioritariamente mozas entre 18 e 35 anos, aínda que tamén conformen esta tipoloxía persoas de máis idade.

Xénero: son case exclusivamente mulleres (95%).

Estado civil: están solteiras e casadas por igual.

Situación laboral: aínda que un terzo traballan, o peso das desempregadas é maioritario e superior á media.

Nivel de estudos: a metade ten estudos primarios, outra cuarta parte secundarios e o resto basicamente non ten formación formal. Sendo porcentualmente marxinais nesta categoría social as de nivel universitario.

Nivel de renda: aquelas que traballaban contaban ao mes cunha renda persoal baixa, arredor do salario mínimo interprofisional. En troques, os ingresos familiares situábanse daquela preto das 150.000 pesetas (900 euros).

Clase social: a maioría desta parte da sociedade galega considérase de clase media-baixa.

Relixión: teñen conviccións relixiosas e, principalmente, tamén se declaraban practicantes.

Ideoloxía: sen convincións ideolóxicas acusadas, preferentemente, ou se sitúan no centro ou non se definiron a este respecto.

Hábitat: están por igual en todos os estratos municipais de Galicia.

Idioma galego: a maioría entende e usa o galego habitualmente, aínda que existe unha porcentaxe significativa que o entende mais non o fala.

Tempo libre: dispoñen do mesmo tempo de lecer que o resto da poboación galega, mais nos días laborables teñen algo máis.

Ocio: o lecer deste subgrupo está ligado ao fogar, como así indican as actividades referidas neste punto a ver a televisión, falar por teléfono con familiares e amigos ou recibir visitas. Porén, tamén optan por ir de compras ou á discoteca, normalmente en compañía de amigas, descartando en troques a lectura, as exposicións ou os museos.

Relacións: o seu círculo habitual de amizades e coñecidos é coincidente coa media da poboación, arredor a 6-10 persoas.

Afeccións: ante todo lles gusta ver a televisión e, xa a moita distancia, o cinema e a música. Concretamente, encántanlles as teleseries, os programas do corazón e os concursos, mentres que prefiren (na casa antes que no cine) as películas románticas, de dramas ou comedias. Canto á (escasa) música que escoitan, adopta ser ou pop ou folclórica. En troques, amosan aversión polo deporte, tanto visto como practicado, e a lectura.

Hobbies: fóra das cousas do fogar (coser e, en menor medida, cociñar), o que máis acostuman facer nos seus momentos libres é bailar. Non teñen querencia polas novas tecnoloxías e só usaron internet para entreterse ou coñecer xente.

Consumo: non tiñan computador na casa e, raramente, unha cadea *hi-fi*.

Tendencias sociais: defenden a ultranza a vida familiar, sin importarlles a ese mesmo nivel as demais circunstancias sociais.

Principios e valores: sen ter determinados eixos reitores da súa vida e comportamentos, ao contrario, destacan polo seu rexeitamento da política, seguido polo que desdeñan as ideas de formarse, da liberdade, da independencia, da responsabilidade, da creatividade, da innovación e, incluso, a dun traballo estable.

Asociacionismo: a súa participación nos movementos colectivos resulta moi escasa, aproximándose aos da media da poboación galega só no relativo ás organizacións relixiosas.

Identificación territorial: sen diferenciarse moito a este respecto do conxunto da sociedade galega, ao revés, nesta parte diferenciada da mesma percíbese máis certo debilitamento do sentimento de adscrición.

Lectura: só mostran interés polas revistas vinculadas a temas femininos.

Voluntaristas pasivos

Idade: son maioritariamente galegos entre 18 e 35 anos, aínda que tamén haxa xente de máis idade.

Xénero: se trata dun subconxunto mixto, composto por igual de homes e mulleres.

Estado civil: están solteiros e casados por igual.

Situación laboral: a metade traballa e o resto repártese equitativamente entre as outras situacións (parados, estudantes, tarefas do fogar e pensionistas).

Nivel de estudos: o 50% ten estudos primarios, outro 30% secundarios e o resto, basicamente, non ten estudos, destacando a ausencia de diplomados ou licenciados.

Nivel de renda: a renda media persoal deste subgrupo situábase sobre as 100.000 pesetas mensuais (600 euros), mentres que os ingresos do fogar sumaban case o dobre.

Clase social: a meirande parte desta tipoloxía galega considerábase de clase media ou media-baixa.

Relixión: a maioría dos que conforman esta categoría social declarouse crente non practicante.

Ideoloxía: ata un 70% destes galegos ubícase no centro político.

Hábitat: trátase dun conglomerado social eminentemente urbano, xa que a metade dous dos seus integrantes vive nalgunha das sete principais cidades de Galica, cando na poboación total esta proporción se reduce a un terzo.

Idioma galego: a maioría deles fala en galego, iso sí, sempre que puder ou o considerar apropiado, mentres que un 10%, directamente, non o fai nunca.

Tempo libre: ao longo de toda a semana, dispoñen dun pouco máis de tempo libre que o resto da poboación galega; sendo unha das cousas que máis valoran e coas que se amosan plenamente satisfeitos/as.

Ocio: prefiren aquelas actividades que realizan fóra de casa, como ir á discoteca ou aos cafés, xeralmente en compañía das súas amizades. O que nunca practican é a lectura de publicación ningunha, aborrecendo tanto esta actividade como todas aquelas relacionadas cunha visión medianamente culta da vida (visitar museos ou exposicóns, interese pola lectura ou pola música, etc.).

Relacións: o círculo social cotián de esta clase de galegos é o habitual nesta Comunidade Autónoma, reducíndose deste xeito a algo máis de media ducia de persoas.

Afeccións: a diferenza do que ocorría cos mozos multimedia, neste outro estrato xoven da sociedade galega a tónica xeral é a ausencia de actividades preferenciais ou características, como ir ao cine ou escoitar música, só librándose desta indiferenza ver a televisión e os deportes.

Consumo: no que se refire á posesión ou intención de adquirir diferentes equipos electrónicos, estes galego/as destacan pola posesión de teléfono móbil, dvd e discman.

Tendencias sociais: sin posturas definidas a este respecto, neste subgrupo subxace unha visión convencional da sociedade, na que a amizade, a familia e o diñeiro priman sobre a solidariedade, a diversión ou a realización persoal.

Principios: diferenciándose das outras partes da sociedade galega aquí recollidas, estes concidadáns amosan unha clara ausencia de calquera compromiso fóra do seu ámbito persoal.

Valores: priman a importancia dos amigos, a familia, o tempo libre e o traballo, mentres que a relixión e a política resultan pouco valoradas.

Asociacionismo: polo xeral non pertencen a ningún tipo de agrupación, aparecendo só no tocante aos clubes deportivos.

Identificación territorial: sin chegar a ser determinante para a súa definición como subconxunto ou parte diferenciada da poboación galega, así e todo supera os niveis medios de adscrición territorial, empezando polo ámbito local e seguindo por España, Galicia e a UE.

Lectura: son os galegos máis opostos á lectura, sobre todo no que se refire a xornais e libros.

Maduros satisfeitos

Idade: é un grupo de persoas adultas, cunha media de idade lixeiramente superior aos 45 anos.

Xénero: trátase de homes e mulleres por igual.

Estado civil: o 80% está ou estivo casado.

Situación laboral: o 50% traballa e o 20% encárgase dos labores do fogar, tendo tantas mulleres que traballan facendo estes labores.

Nivel de estudos: sen case persoas iletradas, a maioría posúe estudos primarios e un terzo secundarios, notándose tamén o peso dos universitarios.

Nivel de renda: a media económica deste conglomerado achegbáse ás 150.000 pesetas (900 euros), sendo parecidos os ingresos familiares (o que da a entender que se tratan de fogares integrados por pouco máis que eles mesmos).

Clase social: esta parte da poboación galega considérase preferentemente de clase media-alta, en doble medida que no conxunto da comunidade.

Relixión: máis da metade deles se declara crente e practicante.

Ideoloxía: un 40% postúlase de centro ou sen ideoloxía, mentres que outro 35% se declara de dereitas.

Hábitat: posúen un peso lixeiramente superior á media nas cidades e nos municipios de tamaño medio.

Idioma galego: algo máis da metade dos seus integrantes manifesta falar sempre en galego.

Tempo libre: teñen máis tempo libre que o resto dos seus concidadáns.

Ocio: encántalles quedar cos amigos, na casa ou fóra dela, para comer ou cear. Tamén falan por teléfono coa familia, ven a televisión e saen a pasear e a tomar café con maior frecuencia que a maioría, diferenciándose así mesmo por realizar moitas destas actividades con amigos e non en parella.

Relacións: tratan cun maior número de persoas que o resto da poboación.

Afeccións: prefiren a televisión, salientando os concursos e os informativos, mentres que os deportes, a música e a lectura pasan desapercibidos para eles e, incluso, chegan a rexeitar o cinema.

Hobbies: practican ou gustaríalles practicar con maior asiduidade a bricolaxe, a caza, a pesca e os xogos de mesa, seguidos de viaxar, navegar e conducir.

Consumo: demostran ter unha capacidade adquisitiva elevada, pois dispoñen, en maior proporción que outros subgrupos, de cámara de vídeo, equipo *hi-fi*, teléfono móbil, ordenador, vídeo e tele de pagamento.

Tendencias sociais: tamén por riba da media galega obtida, son proclives ó desenvolvemento tecnolóxico, sin renunciar ó papel da familia e da autoridade.

Principios: destacando de novo sobre todas as demais tipoloxías sociais construídas nesta investigación, valoran os principios de comportamento ou conduta, así como de vida cómoda e sen agonías.

Valores: o máis importante para eles son as amizades e familiares, seguidos do tempo libre e a relixión.

Asociacionismo: no que fai a súa participación social activa, acadan niveis parecidos aos vistos ata o de agora, agás no referente a asociacións empresariais ou profisionais, onde sobresaen por riba da media.

Identificación territorial: manifestan un forte sentimento de adscrición en case todos os ámbitos: respecto á súa provincia, en primeiro plano, e con España e Galicia, a continuación.

Lectura: aínda que non son nin deixan de ser grandes lectores, prefiren os periódicos e as revistas ós libros.

Teleadictos informados

Idade: son persoas maduras, cunha media arredor aos 45 anos.

Xénero: conforman este subgrupo, homes e mulleres por igual, un 50%.

Estado civil: o 80% está ou estivo casado.

Situación laboral: dous de cada tres destes galegos traballan, mentres que pensionistas e encargados/as do fogar case chegan ao 10% en cada caso.

Nivel de estudos: aínda que son maioría os seus integrantes con estudos primarios, tamén hai numerosos diplomados e licenciados.

Nivel de renda: os ingresos persoais neste *cluster* situouse arredor das 130.000 pesetas (uns 800 euros), mentres que os da unidade familiar por riba das 175.000 (uns 1.100 euros).

Clase social: son persoas da clase media ou media-baixa, indistintamente.

Relixión: son maioritariamente crentes non practicantes, aínda que existe un 30% de practicantes e outro 30% de non crentes ou indiferentes.

Ideoloxía: a metade declárase de centro ou sen ideoloxía mais, entre a outra metade, resultan máis os que se posicionan á esquerda (30%, fronte a un 20% na dereita).

Hábitat: lixeiramente urbano, aínda que os seus integrantes se distribúen de forma homoxénea tamén polos municipios rurais, semi-rurais e semi-urbanos.

Idioma galego: o 70% úsao sempre que pode ou cando o ve oportuno, mentres que outro 25% destes entrevistados non o usa ou restrinxe a súa utilización ao ámbito familiar.

Tempo libre: dispoñen e valoran menos o tempo libre que o conxunto da mostra, agás nos fins de semana.

Ocio: fundamentalmente, aproveitan o lecer para quedarse en casa e ver a televisión ou ler. Ao contrario, non adoitan escoitar música nin a radio, así como tampouco saír a pasear, visitar exposicións, asistir a cursos ou ir a discotecas.

Relacións: o seu círculo de amizades e coñecidos componse entre 6 e 10 persoas, como é o habitual no conxunto da poboación estudada.

Afeccións: gústalles todo o tipo de programas de televisión, e a lectura.

Hobbies: motor, bricolaxe e videoxogos aparecen entre as súas prácticas preferidas, aínda que non despuntan en exceso ningunha delas. A costura e a cociña tamén son pouco frecuentes.

Consumo: é a tipoloxía social galega que conta co equipamento de bens máis completo, posuíndo todas as dotacións do fogar sometidas a test, incluíndo a tele dixital, a de pagamento, o computador e a conexión a internet.

Tendencias sociais: son favorables a dar menos importancia ao traballo e ao diñeiro, acreditando en troques no desenvolvemento tecnolóxico, sen esquecer o papel da familia e a autoridade na educación dos seus fillos.

Principios: valoran moito ter un traballo estable, polo que tamén desexan formarse e cultivarse, así como ser responsable.

Valores: non posúen unha escala de valores excesivamente diferenciada, agás no caso de atribuir á relixión menos importancia que a media da poboación.

Asociacionismo: participan nos colectivos de forma similar ao resto da sociedade galega, é dicir, pouco, salientando neste caso o comparativamente menos baixo índice de afiliados a partidos políticos e sindicatos.

Identificación territorial: non é o forte deste conglomerado social galego, diferenciándose dos demais polo seu maior desapego ou ausencia de pertenza respecto a calquera referencia ou adscrición identitaria de carácter xeográfico ou territorial.

Lectura: resultan ser os galegos máis afeccionados a ler periódicos e, aínda que en menor medida, tamén revistas e libros. Ao contrario, sen chegarlles a disgustar, a música, os deportes e o cinema non atraen a súa atención.

Cultos e politizados

Idade: cun predominio de persoas maiores, arredor dos 65 anos, tamén coexisten nesta tipoloxía social de Galicia mozos arredor dos 25 anos e persoas de mediana idade.

Xénero: hai unha maioría de homes (60%).

Estado civil: en correspondencia coas idades dos seus integrantes.

Situación laboral: a maior parte son inactivos, sobre todo pensionistas, mais tamén hai estudantes e encargados/as dos labores do fogar.

Nivel de estudos: as persoas maiores deste subgrupo teñen, polo xeral, estudos primarios completos, mentres que os mozos e os adultos posúen formación secundaria ou universitaria.

Nivel de renda: a renda persoal non superaba as 100.000 pesetas mensuais (600 euros), mentres que a renda familiar acadaba unha media de 150.000 (900 euros).

Clase social: cun peso considerable da clase media-baixa, a clase media resultou a predominante.

Relixión: un 40% resultou crente practicante, un 30% só crente e outro 30% indiferente ou non crente, conforme de novo ao diferente perfil de idades que caracteriza a esta tipoloxía social.

Ideoloxía: en contra da regra xeral, a maioría destes cidadáns (55%) adoptaba posicións ideolóxicas comprometidas, é dicir, que se definiu politicamente, resultando maioritarias as ideas próximas a esquerda.

Hábitat: conforman unha parte da poboación eminentemente urbana, xa que case o 55% dos seus integrantes reside nas cidades galegas.

Idioma galego: a maioría utilízao sempre que a ocasión o require e un 20% non o entende, non o usa ou só coa familia e os amigos.

Tempo libre: supoñen o prototipo poboacional de Galicia con máis asueto, o que resulta normal en persoas inactivas e que non conceden importancia a este aspecto.

Ocio: basicamente lles gusta pasear, ir ás cafetarías ou quedar cos amigos, destacando tamén porque visitan exposicións e museos en maior medida que o resto de galegos, mentres que na casa prefiren ver a televisión e ler.

Relacións: tratan cotidianamente con amigos, coñecidos e familiares, nunha contorna dunhas 10 persoas, cifra que resulta lixeiramente máis elevada que a do promedio xeral.

Afeccións: sobre todo, gústalles ver a tv e ler, mais en ambas as actividades posúen unha orientación moi determinada. Así, por exemplo, na televisión adoitan ver debates e informativos, aínda que tamén os deportes. En troques, o cine e a música son actividades que máis ben non lles atraen.

Hobbies: non practican ningunha actividade especial, menos todavía a costura, a cociña ou o baile, non mostrando demasiado interese por iso, agás quizais con respecto ás actividades relacionadas coa natureza.

Consumo: curiosamente, é o grupo que conta cun nivel de equipamento caseiro máis baixo, en calquera dos aparellos e bens estudados.

Tendencias sociais: son partidarios de reducir a importancia do traballo e do diñeiro nas nosas vidas e están máis ben en contra dos conceptos de autoridade e de familia tradicional.

Principios: como principios reitores do seu comportamento salientan pola defensa da liberdade e da independencia, polo papel destacado que lle conceden á creatividade e á imaxinación, así como polo desexo de cultivarse e formarse ou ter novas experiencias.

Valores: resulta ser a parte da poboación galega que concede maior importancia á política e que, tamén, amosa un maior grao de satisfacción coa mesma. Póren, estes concidadáns son os que, dentro do tono xeral de aceptación, menos importancia atribúen á familia e ao traballo.

Asociacionismo: como no resto de categorías construídas, están na media dos (baixos) niveis de participación social en Galicia, situándose lixeiramente por riba nos relativos a partidos políticos e sindicatos.

Identificación territorial: posúen índices bastante baixos de identificación cos diferentes ámbitos xeográficos (local, provincial, rexional, nacional, etc.).

Lectura: mostran unha clara preferencia polos libros de ensaio, sen que lles desguste ningún xénero en particular.

Indefinidos

Neste outro subgrupo, o último dos conformados neste traballo de investigación demoscópica, integráronse aqueles individuos pertencentes á poboación galega analizada (de 16 anos en adiante) e que daquela (ano 2000) non salientaban pola súa adscrición a algunha das oito tipoloxías que a información recollida permitiu definir; basicamente, ao non mostrar preferencias ou inclinacións á hora de contestar as diferentes cuestións que lles foron expostas. De todas as formas, convén lembrar que, segundo os datos aquí manexados, estaríamos referíndonos a un escaso 5% da poboación adulta galega, polo que, se a proposta teórica e metodolóxica deste estudo resulta axeitada, preto do 95% restante debería estar recollida e podería identificarse, máis ou menos, con algunha das tipoloxías sociais aqui expostas.

Unha primeira impresión destes resultados sería basicamente de carácter cuantitativa. Así, o subgrupo social máis numeroso en Galicia, dos aquí construídos, sería o dos "mozos dinámicos", o que supón un dato positivo cara ao futuro máis inmediato desta comunidade. Cun peso similar, a seguir estarían as "nais soñadoras". Isto é, estaríamos diante dunha sociedade en que os dous segmentos poboacionais deste tipo máis importantes en Galicia (co 17,4% e o 15,2% respectivamente, é dicir, un terzo da poboación de 16 ou máis anos) serían os integrados polo tándem de mozos e nais, respectivamente. Creo que isto nos pode estar dando unha pista sobre o espírito, o carisma e, en definitiva, o que pode estar primando nestes momentos na impronta social de Galicia: dinamismo, forza, seguridade, protección, segundo plano (non en primeira liña), etc.

Nesta configuración por partes da sociedade galega, a súa vez, reunín os subgrupos denominados "pasivos anti-lectura" (13%), "adictos ao deporte" (10%) e "novas tradicionais" (10%).

Estoutro terzo da poboación analizada, maior de 15 anos cando se fixo a enquisa, podería estar representando a outra cara da moeda, isto é, unha marcada carencia entre os galegos á hora de formarse e cultivarse persoalmente. Por así dicilo, en base a este reagrupamento non seríamos nin estaríamos dando unha imaxe correspondente a unha sociedade sofisticada, nin moito menos, senón máis ben cun perfil social baixo (referíndonos con iso non só aos aspectos económicos senón, por exemplo, a outros relacionados cos estilos de vida, actividades, consumo cultural, hábitos, etc.). Iso si, dada a importancia que neste terzo da poboación galega terían os espectáculos deportivos (fútbol e deportes de masas en xeral), tamén se pode facer comparacións da súa imaxe con outras moitas parecidas noutras sociedades e grupos.

No que respecta ao último terzo do corpo social aquí analizado (algo máis escaso cuantitativamente que os dous anteriores), estaría composto polas tipoloxías que clasificamos baixo os epígrafes de "cultos politizados" (13%), "maduros informados" (9,5%) e "maduros satisfeitos" (7%). Está claro que a agrupación integrada por estes galegos nos pode estar informando, desde o punto de vista de imaxe ou impronta social, sobre o aspecto máis cualificado ou intelectual da sociedade galega.

En base ao criterio cuantitativo, logo, á fronte da caracterización dos galegos teriamos o tándem integrado polos mozos e as nais que, de acordo co que toda cultura entende como maior valor comunitario –garantir a súa supervivencia por medio da descendencia–, xuntos suporían as bases para dar continuidade a unha sociedade determinada, como é esta. Utilizando outra vez o símil organicista, dito tándem ben podería conformar as extremidades do corpo social galego, xa que posibilitarían a nosa marcha ou desprazamento no devir social autóctono. Tamén a agrupación destas dúas tipoloxías podería explicar, polo menos en parte e en base as súas diferenzas, a característica dos galegos que sae a cotío nos estudos empíricos analizados, referente á dualidade existente entre sociedades con predominio de valores materialistas (as nais) ou post-materialistas (a mocidade).

Continuando co noso símil, se as extremidades viñesen representadas polos mozos (serían os brazos, a forza de traballo) e as nais (serían as pernas, como piares sobre os que se sustentaría e camiñaría esta sociedade), o tronco dese *corpo social galego* poderían conformalo o outro terzo distinguido (pasivos antilectura, adictos ao deporte e novas tradicionais), caracterizado por ser máis visceral, máis instintivo, máis básico, máis de satisfacer as necesidades primarias (por dicilo así, conformarían a "barriga" ou, mellor dito, o "bandullo" da nosa sociedade). Mentres que a derradeira terceira parte diseccionada da poboación galega, constituída polas outras tres tipoloxías (cultos politizados, teleadictos informados e maduros satisfeitos), ben podería asimilarse -seguindo coa comparación anatómica- coa cabeza ou parte superior do noso ente (representando así un papel ou función principal).

É dicir, se se me permite a analoxía anatómica (pola que se divide o corpo humano en cabeza, tronco e extremidades), o "corpo social" de Galicia estará neste senso formado por unha "cabeza social", conformada polos subgrupos denominados maduros, cultos e informados, un "tronco social", integrado polos pasivos culturais, afeccionados deportivos e as novas tradicionais e unhas "extremidades sociais", nas que estarán os mozos dinámicos e as nais soñadoras.

Un "corpo social", ademais, bastante uniforme canto á súa identidade económica ou clase social conxunta, xa que practicamente as medias de renda foron similares nas oito tipoloxías, resultando por tanto unha característica desta sociedade a súa correspondencia cunha imaxe ou impronta propia dun prototipo social de clase media/media-baixa, non só atendendo aos ingresos, senón igualmente a outros aspectos e compoñentes dos sometidos a estudo, como afeccións, hábitos, etc. É dicir, que non temos unha tipoloxía especialmente destacada, nin cuantitativa nin cualitativamente, ou que se diferencie claramente das outras, sobre todo canto ao estatus social se refirir. Po isto a homoxeneidade social en Galicia podería ser outra das conclusións extraídas do presente traballo, o que non quer dicir que haxan casos ou elementos conformantes desta sociedade que estén por riba ou por baixo dos compoñentes principais obtidos.

En definitiva e por dicilo doutra maneira, este podería ser o retrato robot ou a disección, por partes ou tipoloxías, da sociedade galega. Con elo, pretendo que a inxente dimensión dun ente como este se poida asimilar mellor se a analizamos gradualmente, non toda xunta, ou en base a contidos máis asequibles, por dimensión e comprensión, sin perder por elo a perspectiva de conxunto ou de totalidade.

Así como tamén ás mostras estatísticas as adoito chamar didacticamente *bonsais sociais* - intentando explicar con este símil o que son e veñen a representar e supoñer ditas técnicas de investigación social-, no caso das tipoloxías diseccionadas da sociedade galega fago a comparación coas partes dun corpo, co propósito de visualizar ou dar forma e imaxe a dito ente social, que non ten ou carece de imaxe definida algunha.

Ata o de agora, si nos preguntan pola imaxe de Galicia, ás toas, seguramente pensaríamos nun mapa da rexión[26], nalgunha paisaxe ou contorna, nalgún monumento ou edificio emblemático, nalgún tipismo ou calquer outra imaxe que teñamos asociada a este respecto. De feito, podemos comprobar que os elementos ou aspectos sociais non son primeiras referencias desta unidade territorial-histórico-cultural que se chama Galicia (noutra enquisa das analizadas o primeiro referente social de Galicia aparece citado en terceiro lugar). Pero non só a compoñente social non resulta tan característica de Galicia como a paisaxe ou mesmo a gastronomía e demais bondades desta parte do planeta, senón que tamén atopamos a dificultade de ponerlle cara ou imaxe á sociedade galega: ¿un campesiño, un mariñeiro, un traxe típico, alguén recoñecido?, ¿que forma e imaxe pode ter a sociedade galega?. Nas tipoloxías conformadas neste estudio tentouse dito obxetivo: primeiro coa disección, identificación e caracterización das propias

---

[26] Mellor si é o mapa de Domingo Fontán, único e irrepetible, como ben pon de manifesto Miguel-Anxo Murado no seu libro *Outra idea de Galicia.*

tipoloxías; en segundo lugar, asimilándoas con algunha forma recoñecible −neste caso un corpo coas súas partes: cabeza, tronco e extremidades-; mentres que, finalmente, tentouse plasmar dalgún xeito dito corpo (feito coas tipoloxías, a súa vez agrupadas en partes dun corpo). Así foi como pedinlle ao escultor Afonso Otero Regal que si podía, en base a esta información, plasmar á sociedade galega, algo que fixo e que deu como resultado a figura que teñen na contraportada deste libro. Sei que é unha osadía representar toda a sociedade galega nunha obra artística deste tipo, ¿mais non ocorre así con toda a simboloxía da especie humana: dende as bandeiras, himnos, nomes, heroes, fitos, marcas, logotipos, obras, etc.?. Así pois, outro grao de area que pretendo aportar é o de conferir -materialmente falando- unha imaxe concreta e determinada á sociedade galega, por suposto que baixo as perspectivas e criterios aquí descritos.

Ao mesmo tempo, indo un pouco máis aló, se puidésemos vestir ese corpo social teríamos que a súa roupa, calzado, formas e maneiras poderían, por analoxía, parecerse e clasificarse acorde ao tipo de roupa, calzado, aspecto, planta ou impresión que puidese causarnos un cidadán característico, prototípico ou representativo da clase media/media-baixa da nosa contorna, con todo o que iso implica canto á caracterización da súa presencia, condutas, hábitos, costumes, consumo, formación, etc. E así sucesivamente, é dicir, en base a estes estudios, informacións e datos podemos, pouco a pouco, ir visualizando algo dun ente social, como é neste caso a sociedade galega. Tendo en conta que na socioloxía aínda non estamos á altura do telescopio Hubble nin dos microscopios electrónicos, senón que practicamente empezamos a manexar o *caleidoscopio* para visualizar a realidade social nas súas dimensións e complexidades, pero algo é algo.

INTERACCIÓN III:
ESTILOS DE VIDA URBANA EN GALICIA

Non imos entrar a discernir agora a importancia e representatividade que teñen os núcleos urbanos para estudar, analizar e describir moitas das características e aspectos dunha determinada sociedade[27]. Só temos que pensar nas olimpiadas, feiras universais, finais deportivas, congresos, sinaturas de tratados e outros moitos eventos de trascendencia mundial para poder comprobar que a referencia principal dos mesmos é o das cidades onde se levan a cabo (Olimpiadas de Barcelona, Tratado de Maastricht, Convención de Xinebra, Xuízo de Nüremberg, Festival de Woodstock, Muro de Berlín, Expo de Sevilla, Feira Internacional de Zaragoza, etc.).

Para xustificar tamén a interacción que se pretende neste punto do traballo, so faría falla sinalar os procesos de desenvolvemento social, económico, político e cultural que supoñen

---

[27] Para iso, remito de novo a obra de Andrés Precedo Ledo: *Xeografía humana de Galicia.*

estas agrupacións da actividade e vida humanas que, na actualidade, son a vangarda e parte máis visible das entidades sociais ás que pertecen (comarca, provincia, rexión, estado, país, unión). En definitiva, parece razoable que observar as opinións e demais informacións que se poden obter dunha enquisa nas principais cidades de Galicia merece a pena de cara ao noso obxectivo, que persegue a definición e coñecemento da sociedade galega.

En colaboración co Catedrático de Socioloxía da Universidade de Santiago de Compostela, Xosé Pérez Vilariño, no 1990 publicamos unha serie de artigos (8), na Voz de Galicia (do 6 ao 13 de maio), os cales pretendían recoller os trazos comúns e as características sociais propias de cada unha das sete cidades galegas que superan os 50 mil habitantes[28].

O rápido proceso de urbanización que viviu Galicia nos últimos anos requiría un estudo das pautas de comportamento dunha parte da poboación moi vinculada aínda ao ritmo da vida rural. Nos datos obtidos daquela, entre os galegos urbanitas detectamos certo liberalismo nas actitudes e cara aos demais comportamentos sociais; tamén certa actitude reivindicativa, sobre todo ante os asuntos propios, así como unha crecente adaptación aos costumes deste medio (usos horarios, lugares preferenciais para comprar, etc.). Mentres que, no que fai a súa faceta cultural, a mesma estaba presidida polos contidos audiovisuais, impóndose claramente o consumo da televisión.

Como digo, do primeiro que observamos entre os habitantes das sete cidades galegas con máis de cincuenta mil habitantes foi certo espírito reivindicativo, impropio ou case que ausente ata o de agora na idiosincrasia galega. Nese ano, o 63% desa poboación urbana pensaba que as súas opinións tiñan importancia para os demais e o 84% non se sentía obrigado a facer o que todo o mundo, aínda que tal actitude puidese suporlle algún problema. En consonancia con estes datos, consideraban útil presentar as súas queixas ou reclamacións ante as autoridades e, incluso, nos medios de comunicación.

Por outro lado, tendo en conta que os hábitos de consumo adoitan terse como indicativos do paso da cultura rural á cultura urbana, en 1990, nestas cidades a tendencia era o vivir ao día xa que, de acordo co principio de non esperar a mañá, só un de cada tres galegos do medio urbano estaba disposto a retrasar as súas compras, aínda que, para levar ese estilo de vida, un 12% tivese que endebedarse. Nas nosas cidades, pois, os niveis de consumo deixaban atrás os anos de penurias ou escaseza, mentres que a sociedade da abundancia constituía máis un horizonte, relativamente próximo, que unha realidade.

---

[28] **Ficha Técnica da Enquisa:** Ámbito: Municipios galegos con máis de 50 mil habitantes. Universo: Poboación xeral residente de 18 ou máis anos. Tamaño da mostra total: 2.800 enquisas. Asignación da mostra: non proporcional, con submostras de 400 enquisas en cada municipio e proporcional por distritos censais en cada un deles. Selección do entrevistado: segundo cuotas de sexo e idade e aleatoria mediante sistemas de rutas. Erro mostral: +/- 1,9% para o conxunto da mostra. +/- 5% para cada municipio. No caso máis desfavorable, onde $p = q = 0,5 = 50\%$. Nivel de significación: $z = 2$ (95,5% da área da curva para unha distribución normal). Tipo de entrevistas: persoais. Traballo de campo: segunda quincena de setembro de 1989. Empresa responsable: Survey Galicia.

Mais é na escala de valores onde se aprecia a caracterización e a vangarda social do medio urbano en Galicia. Por exemplo, nese ano obtíñamos que unha terceira parte desta poboación urbana pensaba que habería menos conflictos matrimoniais, e en particular menos divorcios, se se incrementase a cohabitación prematrimonial, sendo comparativamente o dobre (63%) os que aprobaban o aborto nalgúns supostos e, canto ao consumo de drogas -se ben a gran maioría rexeitaba a súa legalización-, un de cada cinco destes cidadáns estaba a favor.

Aínda que daquela dúas terceiras partes desta xente urbana non pasaran pola universidade, xa se observaba a tendencia de que as mozas conseguían niveis educativos máis elevados e, a veces, tiñan unha mentalidade máis "progre" que os seus concidadáns varóns: o feito de que xa fumasen tanto ou máis que eles semellaba un rito que visualizaba o importante troco que nun futuro próximo a muller podía chegar a ter. Ó mesmo tempo, convén sinalar que ese novo hábito das mulleres contrastaba coa tamén recente vontade das novas xeracións de homes que pretendían substituir o tabaco polo chándal, aínda que a práctica deportiva resultase nula entre máis da metade dos urbanitas desta comunidade.

Algo semellante pasaba coas actividades culturais, como ir ao cinema, ao teatro, a conferencias ou coa lectura de libros, dominando sen rival unha cultura da televisión, completada pola radio. Mentres que a lingua seguía constituíndo o indicador máis significativo da dialéctica rural-urbano e do proceso de urbanización en Galicia: nese ano de 1990, nas nosas cidades apenas un 19% dicía falar habitualmente só en galego e, polo contrario, afirmaban facelo só en castelán o 43%.

O estilo de vida descrito para o conxunto destas sete cidades correspondaríase cunha sociedade na que, estando inmersa nunha dinámica de ascenso social, predominan os estratos de clase media e media-baixa (como tamén puidemos comprobar no estudo das tipoloxías). Daquela, unha de cada catro familias urbanas galegas ingresaba ao mes menos de 450 € (75.000 pesetas), a pesar de tratarse, xeralmente, de familias extensas, nas que adoitaban convivir algún parente ou persoa maior. Mentres que a fonte principal de ingresos ou, mellor dito, a maioría dos ocupados das nosas cidades traballaba en negocios ou empresas privadas (27%) e un 12% o facía na administración.

INTERACCIÓN IV:

O ADN DOS GALEGOS

Como xa se comentou na parte de documentación, dentro do Suplemento Especial que A Voz de Galicia editou no 2005, con motivo do Día da Patria Galega, a enquisa[29] encargada e publicada do Instituto Sondaxe ofrecía a imaxe dunha Galicia optimista e satisfeita xa que, segundo os datos obtidos, a maioría dos galegos confiaba no futuro e daba un notable alto á Comunidade Autónoma, a súa provincia e á súa vila ou cidade, por esta orde.

Valoracións (0 a 10)	Nota Media
Comunidade Autónoma de Galicia	7,69
A súa Provincia	7,55
A súa vila ou cidade	7,32

Lingua habitual

A utilización do idioma galego foi outro contido interesante desta enquisa. Ademais de que os resultados varían moito por provincias, xa que en Lugo e Ourense, por exemplo, as porcentaxes de enquisados que falan só galego superan con moito aos da Coruña e Pontevedra, os datos mostraban que resultaba maioritaria a porcentaxe da poboación que fala só galego ou máis galego que castelán, en total un 60%; case un 20% máis dos que falan só castelán ou máis castelán que galego. En troques, este predominio da linguaxe autóctona non ten o seu reflexo nas partes máis visibles desta sociedade, como vimos nas cidades, algo que resulta sintomático, no sentido de que precisamente se tende a obviar o noso idioma en certos círculos sociais, cun claro sentimento extendido de vergoña e menosprezo para o mesmo, cando é un ben cultural dun valor incalculable e unha claro sinal de identidade social. Tal e como sinala Hans Schneider á hora de contestar a enquisa mundial de Alonso Montero:

"Este feito débese a un complexo de inferioridade creado pola situación económica e social. Xa se sabe: como canta o abade, responde o sancristán" (2008: 170).

---

[29] **Ficha Técnica da Enquisa:** Ámbito: Galicia. Universo: Poboación de ambos os sexos de 18 anos e máis, residente en calquera municipio de Galicia. Tipo de enquisa: Telefónica, asistida por ordenador (sistema CATI) Tamaño da mostra: 800 entrevistas. Selección das entrevistas: Proporcional por provincia e tamaño de hábitat; selección aleatoria de domicilios a entrevistar entre os que constan en listaxe telefónica; cuotas de sexo e idade para o entrevistado. Erro mostral: Cun nivel de confianza do 95,5% (dous sigmas) e p=q=0,5 como caso máis desfavorable, o erro é de ± 3,54% para o conxunto da mostra. Data de realización: do 14 ó 19 de xullo de 2005.

O que nos fai máis felices

Como xa ficou claro noutros apartados deste traballo, o que fai máis felices os galegos é a familia. Unha abrumadora maioría recoñece que os vínculos fraternais, sobre todo cos fillos, son a principal causa do seu benestar. A moita máis distancia aparecen outros factores como os amigos, o diñeiro ou, incluso, o fútbol, os cales tamén contribúen, segundo os enquisados, a facer a vida máis levadeira.

Preocupacións dos galegos

Se a familia aparece como a principal fonte de felicidade para o cidadán galego, tamén resulta a principal preocupación, sobre todo no que a saúde se refire. A doenza propia ou dalgún familiar é o que máis intranquilidade vital produce aos enquisados, aínda que haxa tamén unha elevada porcentaxe de persoas cuxa principal preocupación é o paro (aínda sería máis nestes tempos de crise). Por tanto e en xeral, os problemas familiares e laborais son causas de inquedanza social en Galicia e, xa en menor medida, outros como o terrorismo ou a delincuencia[30].

Perspectivas de futuro

Contra todo prognóstico, en xeral, os galegos mostrámonos optimistas con respecto ao futuro, aínda que tampouco sexa para botar as campás ao voo. Así, un escaso 3% dos enquisados dixo que a vida en Galicia nos próximos 10 anos ía ser moito mellor, sendo que un considerable 43% tiña claro que sería mellor (todavía non se albiscaba a actual crise internacional). Do lado dos pesimistas temos algo máis do 20% dos participantes na enquisa, mentres que arredor do 13% prefiriu non facer vaticinios a este respecto.

Personaxe galego favorito

A xulgar polos datos, a mitomanía en Galicia parece que non contaría con moito enraizamento, polo menos cando se procuran referentes sociais nos personaxes autóctonos. Así, o 21% dos entrevistados aseguraba que non tiña preferencias por algún famoso galego ou galega, mentres que máis do 26% non sabía ou non contestaba. É dicir, que case a metade da poboación obxecto de estudo non mantiña referentes sociais. Entre o resto, só un escaso 8% coincidiu á hora de personificar en Rosalía de Castro a primeira referencia social de Galicia, seguida de Fraga (daquela era o Presidente da Xunta) e Castelao -por esta orde-, con apenas un 7% e 5% de alusións, respectivamente. Ao contrario, científicos, deportistas ou mesmo empresarios bri-

---

[30] Para máis información a este respecto, tamén remito aos Barómetros, tanto a nivel comunitario como urbano, que periódicamente leva a cabo o Instituto Sondaxe e son publicados pola Voz de Galicia.

llan pola súa ausencia neste liderado social autóctono, obtendo que, aparte do ámbito da cultura e a política, as outras poucas identificacións circunscríbense ao mundo televisivo ou do espectáculo. Parece clara, logo, a ausencia de referencias sociais propias entre a poboación galega, o que parece constituír unha proba máis da desestruturación do tecido social galego, tanto polo escaso calado dos seus posibles líderes, como polo prescindibles que resultan para o conxunto desta poboación.

Cidade galega favorita

No que fai a emprazamentos urbanos desta Comunidade, con diferenza, A Coruña resulta a cidade preferida polos galegos. E non só porque o 62,4% dos coruñeses a elixan antes que ningunha outra, senón porque tamén a prefiren un 35% dos enquisados de Lugo, un 34% dos de Ourense (incluso por riba da súa propia cidade) e un 16% dos de Pontevedra. Despois da Coruña, a segunda urbe galega na lista de preferencias é Vigo, seguida de Santiago e, a maior distancia, Pontevedra, Lugo, Ourense e Ferrol.

Vila máis bonita de Galicia

En base ás opinións recollidas entre os habitantes desta rexión, a beleza xeográfica de Galicia estaría espallada ao longo e ancho de centenares de vilas, precisamente, tantas como as sinaladas no ítem "outros", e que supoñen máis do sesenta por cento das respostas neste punto. De todos os xeitos, as Rías Baixas parecen que concitan o maior atractivo da comunidade, segundo os propios galegos, posto que Sanxenxo, Baiona, Combarro e Vigo figuran entre os lugares destacados -canto a súa beleza- pola mostra representativa. Mentres que, do interior, a localidade máis valorada foi Allariz.

O mellor de Galicia

De feito, entre as virtudes que ten Galicia, a preferida polos seus propios habitantes resulta que é a paisaxe, xa que unha porcentaxe significativa de enquisados salienta a beleza xeográfica do país (35%). Seguiríalle a gastronomía, cun 27,5% de galegos que a consideran como o mellor de Galicia. Tamén unha porcentaxe significativa (21%) outorga o protagonismo e valor desta Comunidade Autónoma aos seus propio inquilinos, é dicir, que a súa poboación sería, segundo ela misma, o terceiro valor desta terra. Mentres que outros aspectos resaltados pola mostra foron a natureza, o clima, as praias e o mar (tamén relacionados coa paisaxe). Ademais, arredor dun 10% dixo que o mellor de Galicia era, simplemente, todo.

Se seguirmos estas indicacións, o máis salientable ou principal para os galegos sería, precisamente, a nosa terra, entendida como a contorna ou medio en que vivimos, o noso hábitat, a nosa casa común. Quizais, e en parte, diso se derive a característica do apego e a morriña dos galegos polo seu territorio, todo un síntoma da súa identidade social e, tamén, da súa imaxe como colectivo[31].

Pero Galicia parece terra de indefinicións. Si neste estudo vimos constatando a boa percepción e valoración da propia contorna por parte dos galegos, non parece que iso sexa dabondo ou suficiente. Así, salienta que a metade dos enquisados sinalase que lles gustaría que Galicia se asemellase a España; o que unido, por exemplo, ao proceso de castelanización que aquí vive a lingua, pódenos dar unha idea da influencia cultural que exerce o conxunto do Estado español sobre esta poboación e do claro proceso de osmose social característica dos galegos, segundo vimos nos argumentos do Dr. Cacabelos[32]. Mentres que moitos outros entrevistados escolleron como referencia Cataluña e, tal vez polo factor da emigración, o terceiro modelo social a imitar por parte desta poboación sería o suízo, sendo o derradeiro, curiosamente, o *american way of life*, ou prototipo de vida estadounidense.

Como anticipo das nosas conclusións, dando utilidade a este tipo de traballos e para futuras análises da nosa realidade, cabería preguntarse e expor ao debate se, a pesar do constatado aprecio por onde vivimos, os galegos tamén deixamos entrever (ou non) un posible e característico espírito de mellora competitiva ou envexa social; ou se, por outra banda e a pesar das loubanzas, facémolo debido á falla de autocoñecemento, autoestima ou dun modelo social propio que se configure e desenvolva o seu papel nesta comunidade, entre outras cousas, para poder consideralo un referente identitario, tanto dentro como fóra.

INTERACCIÓN V:
ÍNDICE DE DESENVOLVEMENTO HUMANO EN GALICIA

Pechando esta parte empírica do libro, na que se procura obter información e coñecemento directo do noso obxecto de estudo -a sociedade galega-, inclúese o seguinte traballo demoscópico, realizado polo Instituto Sondaxe e integrado no Atlas Socioeconómico de Galicia Caixanova 2006[33]. Presentamos así os resultados da enquisa levada a cabo para acadar información

---

[31] Este argumento o empregamos para asentar a herdanza celta na nosa persoalidade social.

[32] Facendo bo o dito da tendencia a valorar máis o alleo que o propio (a galiña ou a herba do veciño sempre parece mellor que a dun, cando son iguais).

[33] O Atlas Socioeconómico de Galicia Caixanova é unha fonte de datos e información á que xa se fixo referencia na parte de documentación e que, desde o 2005, co patrocinio de Caixanova e a colaboración do Instituto Klein (da Universidade Autónoma de Madrid), veño dirixindo e coordinando desde o Instituto Sondaxe, encargándose da parte técnica Ana Barbosa Vázquez.

ou apreciacións de carácter subxectivo[34], seguindo formulacións parecidas ás que aplica o Programa das Nacións Unidas para o Desenvolvemento (PNUD), á hora de calcular o Índice de Desenvolvemento Humano (IDH). Concretamente, o PNUD elabora periodicamente o IDH por países e, para iso, baséase en tres dimensións principais do desenvolvemento humano: saúde, riqueza e educación. Por tanto, o marco teórico[35] en que se inscribe o presente traballo demoscópico ven a dicir que a maior calidade de vida ou IDH terá que ver ou se baseará en: (1) ter unha vida longa e saudable -estimada pola esperanza de vida ao nacer-, (2) posuír os coñecementos necesarios para comprender e relacionarse coa contorna social —estimando isto pola combinación do nivel de alfabetización e de formación formal-, e (3) posuír os ingresos suficientes para acceder a un nivel de vida decente -estimado polo PIB per cápita-.

Unha primeira achega a estes datos determina que en Galicia nos sentimos bastante satisfeitos co noso estado de saúde e nivel de vida -desde o punto de vista económico-; mentres que o grao de formación divide á pobación galega, entre aqueles que se manifestan totalmente satisfeitos e os que non o están en absoluto.

---

[34] Fíxose esta enquisa, e empregáronse ditos indicadores, para completar e evitar, na medida do posible, as críticas sobre os "fríos" datos", dos que soe dicir que só recollen números, porcentaxes ou cantidades (renda per cápita, equipamento do fogar, intención de voto, etc.), mais que non reflicten -por exemplo- se esa renda ou equipamento do fogar ou calquera outra relación numérica nos informan da calidade de vida ou satisfacción percibida polos cidadáns. Por iso, nesta segunda edición do Atlas Sieconómico de Galicia, correspondente ao ano 2006, pretendimos aplicar o concepto de IDH á realidade social de Galicia, a partir dunha perspectiva subxectiva sobre a calidade de vida que os galegos consideramos que temos. Isto foi levado a cabo mediante unha consulta directa á poboación cunha ampla enquisa e, tamén, a través de dous índices dos chamados obxectivos -renda e educación-, que permitisen contrastar coa información estatística oficial a percepción ou valoración desta sociedade sobre o seu nivel de ingresos e a súa formación.

Ficha Técnica da Enquisa: Ámbito: Galicia. Universo: Poboación xeral de 16 ou máis anos de idade. Mostra: 2.025 entrevistas totais, 1.500 para a mostra xeral de Galicia e 525 para o complemento muestral orientado a ofrecer información das sete grandes cidades galegas. Afixación: Para a mostra a nivel Galicia a distribución foi estratificada proporcional por provincias e tamaños de hábitat na primeira fase; selección aleatoria de municipios e fogares segundo listaxes telefónicas. Compleméntase cunha submostra non proporcional de 525 entrevistas, destinadas a obter mínimos de 150 casos para cada unha das grandes cidades galegas. Marxe de erro: Na mostra xeral de Galicia a marxe de erro máximo admitido sería de + 2.6% e + 8.2 a nivel de cada cidade galega; no caso de máxima indeterminación p=q=0.50 e cun nivel de confianza do 95.5%. Técnica: Entrevista telefónica asistida por ordenador (sistema CATI). Traballo de campo: do 17 de xullo ao 17 de agosto de 2006.

[35] Segundo as conclusións dun recente informe da Universidade de Leicester, baseado nunha enquisa realizada en 100 países, con entrevistas a 80.000 persoas.

Índices de Benestar Social
(Base: Galicia = 100)

Municipio	Renda (poder adquisitivo)	Saúde	Educación (formación)	Relacións familiares	Satisfacción coa vida
Coruña (A)	109,7	103,7	114,0	98,9	103,1
Ferrol	103,5	103,5	97,3	100,9	95,3
Lugo	99,5	100,1	101,9	96,6	100,2
Ourense	105,5	100,4	108,4	102,5	100,6
Pontevedra	100,7	101,6	96,9	100,5	96,3
Santiao de C.	101,3	101,7	113,3	103,7	93,8
Vigo	101,3	104,6	104,9	100,8	97,6
PROVINCIA					
Coruña (A)	103,1	102,1	102,9	100,0	99,0
Lugo	95,8	96,8	96,1	97,1	102,8
Ourense	100,3	97,4	99,9	103,5	103,1
Pontevedra	97,7	99,9	98,0	99,8	98,7
Galicia	**100**	**100**	**100**	**100**	**100**

Satisfacción coa saúde

Só un de cada cinco galegos maior de idade valorou a súa saúde como mala ou moi mala, sendo que o grupo que recoñece un estado de saúde máis precario responde a un perfil que denota a clara correlación existente entre a saúde e a satisfacción vital, resultados que teremos ocasión de analizar. Neste aspecto saudable, móstrase especialmente crítica a poboación con idade elevada, inactiva ou non ocupada e con baixos ingresos. Por xénero, as galegas teñen unha perspectiva lixeiramente máis negativa do seu estado. Por outra banda, as correlacións entre a ocupación e a percepción sobre a saúde nos permiten comprobar que os estudantes son o colectivo galego que se sente máis san, seguido de traballadores e parados. Así e todo, a variable que nos ofrece unha información máis chamativa a este respecto é o nivel de ingresos xa que, canto menor for a renda familiar, menos saúde recoñecen ter os galegos consultados, chegando a afectar esta resposta insatisfactoria a practicamente un terzo dos que dispoñen de menos recursos.

Satisfacción coa formación

Outro dos indicadores considerados respecto ao IDH, o nivel de formación acadado, permítenos comprobar que a perspectiva lixeiramente optimista coa que os galegos observan a súa propia saúde resulta algo inferior cando se tratar da formación. Así, un 44% desta poboación manifesta estar total ou bastante satisfeita co grao de instrución acadado, mentres que o 26% declara estar pouco ou nada satisfeita e o resto -29%- escolle unha postura intermedia. Entrando máis en detalles, só un 16% dos que cursaron estudos primarios se sinten satisfeitos co seu nivel de instrucción, mentres que esa porcentaxe se eleva ao 75% entre os que teñen estudos universitarios. En relación co xénero, as mulleres galegas móstranse lixeiramente menos conformes coa formación que recibiron, se ben as diferenzas non son excesivamente signiticativas a este respecto. Con todo, a idade volta estar asociada á perspectiva crítica, acentuándose a insatisfacción coa formación acadada a medida que avanzan os anos do entrevistado. Tamén con respecto aos ingresos da unidade familiar se corrobora, novamente, a correlación inversa existente entre satisfacción e economía: neste caso, dúas terceiras partes dos galegos con ingresos familiares por riba da media están satisfeitos cos seus estudos, cando só un 30% (a metade menos) dos casos cun nivel económico inferior á media se manifesta en termos similares.

Satisfacción cos ingresos económicos

Loxicamente, se relacionarmos os ingresos percibidos co nivel de satisfacción comprobamos a clara conexión existente, así como a súa intensidade. As diferenzas de idade constatan, outra vez, que os galegos con máis anos son os que confesan ter máis dificultades para afrontar os seus gastos, sobre todo unha vez finalizada a súa vida activa, xa que practicamente un de cada tres xubilados en Galicia recoñece que, habitualmente, ten bastantes apuros económicos.

Satisfacción coa familia

Outra das variables que nos axuda a perfilar o benestar social da poboación galega é a calidade das súas relacións familiares. Consultados a este respecto, unha ampla maioría de entrevistados –o 93%- recoñece que estas son moi boas (55%) ou boas (38%), fronte a unha escasa porcentaxe –2%- que se manifesta en termos opostos. Nesta valoración das relacións familiares non incide excesivamente o xénero do entrevistado, mais si -de novo- a idade: aproximadamente, no tramo dos 45 anos se produce unha lixeira percepción de mala calidade das relacións cos achegados, algo que se mantén a medida que avanzan os anos, sempre dentro das baixas porcentaxes que obteñen esas opinións negativas en Galicia a este respecto.

Satisfacción coa vida

Finalmente, recollemos os resultados da enquisa respecto a unha variable sintética que, a nivel de Galicia e en certo modo, compila o exposto anteriormente. Trátase da valoración, nunha escala de 0 a 10, que os galegos realizamos acerca da satisfacción xeral coa nosa vida, algo así como un balance global.

Deste xeito, consultada unha ampla mostra representativa da poboación obxecto de estudo, podemos concluír que a sociedade galega en xeral valora positivamente o seu paso por este mundo, xa que tres de cada catro consultados calibraron entre moita e bastante a satisfacción coas súas vidas, acadándose unha media de satisfacción vital en Galicia de 6.72 puntos.

Dentro desa perspectiva ampla de autocomplacencia, que non varía entre homes ou mulleres, hai algúns matices cando analizarmos outras características sociais. Así, por exemplo, a incidencia da idade demostra que, a medida que avanzamos cara a cohortes maiores, os termos en que os enquisados manifestan a súa satisfacción vital se voltan máis moderados. É dicir, en Galicia -como noutras partes do mundo-, a medida que se incrementa a idade dos consultados, a perspectiva de benestar diminúe, sendo significativamente baixa (dentro duns parámetros de xeral satisfacción) entre os galegos maiores de 65 anos. Paralela e comparativamente, respecto á ocupación, os pensionistas maniféstanse menos "orgullosos" coas súas vidas. Mentres que a repercusión da formación no balance vital galego tamén resulta significativa, incrementándose o sentido positivo do mesmo xunto ao nivel de estudos. Aínda que se houber unha variable relacionada coa valoración da vida nesta comunidade, esa é a do nivel de ingresos ou poder adquisitivo, que responde perfectamente ao dito popular de que con cartos hai máis posibilidades de ser feliz (ou, como di miña nai, que "pan con bágoas son medias bágoas"). Así, por exemplo, temos que a categoría social máis insatisfeita a este respecto en Galicia é o das mulleres que traballan na casa, cun 15% de descontentos coas súas vidas.

Por último, deste estudo tamén se deduce que a poboación galega do rural se sente, en xeral, máis feliz que aquela que vive no medio urbano, aínda que as percepcións sociais sobre ingresos, saúde, nivel educativo ou relacións familiares resulten máis favorables nas sete grandes cidades que no resto do territorio. Dito doutro xeito, a poboación urbana galega valora o seu poder adquisitivo, saúde, nivel de estudos e relacións familiares mais, ao contrario e comparativamente, se sente menos feliz que os seus paisanos do medio rural. Ou á inversa: fóra das cidades galegas se perciben menos aspectos relacionados co benestar social mais, en troques, se é máis feliz. Isto remítenos á disxuntiva ou paradoxo (cada vez máis palpable) da chamada e desexada calidade de vida, posiblemente máis asociada a unha vida en armonía que a aspectos materialistas da mesma. Recordaremos esta suposta tendencia social á hora de apuntar -nas conclusións- as características e posibilidades que ten Galicia como referente a nivel social canto, precisamente, á calidade de vida, dada a nosa localización e características xeográficas e á ancestral relación entre a poboación galega e a súa contorna.

Por tanto, podemos afirmar que os galegos, en xeral, presentamos un balance vital máis que aceptable. Non obstante, ao termos en conta os principais aspectos demográficos e socioeconómicos, comprobamos que dita percepción positiva non resulta totalmente homoxénea ou que, como se adoita dicir, tamén contamos con excepcións que confirman a regra.

OS GALEGOS SEGUNDO XÉNERO, IDADE E HÁBITAT

Quixen rematar esta parte do traballo aludindo a un tipo de información directa e interactiva sobre a poboación galega, con datos recompilados durante case dúas décadas, sobre múltiples e diferentes cuestións e aspectos que nos permitisen entresacar certas configuracións de partes representativas desta sociedade, de acordo coas variables clásicas de estratificación (sexo, idade e hábitat). Aínda que estas enquisas tiveran outro obxectivo no seu día, ao longo dos moitos pronunciamentos solicitados, resulta posible entresacar información adicional e válida para o noso propósito. Así, podemos obter opinións sobre unha morea de temas (medio ambiente, política, ocio, deportes, educación, etc.), clasificándoas por subgrupos, *clusters* ou conglomerados específicos deste ente social, como son os que conforman –respectivamente- os homes, as mulleres, os mozos, os adultos, os maiores, os habitantes do medio rural e os do medio urbano. Se antes vimos unhas tipoloxías sociais atípicas, tampouco está demais repasar nesta parte empírica e de interacción co obxeto de estudo os conglomerados sociais máis característicos dunha comunidade.

A seguinte análise baséase nas enquisas periódicas, denominadas Ómmnibus[36], que o Instituto de demoscopia Sondaxe ven realizando -desde 1991- á poboación galega, sobre os máis diversos temas de actualidade, e publicados a maioría deles no diario A Voz de Galicia.

Así pois, en base a esas opinións por partes do corpo social galego, vamos a tentar extraer informacións válidas e concretas sobre o mesmo; conformadas ou agrupadas neste punto en base a variables ou características comúns, como son o feito de ser home ou muller, vivir nun tipo de poboación o en outra, ou ter unha determinada idade. Unha vez diferenciadas esas partes da sociedade galega, imos analizando as súas opinións para, na medida do posible, poder identificar as súas posibles e respectivas características desde o punto de vista da estructura social.

A este respecto, ao longo desta segunda parte do traballo -ou parte empírica-, recorremos de novo á teoría e metodoloxía de Ronald Inglehart[37], que analiza o desenvolvemento social a

---

[36] Enquisas ómnibus son as que se realizan sobre un ámbito xeográfico e universo de estudo determinados e cun tamaño de mostra e temporalidade tamén coñecidos; e que teñen a característica de que tanto o seu contido como financiamento responden ao feito de que poden ser multiclientes, é dicir, que varias empresas, organismos ou interesados nos devanditos traballos de campo poden realizar as súas pequenas pesquisas sociais sen correr con todo o gasto. As enquisas ómnibus ás que nos referimos no presente traballo son, como digo, as realizadas polo Instituto Sondaxe, e responden a seguinte **Ficha Técnica**: Ámbito Galicia, Poboación residente de 18 ou máis anos, Tamaño da Mostra 500 entrevistas, Afixación proporcional por provincia e tamaño hábitat. Selección do entrevistado seguindo cotas de sexo e idade e listaxes telefónicos aleatorios. Marxe de Erro: +/- 4,5%, para p=q=0,5=50% e Nivel de Confianza z=2 (95,5% da área baixo a curva dunha distribución normal). Tipo de entrevista: telefónica. Periodicidade: mensual.

[37] Como xa se explicitou no apartado da Enquisa Mundial de Valores, Ronald Inglehart distinguiu dous tipos de necesidades; unhas que identificou cos valores materialistas, incluíndo aquí as fisiológicas e as de seguridade, e outras que asociou aos valores postmaterialistas, é dicir, as necesidades afectivas, sociais e de autorrealización. Desta maneira, Inglehart concluíu que as sociedades podían clasificarse nunha escala, en función de que se identifiquen máis ou menos cuns valores ou outros. O traballo de Inglehart evidencia que as sociedades actuais tenden a basearse máis en ideas de autorrealización e participación (postmaterialismo) que en estadios anteriores, nos que a ampliación da seguridade económica e a seguridade cidadá (materialismo) ocupaban un espazo máis prominente. Perante a análise da "orientación dos valores individuais", Inglehart argumenta que as "sociedades postmaterialistas" emerxen despois dunha "sociedade materialista" .

través da escala de valores que vai desde os materialistas (seguridade económica, laboral e persoal, fortes crenzas relixiosas, etc.), que caracterizan as sociedades menos desenvolvidas, ata os valores post-materialistas (saúde, desenvolvemento persoal, medio ambiente, amor, solidariedade, etc.), propios dos entes sociais máis avanzados.

As mulleres galegas

Con respecto a esta parte da poboación galega, as mulleres galegas de finais de século pasado e principios do presente destacan, por un lado, porque as súas preocupacións e necesidades principais corresponden as terreos afectivo, de sociabilidade e autorrealización. Desta maneira podemos explicar a importancia que conceden á familia, á seguridade persoal e, tamén, á relixión. Por outra banda, as galegas móstranse liberais, vivindo cos tempos que corren, e salientan a liberdade por riba de calquera outra consideración. Polo que, en definitiva, se pode considerar un subgrupo da sociedade galega que conserva restos de tradicionalismo, en tránsito cara a valores máis modernos.

Ao mesmo tempo, estas mulleres demostran certo conformismo, xa que consideran que o seu nivel actual de vida é normal, é dicir, nin bo nin malo, mostrándose tamén moderadamente contentas cos seus estatus. Tamén dispoñen de pouco tempo libre, sendo o sector da poboación galega que menos goza co mesmo.

Ese conformismo tradúcese na carencia de presencia feminina na actividade pública galega, ou nun dos niveis máis baixos de asociacionismo. O todavía escaso papel das mulleres na vida pública desta comunidade ten tamén o seu reflexo no escaso interese que amosan pola política e na elevada desconfianza (máis que os homes) que os seus representantes lles suscitan. Ademais, a moderación e o pouso de tradicionalismo dos que falamos motivan un certo conservadurismo no que respecta á súa ideoloxía, situándose preferentemente en posicións de dereita e centro-dereita. Por último, obsérvase a preferencia deste conglomerado social galego pola coexistencia entre o noso idioma autóctono e o castelán.

Os homes galegos

A parte masculina da sociedade galega adoita ser a protagonista da vida pública, como noutras partes do mundo. Reflexo diso pode ser o seu maior interese e consideración pola política e os seus representantes, así como uns índices de asociacionismo que, sendo baixos, destacan fronte á parte feminina desta entidade social.

Ó igual que as mulleres, os homes desta terra manifestan preocupación pola libertade de expresión e a saúde, mentres que os seus valores principais son a familia, a amizade e o traballo; este último entendido máis como forma de autorrealización que como medio de subsistencia.

Por outra banda e a diferenza das súas conxéneres femeninas, o conglomerado masculino de Galicia resulta ideoloxicamente máis progresista, autoubicándose preferentemente entre as autodefinicións de esquerda e centro-esquerda. En troques, son menos relixiosos que as mulleres, sobre todo no que á práctica se refire. Tamén son menos moderados ou máis exultantes que elas á hora de facer balance das súas vidas; así como á hora de preferir a a súa lingua vernácula, sen despreciar o castelán.

A mocidade galega

Aludimos a Inglehart para calificar os mozos e mozas galegas como a xeración do tránsito ao post-materialismo e, con respecto aos seus maiores, con menos trazos de materialismo. De tal xeito que os aspectos máis destacados por este grupo de idade en Galicia, de 18 a 34 anos[38], son a saúde, sen a cal nada sería posible, a familia, a amizade e o amor, sendo que estes tres últimos valores se poderían englobar nas necesidades sociais e de relación. Ao contrario, o diñeiro non é tan importante para eles; centrándose as súas prioridades vitais no traballo e os estudos, é dicir, nas necesidades de autorrealización e supervivencia.

Ideoloxicamente progresistas, xa que non dubidan á hora de posicionarse preferentemente na esquerda e centro-esquerda do arco ideolóxico, ante todo defenden a libertade de pensamento e de expresión. Aínda así, o seu interese pola política resulta escaso, así como a confianza que os políticos lles inspiran. Ese desinterese ten o seu reflexo no baixo grao de asociacionismo e nas altas taxas de abstención electoral deste *cluster* social galego.

Tamén a mocidade é o sector de poboación que se mostra en Galicia máis identificado co feito diferencial do idioma, sendo os que amosan maior interese pola cultura autóctona e os máis favorables a unha primacía da nosa lingua sobre o castelán.

En troques, a pesar do que se ven dicindo ultimamente sobre a laicización da sociedade, o certo é que a xuventude galega resulta bastante relixiosa, mais pouco practicante. Máis exactamente, as mozas e mozos galegos teñen crenzas relixiosas, mais desconfían das organizacións e poderes eclesiásticos.

O paro, a inestabilidade laboral, a seguridade cidadá ou as drogas son outras das preocupacións sociais que máis chaman a atención deste sector da poboación autóctona. Con todo, pódese considerar como un grupo bastante satisfeito coa súa vida (sobre todo os máis novos, que aínda non teñen preto problemas como o paro ou a inestabilidade laboral).

---

[38] Como o período que abarcan estas enquisas ómnibus é da case dúas décadas, as cohortes de idade terán que terse en conta dun xeito sincrónico e non diacrónico, é dicir, integrando en cada segmento aqueles casos que tiñan eses anos nun momento determinado.

Os galegos de mediana idade

A poboación entre 35 e 54 anos de Galicia, nestes casi vinte anos estudados, mostrábase preocupada por valores como a liberdade de expresión ou a igualdade, destacando tamén os da saúde e a familia. Desta maneira podemos inferir que esta poboación adulta, a que conforma a parte máis ancha da pirámide de poboación de Galicia, atópase entre os valores post-materialistas e materialistas, xa que para eles teñen importancia cuestións como a seguridade persoal ou a económica, xunto co medio ambiente ou a relixión.

Doutra banda, estes/as galegos/as consideran que o seu nivel de vida é moderado, é dicir, nin bó nin malo; aumentando o descontento ou insatisfacción vital coa idade.

De xeito similar ó resto da poboación, en xeral, os galegos adultos mostran escaso interese pola política e tamén unha considerable desconfianza cara aos que a fan, inclinándo a súa tendencia ideolóxica cara a posicións de dereita e centro-dereita.

Por último, conceden máis relevancia na súa vida cotiá ao castelán e son partidarios do bilingüismo. De feito, compoñen o sector da poboación galega que está máis identificado con España.

Os nosos maiores

A defensa de tres clases de valores, como son os relixiosos, os económicos e os ideolóxicos, e por esta orde, determina claramente que falemos dunha parte da poboación galega que mantén trazos conservadores, tradicionais e materialistas, propios de sociedades industrialmente pouco desenvolvidas, segundo os postulados teóricos que seguimos nestas análises.

Así, os galegos/as con máis de 55 anos que participaron nestes estudos se consideraban moi relixiosos, así como desinteresados e desconfiados coa política; mentres que se aprecia claramente a súa tendencia cara a posicións de dereita e centro-dereita e, aínda que apostan polo bilingüismo, prefiren o idioma galego na súa vida cotiá, da que non forma parte o sentimento europeo.

O medio rural

Pasando a analizar outro tipo de conxuntos ou conglomerados que se poden configurar -de acordo coas variables e datos dunha serie de enquisas realizadas á sociedade galega polo Instituto Sondaxe, ao longo dos seus traballos de campo periódicos en casi dúas décadas-, temos que o tradicionalismo e a homoxeneidade serían as características que mellor definirían o medio rural galego actual. O que quere dicir que os habitantes dos municipios de Galicia con menos de 10 mil persoas, aínda que non se poidan chamar anticuados, si son socialmente máis conservadores ou pechados ás mudanzas que o resto da poboación galega. Isto, pódese apreciar, sobre todo, polo maior peso dos valores materialistas da escala de Inglehart, como a seguridade persoal ou as prioridades económicas, así como o tradicional da familia.

Continuando coa tendencia xeral atopada no conxunto desta sociedade, no medio rural mostran pouco interese pola política, quizais de forma máis acentuada polo seu afastamento xeográfico dos centros de decisión e poder político, o que seguramente tamén incide en que teñan uns índices baixísimos de asociacionismo de calquera tipo. Ao contrario, chama a atención que a súa manifesta desconfianza na clase política sexa menos contundente que entre os seus conveciños das cidades, máis críticos a este respecto.

Por outra banda, a dureza do traballo no sector primario e as dificultades para saír adiante no medio rural determinan que este conglomerado de galegos sexa o máis descontento co seu nivel de vida e, tamén, o que menos tempo de ocio manifesta ter.

Polo demais, na Galicia rural aprécianse altos índices de relixosidade, así como a preferencia polo idioma propio fronte ao castelán, aínda que a ampla maioría dos seus habitantes sexa partidaria do bilingüismo mais, iso si, considerándose antes que nada galegos, mentres que a penetración europeísta nesta contorna resulta mínima.

O medio urbano galego[39]

Se agruparmos o resto de habitantes de Galicia noutro subgrupo ou conglomerado, composto polos que viven en concellos con máis de 10 mil habitantes, obtemos máis heteroxeneidade social, fronte á homoxeneidade característica do rural.

"É certo, de todos os modos, que a urbanización segue sendo débil en comparación cos países avanzados, onde oscila entre o 70% e o 80%, mentres a taxa de urbanización galega é do 46,5%, experimentando un incremento do 4,1% no último decenio, o que nos situará –contrabalanceando a erosión derivada do envellecemento- entre o 50% e o 55% a principios de século [XXI].

[...]

Ademais, algunhas das nosas cidades manténñense ancoradas nun estadio psicosociolóxico e comportamental rururbano, dado que a urbanización física ou espacial foi en Galicia por diante da urbanización socilóxica." (Precedo Ledo, 1998: 165-166)

En base ás respostas e opinións obtidas durante os últimos anos, a poboación das urbes galegas parece moverse cos tempos, cunha orientación máis clara cara aos valores post-materialistas, vinculados ás necesidades sociais e afectivas.

---

[39] Aínda que neste punto se pretendan achegar conceptos sobre o *cluster* urbano galego, conformados a raíz das opinións recollidas nas diferentes enquisas ómnibus realizadas neste ámbito e en contraposición ao *cluster* tamén analizado baixo o epígrafe do medio rural, temos tamén o traballo específico sobre "Estilos de vida urbana en Galicia", segundo enquisas levadas a cabo nas sete cidades galegas con máis de 50 mil habitantes.

A diversidade de tendencias obsérvase claramente nas múltiples ideoloxías que manifestan os urbanitas galegos: centro-dereita, centro-esquerda, esquerda. Así mesmo, amosan unha imaxe liberal e progresista na súa defensa da liberdade de expresión e de pensamento ou polo seu pacifismo. Doutra banda, desconfían moito dos políticos e, ademais, os asuntos públicos non parecen ser importantes para eles, como demostran os baixos índices de asociacionismo, seguindo a tendencia xeral do resto de Galicia. Aínda así, o interese polo público e o espírito gregario resultan algo máis elevados que nas zonas rurais.

Xunto á connotación de modernidade que poida ter o concepto de ocio, os galegos urbanos dispoñen de máis tempo libre e desfrutan máis co mesmo que os seus conveciños. Asimesmo, comparativamente, móstranse máis contentos co seu nivel de vida, aínda que xa vimos co IDH que iso ía máis polos medios dispoñibles que pola calidade da mesma. En troques, a pesar do proceso de laicización que caracteriza as sociedades máis desenvolvidas, o medio urbano galego mantén a vixencia das conviccións relixiosas, iso sí, máis a nivel teórico ou de crenzas que na práctica. Doutra banda, aínda que nestes núcleos de poboación urbana atopamos maior diversidade nos usos e preferencias idiomáticas, a diferenza do visto ata o de agora, o castelán é o que máis relevancia obtén, mentres que a "europeización" tamén resulta maior que nas zonas rurais.

Para Santiago Míguez, profesor da Facultade de Socioloxía da Universidade da Coruña, fronte as demais variables sociodemográficas, o hábitat en Galicia ten cada vez menor relevancia no proceso de "homoxeneización cultural":

[proceso] "... atribuíble basicamente á acción dos medios de comunicación de masas e, en especial, á televisión, ao sistema educativo e á xeneralización de novas pautas e valores dunha sociedade que segue inmersa nun profundo proceso de mudanza socio-económica e cultural." (Veira: 2007: 242)

Ao contrario, para Precedo Ledo a variable territorial resulta fundamental para lograr un desenvolmento axeitado da nosa comunidade, como deixa explicitado na parte do seu libro dedicado á procura do "equilibrio territorial" en Galicia.

"Sabemos, por todo o anteriormente escrito, que Galicia está caracterizada, como tantas outras rexións marítimas periféricas de Europa, por unha forte ruralidade, o que implica unha baixa produtividade e un fráxil desenvolvemento industrial, baseado preferentemente en fases iniciais intensivas en enerxía, materias primas e man de obra. Son tamén limitadas as oportunidades de diversificación do sistema produtivo tradicional, dotado, á súa vez, dun baixo compoñente tecnolóxico e cun tecido empresarial inserto preferentemente en circuitos locais. Se a isto unirmos o illamento xeográfico e a desconexión das redes de transporte e comunicación, completamos o cadro dunha rexión que funcionou durante dúas centurias como un centro emisor de man de obra, de cuxa saída –intensa e prolongada- derivou o grave envellecemento demográfico actual, aínda que a curto prazo resolveu o problema dunha demanda local de emprego non satisfeita pola oferta do sistema económico rexional.

Un cadro como o descrito, no que se agolpan debilidades estruturais, non constitúe un diagnóstico susceptible de presupor a posibilidade de chegar a ser, nun tempo relativamente curto, un subcentro dinámico –xa non digo un centro-, enmarcado nun vértice distante dos eixos de desenvolvemento da Península Ibérica. Con todo, a existencia de certas oportunidades de desenvolvemento –sistema portuario, actividades primarias evolucionadas, certas iniciativas empresariais locais, remesas da emigración, oferta turística variada e outras-, son factores que explican o actual dinamismo da rexión e das cidades.

[...]

Está claro que nun contexto como éste, as barreiras á difusión e a limitada capacidade de innovación, unidas á debilidade das economías de aglomeración, constitúen restricións importantes para a implantación dun modelo equilibrado de difusión descendente ou metropolitano que, por iso mesmo, necesita accións complementarias que reforcen as potencialidades da base local.

[...]

Estas derradeiras consideracións, más as referencias teóricas iniciais e o dito acerca da estrutura e funcionamento do sistema galego de asentamentos, permiten reafirmar a idoneidade do modelo de estratexia da rede urbana rexional integrada, máis adaptado á realidade socioeconómica, ao potencial endóxeno e á capacidade de concurrencia. Deste xeito a integración do sistema urbano co das pequenas vilas e centros comarcais, permite intensificar os fluxos internos, maximizar a difusión e optimizar o potencial disperso. Desenvolvemento Urbano e Desenvolvemento Comarcal son pois dúas estratexias de integración territorial, mais para iso deben funcionar dun xeito coherente. Para logralo resulta imprescindible a planificación e a xestión do sistema territorial como un todo." (1998: 205-210)

Non é que entremos en contradicións, senón que supoñen reflexións complementarias. Iso sí, unha cousa é o que a xente pensa, cre ou di e, outra moi distinta, o que a realidade ven a expor. Mentres que a referencia precedente de Míguez se basea en datos de enquisa, é dicir, en opinións e respostas recollidas entre a poboación galega (primando polo tanto a compoñente e perspectiva subxetiva), a conclusión de Precedo se basea en informacións máis contrastadas e obxetivas.

RESULTADOS

INFORME TÉCNICO

Referíndonos á sociedade galega no seu conxunto, se tivésemos que facer un ditame ao respecto, unha vez recadada a información primaria (interactiva e directa) e secundaria (documental e indirecta), poderíase emitir o seguinte informe, de tipo descriptivo e técnico. É dicir, a partir dunha perspectiva formal, como cando temos que facer ou dar as conclusións sobre unha persoa ou candidato, unha vez analizados o seu currículo e mantida polo menos unha entrevista ou encontro directo coa mesma, poderiamos empezar a esbozar un informe dos galegos (como colectivo ou ente propio neste caso). Noutras palabras, no presente informe técnico o primeiro que se tentará é responder á cuestión de quen estamos a falar, como é o tal suxeito ou que características ten o noso obxecto de análise: a sociedade galega como ente ou colectivo con vida propia.

Para isto, en primeiro lugar temos que aludir ás súas referencias como tal entidade. Referencias que, por suposto e como xa vimos, nos achegan a súa historia, sen entrarmos aquí en disquisicións académicas sobre as distintas informacións recadadas xa que, como acostuma pasar nos procesos de coñecemento persoal, abonda con que as fontes sexan fiables, como creo que son ás que se fixo referencia nesta parte do traballo.

De feito, desa análise da nosa historia pódense destacar unhas cantas conclusións, explicacións e comprensións sobre a nosa sociedade actual e a súa identidade.

Así, como ben sinalaba Otero Pedrayo:

" ... a estrutura vital e orgánica da poboación galega está trazada dunha vez para sempre desde as orixes históricas" (1982: 28)

"... cun sentido de necesidade cósmica da patria que atoparemos en tódolos momentos da súa historia" (1982: 103)

"... a calada Galicia, precisa ser interpretada en función de universalismo histórico." (1982: 198).

Neste mesmo senso ou contribución ao noso propósito, convén facer fincapé nas "grandes liñas da evolución histórica de Galicia", tal e como as chama e recolle Ramón Villares, no seu capítulo "Historia, con algo de prospectiva", dentro do libro *Galicia 2020*:

"a) Un espazo diverso, altamente humanizado e 'propietarizado'.

b) Unha terra de termo, con vellos lindes (políticos máis que culturais).

c) Unha cultura de base campesiña e eclesial, comunal e heterodoxa.

d) Forte consciencia étnica, forxada por migracións socialmente inversas (elites que chegan, masas que foxen).

e) Fisterra europeo, fisterra indíxena: dos celtas ao Camiño de Santiago.

f) Unha 'nación-cultura' e non unha 'nación-estado' (débiles institucións de goberno).

g) Posición 'ambigua' na súa relación co Estado español ('préstamo de elites' máis do que 'diálogo' conducente ao pactismo ou á participación na súa construción desde a diferenza)." (2000: 89)

Non faría falla engadirmos máis nada, está ben e máis que descrito por ambos autores a nosa historia social e o resultado da mesma. Cada un dos puntos sinalados encerra os sinais de identificación e identidade máis que suficientes para diferenciar e comprender a nosa xente. Cómpre, por tanto, ter en conta esta base de partida ou diagnóstico reflectido polo noso historial social para, así, facerse unha idea fidedigna do que foi e é a sociedade galega.

Neste breve resumo histórico atopamos moitas das craves para entender esta sociedade, que non se prodigou moito como tal ao longo da súa traxectoria. De feito, algúns autores dos citados sinalan basicamente dous episodios atribuíbles ou referenciais da masa social galega: o priscilianismo, que derivou no fenómeno xacobeo, e as revoltas irmandiñas. Ben é certo que algúns dos libros referidos foron publicados antes da catástrofe do Prestige e que, por outro lado, o fenómeno da emigración non é asimilable ao conxunto da sociedade galega, senón a unha parte da mesma. Con todo, creo que ambos poden terse en conta nesta relación de feitos imputables á nosa masa social: por un lado, o sentimento xeral de rabia e dor cando as nosas costas foron inundadas do chapapote, a reacción de moita xente ante dita situación e, por outro lado, a imaxe de Galicia que os nosos emigrantes levaron más alá das nosas fronteiras. Basicamente creo que con estas (poucas) referencias, máis as protohistóricas -que, máis que de nós, falan da Galicia finisterrae, dun lugar de destino e especial-, con todo iso podemos chegar á *primeira conclusión sobre esta sociedade: a falla de exercicio e, con elo, de notoriedade como tal.*

"Galicia, ten –como estamos vendo- abundantes problemas, moitos de difícil e lenta resolución porque afectan a actitudes mentais, como o concepto individualista da propiedade, a inadecuada valoración do terreo e súa deficiente organización, as barreiras culturais e a inercia psicosocial que opón unha forte resistencia á mudanza ou o envellecemento demográfico que non favorece a adopción de innovacións. Aínda cando estas puidesen chegar, a lenta resposta da organización social e productiva aos reaxustes que a súa adopción requería, retardarían a consecución dun maior grao de equilibrio. Todo a mudanza estrutural ten que pasar, por tanto, por unha mudanza de mentalidades." (Precedo Ledo: 1998: 70)

Por tanto, pódese dicir claramente que contamos cun corpo social escasamente exercitado e caracterizado pola falla de acción como tal (flácido). Se a nosa historia ou traxectoria non fosen suficientes para demostralo, non hai máis que recorrer á característica dispersión da poboación, a ausencia do común, á falla de costume de asociarse para algo -que manifesta continuamente calquera galego/a-. Tendo tamén o marcadísimo individualismo non só a nivel persoal, senón manifestado nos localismos, é dicir, a certa escala social.

"Localismo que non fixo máis que reforzar o enraizamento discriminatorio ao terreo –outro síntoma de ruralismo psicosociolóxico e da formación de reducidos horizontes vitais- aínda que non sempre mentais, que en termos territoriais, xeraron unha acusada topofilia, unhas veces manifesta na 'morriña' –un sentimento de nostalxia ausente tamén nas sociedades urbanas- e outras en incontinentes rivalidades interurbanas. Por iso, se a especialización das cidades puido ser un resorte axeitado para lograr unha maior articulación rexional, en realidade, non fixo outra cousa que favorecer as fobias e filias.

[....]

.... Non é outra cousa que a trasposición de condutas personais a respostas colectivas.

Localismo que, polo demais, alcanza a todos os niveis do sistema de asentamentos, e que pola súa xeneralización chega a constituír un factor paralizante do progreso xeral, funcionando como efecto-barreira á innovación. Localismos urbanos, localismos comarcais, rivalidades municipais, incómodas veciñanzas parroquiais, ata chegar a un esaxerado individualismo que, fora das interpretacións poéticas e culturalistas, pon de manifesto a tráxica insolariedade da pobreza." (Precedo Ledo: 1998: 201-202)

Dita carencia de práctica regulada –consciente e efectiva- por parte do noso corpo social ten, xa de por si, moitas lecturas que ofrecernos a este respecto. Ademais de diagnosticalo e recoñecelo, o seguinte sería, loxicamente, propor unhas cantas medidas, recomendacións ou receitas para tentar paliar ese déficit da nosa iniciativa (musculatura) social ou comunitaria, algo que tentarei facer na parte do diagnóstico que emito a título particular.

Dito o cal, e asentada a primeira conclusión xeral, podemos establecer tamén que nos achamos ante unha poboación que mantén unhas representacións sociais compartidas, aínda que non valoradas como tales. Con isto quérese significar que, á marxe das diferenzas que poidan observarse entre algúns subgrupos nalgunhas das variables utilizadas, entre os galegos existe bastante coincidencia no que se refire a crenzas, valores e estilos de vida, sen que iso se traduza nunha personalidade ou comportamento social unificado, como xa se dixo antes, ou teña maior relevancia para a poboación en xeral, nin sexa significativo nin simbólico. Hai logo, seguindo os postulados teóricos de Karl Mannheim[40], *unha perspectiva común en gran parte desta sociedade,* mais da que non se ten consciencia nin, moito menos, se pon en valor. É dicir, que nos pasa desapercibida ou non lle concedemos importancia nin transcendencia nas nosas vidas particulares, nas que parecen primar outros moitos aspectos antes que o de sentimento e existencia como grupo social determinado.

Seguindo coa nosa análise técnico final, resultaríamos unha poboación na que predomina e caracteriza, por agora, o interese polos denominados valores materialistas, o cal nos situaría nun proceso de tránsito dunha sociedade moderna a unha postmoderna, segundo o modelo teórico de Inglehart ao que se fixo referencia na parte prospectiva deste traballo. De tal xeito que, por exemplo, a preocupación pola economía supera -de forma ampla- ao desexo dun maior poder dos cidadáns nas decisións de goberno; mentres que -tamén maioritariamente en Galicia- se antepón o garantir as pensións á igualdade social. Mesmo a estabilidade no traballo resulta moi tida en conta polos galegos en xeral, tendo máis relevancia que o propio salario ou outros aspectos relacionados con esa actividade (realización persoal, calidade do traballo, bos compañeiros, etc.). Así mesmo, a disposición desta sociedade a realizar algún sacrificio aparece limitada a ámbitos próximos e concretos: a familia e a axuda a outra persoa; de tal maneira que a referencia a grandes ideas e conceptos, como a liberdade, a paz ou o país, resultan hoxe en día moi pouco mobilizadores e atractivos para o conxunto desta poboación que, polo que se pode apuntar, *necesita unha maior e mellor vertebración social,* no amplo sentido do termo (política, económica, identitaria, cultural, ata no ámbito espiritual).

Sendo este un diagnóstico que tamén se pode entresacar das palabras de Xaquín Rodríguez Campos, aludidas por Santiago Lamas:

"... a identidade galega actual non pode ser definida como unha identidade plenamente postmoderna, senón como un diálogo entre identidades ..." (2004: 16)

En resumo, tendo en conta tamén o postulado de que "unha cultura forte equivale a un sistema de valores fortemente compartido, definido e diferenciado"[41], a sociedade galega actual cumpriría ou tería as características dunha cultura forte só en parte xa que, aínda que amosa valores fortemente compartidos, así e todo, en canto á definición e diferenciación dos mesmos temos moito por facer, por non voltar a dicir que a cultura galega resultaría neste sentido borrosa, é dicir, indefinida e pouco diferenciada, tanto a nivel interno como externo.

Non sin razóns, no referido libro *Galicia 2020,* Barreiro Rivas móstrase máis pesimista á hora de analizar o presente da nosa sociedade e de cara ao futuro, xa que entre o noso acentuado e característico individualismo, máis o proceso de globalización ao que estamos asistindo no mundo

---

[40] Karl Mannheim: *Ideología y utopía.* Fondo de Cultura Económica. Madrid. 2008

[41] José Pérez Adán: *La salud social.* Editorial Trotta. Madrid. 1999

enteiro, este autor prognostica un "retroceso irreversible dos seus [nosos] signos de identidade social e política" (2000: 28). Unha identidade que el mesmo se encarga de analizar:

"A expensas de maiores e moi necesarias precisións, pode dicirse en termos xerais que o proceso de creación e pervivencia da identidade galega ten moito que ver cunha estruturación localista do noso mundo, que tanto inflúe na construción dos matices culturais e lingüísticos diferenciais como nos crea as barreiras que nos impiden acceder de xeito xeralizado a outras culturas, recluíndonos, por tanto, no noso propio mundo...

Ao mesmo tempo temos que ser conscientes de que a cultura galega forma parte dun contexto sociolingüístico, xurídico, político e relixioso moi amplo e progresivamente integrado, no que resulta evidente a continua desaparición de particularidades territoriais e no que se afianza cada vez máis a influencia das chamadas culturas nacionais vinculadas á evolución do estado moderno....

Dito doutro xeito, todo apunta a que o proceso de globalización tenderá a devecer os signos diferenciais que subxacen no noso proceso de autoidentificación, ata o punto mesmo de ameazar a existencia do cosmos territorial e cultural no que xermola a específica visión galega do mundo." (2000: 23-24)

Nesta mesma liña, e en relación ao estudo das diferentes tipoloxías sociais en Galicia, recollido na parte empírica deste traballo, desde un punto de vista organicista, da análise da sociedade galega non se deduce un corpo social atlético, atractivo ou ben formado e constituído, senón máis ben todo o contrario: sendo socialmente amorfos (sen forma definida), fofos ou flácidos, sen musculatura social. O que, xunto coa nosa baixa autoestima, nos estaría levando a unha especie de *minusvalía social,* tanto no sentido de minusvaloración como de atrofia da nosa entidade. O que é para preocuparse ou, incluso, asustarse.

Chegados a este punto, por se acaso as miñas palabras ou traballo leva a algunha dúbida ou confusión polo que aquí se recolle ou di, antes de nada convén sinalar que somos unha sociedade normal, que responde á tónica xeral ou parecida á doutras sociedades, no tocante a opinións, preocupacións, crenzas, valores e demais. Por así dicilo, nunha linguaxe coloquial, a pretendida auscultación social aquí realizada coido que, cando menos, serve para afirmar que, como ente social, non somos "rariños" nin nada polo estilo. Pero tampouco nada especiais ou destacados dentro do actual panorama da realidade social (aínda que o fósemos antano e teñamos potencial para voltar a desempeñar un papel importante na mesma).

Por tanto, cómpre acadar as condicións necesarias para ser unha sociedade con identidade e carácter propios. Contamos para iso cun espazo territorial, social e cultural que, case que inconscientemente, compartimos e está fortemente enraizado entre nós. Faltaría, pois, definilo, diferencialo e valoralo de xeito conveniente, é dicir, tornalo visible, consciente e concreto, tanto para nós mesmos como para o resto de interlocutores ou actores sociais.

Continuando coas conclusións de tipo técnico, a moderación é o termo que mellor pode describir a mentalidade colectiva deste ente social. A gran maioría de galegos sitúanse nos puntos centrais do *continuum* político dereita-esquerda. O seu interese polos asuntos públicos tamén resulta moderado e, como xa se dixo, o nivel de asociacionismo resulta baixo. Mais tamén, como entidade xeográfica-política, pode que Galicia se estea constituíndo nun punto de referencia importante para a construción da identidade social dun número importante de persoas desta comunidade.

Pero se algo sae continuamente nos diferentes estudos e fontes consultadas sobre os galegos, polo que respeita á característica social definitoria máis notoria e conformadora á hora de facerse unha idea ou concepto fiel deste colectivo, esa é a súa "actitude neste mundo". Estoume referindo a unha postura vital, socialmente marcada, case diría que innata, mediante a cal os galegos temos ou adquirimos, polo feito de pertencer a esta sociedade, unha especie de habilidade social que nos permite contextualizarnos e saír adiante nas diferentes situacións e escenarios da vida, e iso perante unha regra básica, non transmitida oralmente -como no caso comentado do siciliano- senón case que diría perante xenética social, e que é a de "informarse antes que actuar". Por dicilo cunha expresión fácil, á vez que gráfica ou en formato de imaxe social: *o galego non se pronuncia, infórmase*. O cal volta a coincidir co dictamen de Santiago Lamas cando escribe:

"A lóxica borrosa esixe dispor de numerosos sensores que estean subministrando información constante ao sistema." (2004: 32)

En definitiva, estaríamos dando unha explicación ou base lóxica a certos estereotipos e recoñecementos que caracterizan os galegos e que se representan baixo outras perspectivas de incomprensión da nosa forma de ser, de caricaturización social ou, incluso, de estigmatización do noso comportamento colectivo, como a manida frase de se subimos ou baixamos a escaleira, os "depende", os "asegún" e outras percepcións sociais polo estilo sobre o noso colectivo. Todo isto derivado do noso característico "non mostrarse" ou non decantarse, utilizado case sempre como un mecanismo de defensa (así como a retranca da que nos falaba Siro López). Tal e como se puido constatar nos apartados de documentación e empírico deste traballo, o noso comportamento como sociedade viría caracterizado por dita *borrosidade*, suponse que culturalmente conformada e adquirida polos individuos desta comunidade ao longo dos séculos, e que derivaría desa extensa procura de información que, a súa vez, dilataría as tomas de posición e de acción ante os avatares do mundo. Haberá outros pobos que se caractericen por todo o contrario, que sexan eminentemente pro-activos, impulsivos ou con outros comportamentos sociais máis evidentes, claros ou (re)coñecidos. No caso dos galegos, o noso "adn social" caracterizaríase polo "xen social" que fai que os seus habitantes compartan innatamente un comportamento baseado na observación, en preguntar máis que en responder, en definitiva, en analizar as situacións, quizais en exceso, o que nos levaría a aparecer/ser indecisos ou dubitativos. Iso, en principio, non debería ser nin bo nin malo, senón unha (outra) forma de ser.

Así e todo, reiteradamente as observacións externas estannos pondo de manifesto que esa *lóxica borrosa* ou esa indecisión é máis un defecto que unha virtude. Probas diso vémolas ao longo de toda a nosa historia, na que aparece marcadamente a falta de pronunciamento, de protagonismo ou, simplemente, erros á hora de interactuar no escenario da realidade social. Xa non nas grandes lides ou feitos das diferentes épocas da historia universal, senón no día a día, no que nos afecta, na cousa pública, en definitiva, en todo aquilo que non toque ou non teña que ver co noso microcosmos que é, disque, o único ao que atendemos con certo ensimismamento.

Certo é que a nosa situación ou condicionante xeográfico ten moito que ver no noso modo de ser e nas nosas interrelacións como entidade social, mais non debe converterse nunha excusa, senón en todo o contrario, toda unha potencialidade, xa que fomos e seguimos sendo un dos destinos máis importantes deste mundo a nivel espiritual e, agora tamén, desde o punto de vista turístico e de calidade de vida. Ademais, seguramente que ese factor territorial sexa un dos principais á hora de forxar o noso carácter e identidade colectiva, tal e como recolle tamén Santiago Lamas na súa obra *Galicia Borrosa*. Mais as esixencias e escenarios sociais actuais impoñen unha maior implicación e determinismo nos ámbitos intersociais e interterritoriais, se é que non queremos ficar "fóra de xogo". Así, a variable xeográfica, máis que un hándicap como veu sendo vista ata o de agora, debe converterse nun valor diferencial, un sinal de identidade social inequívoco e, posiblemente, nun dos mellores motores para saír adiante e facer despuntar a nosa comunidade.

Neste mesmo sentido, días antes ás Eleccións Autonómicas do 2005, unha comisión de expertos pagada pola Xunta, entre os que se atopaban o inventor da marca *Made in Italy*, o responsable de Erikson ou o da apertura comercial de China, sinalaban entre as súas conclusións que o futuro de Galicia era potenciar e vender a súa imaxe de calidade de vida. Non só a debida á nosa paisaxe, contorna xeográfica ou ás viandas, senón tamén á nosa concepción e disposición característica do espazo-tempo, aos comparativamente máis baixos estrés e patoloxías sociais[42] (máis propias doutras aglomeracións humanas), tamén á nosa tranquilidade, paz, bondade e amabilidade coas que se nos describe colectivamente, etc. De feito, Galicia sempre se caracterizou polos seus balnearios, augas termais, lugares tranquilos ou con encanto, peregrinacións e demais contidos que nos converten ou poden dar certa imaxe de retiro, destino ou santuario terreal para a saúde social, que tanto se necesita nestos tempos. Creo que é un dos nosos potenciais, como cando foi o estano, o ouro, a man de obra ou as enerxías. Algo ao que aínda podemos recurrir para non perder a sintonía e a valía sociais neste mundo, valorando primeiro o noso, integrándoo entre nós e exportándoo como estilo de vida socialmente saudable.

Das historias que nos relatan, puidemos comprobar que hai claras contradicións entre versións máis ou menos *chauvinistas* que exaltan o valor, a coraxe e o grande que foi o Reino de Galicia, fronte a outras versións que reflicten a submisión, debilidade e conquista fácil do pobo

---

[42] Nunha recente entrevista, o psiquiatra Enrique Rojas aludía a que "seis millóns de persoas sofren depresión en España" (Revista Escritura Pública, nº 56, Marzo-Abril de 2009). Isto supón, aproximadamente, o 15% da poboación deste país. Mentres que na prensa do mes de outubro saía a noticia que en España morría máis xente suicidándose que por accidentes de tráfico.

galego nas súas diferentes contendas e interrelacións macrosociais, polo que a nosa disponibilidade para a osmose social sería unha característica como colectivo moi a ter en conta. Por certo, unha osmose que tamén pode ser vista como unha especie de estratexia desenvolvida socialmente na que, baixo o que parecería a nosa fácil integración e asimilación nas diferentes culturas coas que nos atopamos (celtas, romanos, suevos ou casteláns), estaría o lema da idiosincrasia galega: "**vive e deixa vivir**", no senso de que ao galego non lle parece preocupar ceder no terreo social, sempre e cando se respecte o seu terreo persoal. De feito, resulta común nos autores aludidos que, a pesar das distintas invasións experimentadas en Galicia, sinalen un feito característico e constante ó longo do noso devir, referíndose a que pode que nos venceran ou chegaran a colonizar, pero nunca a civilizar coas súas culturas, mantendo máis ou menos sempre inalterables algúns dos nosos sinais de identidade, como é esa topofilia ou a especial relación e influencia do territorio na poboación, convertíndonos deste xeito nunha especie de *reserva natural da humanidade.*

Sen entrarmos máis nas consecuencias de carácter xeográfico ou histórico, o que si parece deducirse de todo iso é certo illamento social, o cal non nos permitiu estar moito ou todo o que deberíamos nos escenarios en que se dirimiron os grandes acontecementos do devir desa mesma humanidade; así como tampouco saír á palestra ou xogar algún papel máis alá dos nosos límites como ente colectivo. A anterior referencia a ser unha reserva social natural implicaría pagar ese prezo.

Como xustificación, tampouco vale recorrer ao posible sometemento histórico que secularmente viviu Galicia xa que, precisamente, en parte iso se debeu á falla de identificación ou de existencia dun espírito común e identitario que se vise afectado e que se defendese como tal. Máis ben e principalmente, todo iso viría da nosa curta visión ou microperspectiva coa que o colectivo galego en si afronta o seu *modus vivendi*. Unha microvisión ou microcosmos que nos valeu para ir tirando, supervivindo ou saíndo adiante -socialmente falando-, e para iso non sempre, como se demostrou co fenómeno da emigración. Mais, hoxe en día, dita perspectiva semella curta, non válida para moverse ao compás dun mundo que, se antes non nos chegaba ou nos afectaba menos neste noroeste peninsular, agora resulta imposible evitalo e inúndanos por todas partes, tanto no que se refire a información, estilos de vida, linguaxe, mobilidade laboral, formación, política, economía, consumo, ocio, negocios, etc.

Sexa ou non debido ao illamento social como ente, pola nosa localización ou polos avatares históricos, o característico do noso caso quizais sexa que aínda seguimos centrando os nosos xuros e atencións colectivas no máis próximo e inmediato (familia, amigos, equipo, localidade), e que aínda *non somos capaces de calibrar esa visión conxunta* ou común para poder ter outras perspectivas, campos de actuación e coñecemento. Entre outras cousas, estou falando de tomar consciencia de que hai e temos unha identidade como pobo ou sociedade que debemos de integrar e facer propia, como parte das nosas vidas; e que se non a asumimos como tal, estámonos abocando ao fracaso ou á falla de desenvolvemento como ente social, o que sen dúbida afecta ou inflúe á xente, xa que o que non ten, xa non unha familia, senón un grupo, comunidade, sociedade ou civilización integradas nas súas vidas, vai carecer de contextos e marcos de referencia, en comparanza con aqueles que si os teñan.

O exemplo prototípico disto é o dos ingleses, que levan ese espírito comunitario a flor de pel (zapatillas, toallas, puchas, bañadores, xarras ou calquera outra cousa lles vale para reivindicar a súa bandeira nacional) e que, entre outras moitas cousas, dito espírito social valeulles para que un pirata –Drake- se unise á Raíña Isabel I á hora de combater á Armada Invencible ou para que persoas como Charles Darwin e outros moitos científicos contasen cos apoios necesarios, sobre todo cando o que está en xogo é o beneficio ou prestixio da nación; sin esquecer o seu poderío colonizador, do que temos unha boa proba na súa lingua, hoxe en día empregada como espacio común ou *esperanto* para comunicarnos a nivel internacional (proba delo é que xa son comúns e asumidas nos propios e respectivos idiomas siglas, palabras e expresións provenientes da cultura angloamericana[43]). E que dicir dos franceses, inventores do *chauvinismo* e dos que se acostuma comentar que coidan máis a súa contorna ou país (de portas para afora) que o propio interior das súas casas (de portas para dentro); cunhas estrictas leis de edificación xa dende a revolución de 1789 (o que por exemplo segue impedindo o *feísmo*, por desgracia xa característico en Galicia), por non falar dos seus xardíns e cuidados espazos públicos, así como da súa copiada organización administrativa do territorio. Tamén os alemáns se distinguen polo seu espírito gregario, como así se desprende da súa historia e -máis concretamente- de que moitas palabras, definicións e termos sociais sigan sendo empregados no argot da comunidade científica nesta lingua: *gemeinschaft* (comunidade ou colectividade), *gesellschaft* (asociación ou sociedade), *weltanschauung* (cosmovisión), *ideengeschichte* (historia das ideas), *begriffsgeschichte* (a historia dos conceptos), *geisteschichte* (a historia do esprito humano), ou mesmo *verstehen* (comprensión). Neste mesmo sentido de nombrar a realidade[44], a sociedade galega -como xa

---

[43] Tales como: *software, hardware, on, off, rec, ok, open, closed, game, boss, jukebox, on board, online, exit, out, outlet, unplugged, play, live, lp* ou *long play, baffle, dj* ou *disc jockey, life motive, rent a car, wc* ou *water closet, fashion, cool, crack, heavy, soul, blues, jazz, chillout, hip-hop, house, new age, dance, rap, country, funk, rock, rhythm and blues, rock and roll, punk, pop, pop art, hippy, big band, single, cawboy, playboy, interview, reality, thriller, comic, revolver, loft, video, wifi* ou *wireless fidelity, hifi* ou *high fidelity, flash, halloween, piercing, fan, whisky, gin, gin-tonic, e-mail, mailing, hardcore, speed, stop, gate, delayed, on time, departure, checking, cheque, meeting, free, duty-free, film, fast-food, stripper, striptease, cocktail, pullover, jersey, jeans, shorts, manager, ticket, marketing, merchandising, test, tracking, briefing, hall, lunch, brainstorming, bypass, scanner, mod, skinhead, scooter, mobbing, burnout, stress, handicap, poker, tuning, playstation, football, surf, windsurf, kitesurf, snorkel, rugby, snowboard, volleyball, cricket, footing, aerobic, star, clown, coach, speaker, coaching, happy birthday, happy hour, merry christhmas, good bye, staff, sprint, sport, show, club, pub, bar, lounge bar, self-service, call-center, pc* ou *personal computer, pull, push, photoshop, gasoil, diesel, know-how, byte, internet, cash, cash-flow, joint venture, slogan, far west, broker, top, top model, vip* -ou *very important person-, ranking, bikini, business, sandwich,* etc.

[44] Para o estudio da influencia da sociedade na linguaxe e desta na *construcción social da realidade*, podémonos remitir dende os propios Berger e Luckmann (ver nota seguinte), ata os clásicos Ferdinand de Saussure e Émile Durkheim, ou non tan clásicos, como Pierre Bourdieu, Miguel Beltrán ou o recentemente falecido Claude Lévy-Strauss.

dixemos- se caracterizaría precisamente por esa *topofilia*, que nos leva a nomear cousas como a saudade ou a morriña -por algo será e por algo é característico do pobo galego-.

Por tanto, no noso caso parece que, así como cando nos tocou emigrar se acentuaba ou saía ese sentimento de pertenza socio-cultural, segundo os datos recollidos e analizados, ao estar en *casa* (socialmente falando) ese sentimento parece adurmecido ou en repouso, como se non fixese falla ou non tivese importancia cando, realmente, a identificación, valoración, fomento e práctica da nosa identidade como colectivo salienta como unha carencia que se debe ter en conta tamén no día a día, na construción cotiá da realidade, se extrapolamos os postulados de Berger e Luckmann[45].

Estamos a falar de identificación, sentimento de pertenza, autoestima como grupo e demais accións sociais ou colectivas que, en base á información recadada, deberíamos practicar e fomentar máis e non só cando os achamos en falta, tal e como parece que ocurre coa configuración das innumerables Casas ou Centros de Galicia, Melide, Betanzos, Lalín, Lugo, Ourense, etc., espallados por todo o mundo: uns claros exemplos de como a unidade e a colaboración sociais somos capaces de acadalos fóra, sobre todo ante a ausencia dos nosos referentes xeográficos, culturais e persoais e que, en troques, brillan pola súa ausencia dentro, como indican os referidos baixos niveis de asociacionismo e participación de todo tipo na nosa rexión.

Sen referentes sociais claros estaremos en inferioridade de condicións, tanto a nivel particular como, por suposto, colectivamente falando. Sempre nos faltará algo e non reuniremos condicións como outras xentes cuxas integracións a nivel social, xunto ao papel que xogan as súas institucións ou representantes sociais, culturais e colectivos, estean ben cubertas. Non se trata de diferenciar para dividir, nin de afrontarse a outros grupos, nin nada polo estilo, simplemente responde a unha simple lóxica de desenvolvemento, de relación coa contorna, de amor propio social e valoración do noso a nivel comunitario (tanto interna como externamente): canto máis integrado estea en cada un de nós dito referente común, máis completos faranos, tamén a nivel individual. Neste senso, a sociedade galega interactúa pouco como tal e, en xeral, con todo aquilo que non sexa ou vaia máis alá do noso círculo persoal máis inmediato.

Noutras palabras, como colectivo, creo que damos unha imaxe social indefinida, algo que tamén se nota a nivel persoal (ou viceversa), sen que salientemos ou sexamos especialmente significativos como ente que teña o seu peso ou papel significativo na construción da realidade social.

Quizais é que aínda non chegou o noso momento para pronunciarnos, volcarnos e dar o *do de peito* como ente e axente social que (con)forma parte da realidade, ou quizais ese momento xa foi, ou quizais nin unha cousa nin outra e, entre tanta indecisión característica,

---

[45] P. Berger e T. Luckmann: *La construcción social de la realidad.* Amorrortu. Bos Aires. 1991

pasásenos o arroz para ser e constituír un grupo social con entidade, co seu papel e peso específico dentro do escenario global[46].

Castela tivo o seu momento coa defensa ideolóxica e relixiosa fronte ao islam, creando o seu propio selo e carácter histórico-social (se seguirmos as formulacións teóricas de Karl Mannheim[47], quen condicionou os enfoques sociais de pensamento en contraposición ou cando existe un adversario). No noso caso tamén é certo que tivemos algunha etapa identitaria máis significativa, como demostra a nosa historia social, mais iso xa hai moito tempo e, entre invasións, intrigas e outros avatares, o noso espírito común sofreu un claro freo no seu desenvolvemento, tanto pola nosa falla de definición, actuación e práctica colectivas como ente social común, como polas actitudes e valores imperantes a nivel persoal ou no círculo máis inmediato.

"O priscilianismo, que estivo a punto de ser relixión nacional e masonaría internacional, péchase pouco a pouco na súa cuncha. Ou sexa: volta as súas fronteiras naturais, a Galicia. Alí, como unha muller abandonada, o pobo resolve a súa frustración sublimado. Todo o violento 'superego' daquela raza nai eternamente gobernada por estranxeiros deflagra na súa gran ocasión histórica. O movemento ascético, certamente ao seu pesar, vese engrosado e arrastrado polas augas do atávico revanchismo relixioso. Vencida polos romanos, mais non convencida, a paisanaxe galega desbórdase polo clásico cauce de liberación dos pobos oprimidos: un desafío espritual que pode ser arte, pensamento ou fe. Pesa a herdanza celta e non son eu que o di, senón Otero Pedrayo e a unánime voz do humanismo que capitanea." (S. Dragó, 1981, Vol. II: 95)

DITAME PARTICULAR

Se ben ata aquí podería ser parte da información a reflectir ou transcribir nun informe de tipo técnico -de acordo cos contidos obtidos e analizados a partir dun punto de vista científico-, tamén se pode contar cunha descrición, concepto ou imaxe máis próxima ou particular, como cando dás a túa impresión ou opinión sobre alguén. Neste senso, como analista social, permítome facer un balance particular sobre o obxecto de estudo, igual que outros profesionais (médicos, economistas, consultores, incluso historiadores) emiten os seus propios xuízos ou ditames.

---

[46] Na súa obra *A decadencia de Occidente*, Spengler alega que o desenvolvemento das civilizacións segue un modelo cíclico, recoñecible segundo tres tipos de sociedade que se irían sucedendo no tempo ata chegar a unha cuarta final de decadencia. Cada unha destas sociedades tería un nacemento, unha madurez e unha vellez que podería implicar a súa desaparición.

[47] Op. cit.

Así, por exemplo, o escritor Julio Cortázar dixo no seu día dos galegos: "unha xente chea de verdade e tristura". Unha descrición cinguida, mais á vez cargada de todo tipo de connotacións, evocacións e, en definitiva, información sobre esta sociedade, e todo iso só a través dunha soa frase. Outra que tamén di moito en poucas palabras podería ser a cantante Concha Buika, cando nunha entrevista manifestou: "Os galegos estades moi escondidos, e é unha mágoa" (A Opinión, 24 de outubro de 2009, páx. 55); mentres que nesa mesma entrevista tamén se podía ler:

"O meu pobo e Galicia son pobos irmáns. Que me conten o que quixeren, mais eu coido que hai máis conexión entre un galego e un bubi, que son os da miña tribu, que entre un da miña tribu e un de Cádiz e iso que están pegados.

[....]

A mín Galicia púdome por iso: entras e daste de conta de que estás nun lugar tremendamente especial. Mais só o podes experimentar en Galicia, porque non vos movedes." (páxs. 54 e 55)

Imaxinemos que dalguén ou dunha familia dinnos que viven nunha chabola, ou nun andar, ou nun chalé, ou nun pazo, ou nun castelo. Iso conformaríanos, en cada caso, certa imaxe social dos seus inquilinos. Logo ben, ¿que pasa se dicermos que Galicia é un edén ou un deses paraísos dos que as lendas e historias nos teñen acostumados?. Imaxinemos que, de todo un posible espazo dispoñible, unha colmea, un rabaño ou unha comunidade se instalase nun determinado sitio ou paraxe, atraídos polas súas especiais condicións. Se estivermos a falar de Galicia, o segundo lugar do mundo con máis espiritualidade acumulada e un dos posibles edéns -en palabras de Sánchez Dragó-, ¿qué se pode pensar entón dos seus habitantes, dese colectivo?. Verdadeiramente non damos a imaxe de sermos os habitantes dun edén, nin tan sequera dun chalé topográfico ou natural. En Galicia daríase, por tanto, unha asintonía entre o territorio/espazo e os seus habitantes/moradores. A nosa especial localización xeográfica parece que só se traduce na nosa topofilia característica e xa comentada. En troques, como se adoita dicir, nótasenos pouco o lugar especial ao que pertencemos, ou lócenos pouco o pelo como habitantes do mesmo. Máis ben parece que:

- Non desenvolvemos as nosas potencialidades, tanto materiais ou doutro tipo. Como cando continua e historicamente veñen de fóra a por (des)prezados contidos do noso noroeste: desde estano, ouro, wolframio, lousa, granito, madeira, auga, enerxía, ata gando, peixe, marisco, algas, patacas, castañas, pasando por hostes, segadores, nodrizas, serventas, empregados, obreiros; ou finalizando por esencias vitais e espirituais que tamén se dan nesta terra, como froitos para a humanidade, pero as que non damos importancia ou das que somos tan pouco conscientes como das mazás, cogumelos ou ourizos de mar que nos rodean.

- Na nosa comunidade permanentemente se cometen auténticas barbaridades coa paisaxe, o terreo ou a natureza: desde o feísmo nas construcións, os incendios provocados, implantación de especies animais e vexetais foráneas, encoros e aeroxeradores por doquier, localización de empresas e industrias contaminantes porque aquí non pasa nada, etc.

- Tamén o ignorado espolio afecta en Galicia a nosa cultura, crenzas, arte, patrimonio e demais prendas, valores ou herdanzas de carácter social. Como os que dificilmente podemos aplicar dos practicamente abandonados e numerosos petroglifos, dolmes, mámoas ou mesmo castros, pasando polo enterramento histórico do sincretismo galego como fenómeno internacional, do Reino de Galicia como entidade, polos continuos extraperlos co territorio, os recursos, as obras de arte ou arquitectónicas, ata o caso máis actual da progresiva perda do noso propio idioma e cultura autóctonas.

- Así e todo, aquí parece que non pasa nada. Pode que isto se deba a que, ao non nos decatar de toda a importancia que tivo e ten este rincón da terra, así ela mesma pase desapercibida para non facerlle cousas peores, se cadra, explotándoa ou despreciándola máis, por exemplo. Podería ser así unha especie de mecanismo de defensa natural, co que sintonizaríamos ou acompañaríamos a través da nosa lóxica borrosa, individualismo, indefinición, retranca, etc.

- En troques eu considero que uns habitantes teñen que estar acordes e a altura da súa morada, de tal forma que, no caso da poboación galega, teríamos primeiro que cobrar consciencia do espazo ou lugar terreal que habitamos e, en segundo lugar, esforzarnos por estar ao mesmo nivel de significación.

Que Galicia sexa para Sánchez Dragó, tras a India, o segundo lugar do mundo canto a conexión co cosmos, pode que sexa unha apreciación súa persoal, despois das máis de 1.600 fontes documentais consultadas no libro onde o escribe e as experiencias e coñecementos adquiridos nas súas continuas viaxes e visitas *in situ* a escenarios e lugares históricos. O que xa son datos obxectivos, e sen dúbida algunha, é que en Galicia hai rexistrados –pola Dirección Xeral de Patrimonio- arredor de 8.000 xacementos megalíticos; e iso a pesar do espolio destes vestixios sufrido tras a Real Célula asinada por Felipe III[48]. É dicir, en palabras tamén de Dragó, temos (¿somos?) o maior libro da humanidade escrito en pedra, e nós -e o mundo en xeral- sen enteirarnos. Algo que, segundo este mesmo autor, é máis importante que as pirámides ou todos os restos da cultura exipcia -moito máis modernos que os nosos-, e que así e todo pasa desapercibido, case que oculto, cando non destruído. ¿Alguén se pode imaxinar que Galicia tivese o turismo, os ingresos, os estudos, as excavacións, os recursos, a importancia, a significación, a imaxe, o impacto, a difusión e todo o que rodea ou trae consigo a exiptoloxía?. Por non falar dun Stonehenge, tan recoñecido e que -segundo algúns- podía ser a NASA ou observatorio espacial daquel entón; mentres que para Galicia –quizais o Cabo Cañaveral do neolítico- se

---

[48] En 1609, unha Real Célula asinada en Madrid por Felipe III daba autorización a un tal Pedro Vázques de Orjas, licenciado, Señor do Coto Recemil, de Parga (Lugo), coñecido como 'O Indiano', para abrir as mamoas (os túmulos funerarios) e apoderarse do ouro alí deixado no seu tempo. Por suposto, a coroa reservábase un tanto por cento do botín.

sinala todo un posible sistema de comunicacións a través de menhires e túmulos que inundaban a nosa terra.

Se a isto engadirmos que, xa en épocas menos afastadas, Galicia foi e segue sendo o espazo europeo, por non dicir case que do mundo, con máis densidade de mosteiros, sobre todo se nos referirmos á zona da Ribeira Sacra, entón coido que estamos na pista correcta de que Galicia é especial, como puidemos ler en moitas das citas reseñadas. Algo do que, insisto, debemos ser conscientes, estar orgullosos e á súa altura.

Precisamente, respecto ao coñecemento e á autoestima ocorre todo o contrario, é dicir, son os nosos verdadeiros problemas como entidade social. Descoñecemos a nosa historia e, quizais por iso, temos un complexo social de inferioridade. Dous síntomas para os que temos máis que bases e argumentos para descartalos.

Neste sentido, non lle faltaba razón ao actual Presidente da Corporación Voz de Galicia, Santiago Rey Fernández-Latorre, cando escribiu a Introdución do libro *Historia de Galicia*, de Emilio González López, do que foi editor no ano 1980:

"Aos galegos preocúpalles pouco a súa historia, o seu pasado; mostran irritación e molestia ao tratar tales cuestións e permanecen á espera de que a súa formación cultural lles permita diseccionar o que a tradición oral lles trasmite, sen que teñan que aceptala como dogma de fe".

Paraíso, edén, templo, santuario ou simplemente lar da humanidade, terra mítica, terra máxica, terra sacra, terra de peregrinos, *país dos dez mil ríos, país do futuro, libro en pedra da historia*, destino, fisterra, "alí onde a terra acaba, as vidas pasan, o sol se pon, e as estrelas deteñen o seu curso" (S. Dragó, 1981, Vol. I: 185), "mundo aparte, implacablemente hibernado por expresa vontade dos seus moradores", "un punto de observación e vida cara ao que lentamente flúe o universo e alí se queda" (S. Drago, 1981, Vol. II: 48-49), "país dos mortos, patria dos difuntos, exótero atlántico", "litoral sagrado no que descansaban a Ciencia, a Tradición e o Coñecemento" (S. Dragó, 1981, Vol. II: 157). Son tantas, tan antigas e tan profundas as referencias a esa característica natural e espiritual desta parte do globo terráqueo que, para mín, resulta un sinal indeleble da nosa identidade.

Tal e como di Francisco Fernández del Riego (A Voz de Galicia, Suplemento Culturas, 5-12-2009, páx. 12):

"Aos militantes da cultura autóctona que nunca declinaron do seu esforzo de servir ao país, culpóselles de introversión e de patoloxismo lírico. Pero compre recoñecer que o lirismo e unha forma de vida consubstancial a Galicia. Veleiquí o motivo de que poidamos contribuír ao acervo da civilización se somos capaces de crear con acento propio valores eternos".

Na creación do Museo Interactivo da Historia de Lugo (MIHL), no proxecto de contidos, realizado pola empresa Sensing Places, derivada do afamado Massachusetts Institute of Technology (MIT), o equipo dirixido por Flavia Sparocino escolle seis dimensións fundamentais, características e definitorias da vida humana (neste caso aplicándoas a un concello galego e actual capital dunha das nosas provincias). Estas son: corpo, traballo, amor, ocio, arte/ciencia e espiritualidade, sendo esta última a máis importante e significativa de todas a nivel social, segundo se recolle no proxecto e tras consultar obras tan importantes -neste sentido- como os postulados da Escola francesa de "Annales d'histoire économique et sociale" ou de autores como Marc Bloch, interesados polas *mentalités* e algúns dos aspectos menos tanxibles da historia.

Neste mesmo sentido, a inxente obra de Peter Watson[49], na que pretende recoller a historia intelectual da humanidade, a través dunha análise diacrónica das ideas máis subliñables -desde a aplicación do lume, á invención do papel, da filosofía, da imprenta ou da buxola-, vénnos dicir que as tres dimensións ou ideas fundamentais de dito desenvolvemento son, segundo este autor, a alma, Europa e o experimento. Sobre todo, e concretamente, o cambio de espírito que a humanidade viviu entre os anos 750 e 350 a. de C. (2006: 170-171).

E resulta que, precisamente, nisto da alma -reitero que segundo a información e probas existentes-, poucos lugares hai como Galicia ou estamos entre os primeiros. Mentres que tamén somos Europa e, ademais, capital europea (onde, entre outras cousas, parece que se pronunciou o primeiro aturuxo de carácter europeo, por mor das milenarias peregrinacións). E polo que respecta ós experimentos de índole social, algúns fixemos, non moitos nin precisamente con demasiado bo resultado (como no caso do priscilianismo, ou dos irmandiños ou mesmo da emigración). Polo que está claro que toca exercitar este terceiro aspecto que sinala Watson como fundamental para o desenvolvemento (intelectual) dunha sociedade, xa que dos outros dous parece que non andamos tan mal, aínda que non deberíamos tampouco dalos por feitos ou despirtarnos deles. Ideas galegas universais como a do sincretismo non tiveron sorte ou un mellor destino, mais outras como a da tumba do Apóstolo e a conseguinte xustificación da peregrinación a Santiago triunfaron, evidentemente.

"Dirá Otero Pedrayo: 'a fórmula que o sacerdote pronunciaba despois de absolver os peregrinos e dirixíndose ao Apóstolo (betom a trom samgiana! Atrom de labro. É dicir: 'recibe benignamente este grito atronador que en todas as linguas da terra profire o Sabio', segundo a interpretación do Padre Fita) é –en palabras galegas- a voz conxunta da variada Europa sonando por vez primeira na historia'". (S. Dragó, 1981, Vol. II: 183-184)

Así que compre seguir practicando e especializándonos en Galicia neste terreo do espírito humano, un campo tan amplo e non só referido ao sentido relixioso; mentres que tamén penso que temos outro papel importante, propicio e activo para desenvolver na construción identitaria da comunidade europea, achegando experiencias e ideas, no sentido que sinala Watson.

------

[49] Peter Watson: *IDEAS: Historia Intelectual de la Humanidad*. Editorial Crítica. Barcelona. 2006

Seguindo co seu libro (2006: 11), para Francis Bacon as ideas eran a forma de historia máis interesante, mentres que Voltaire falaba da filosofía da historia. Sendo que -para Watson- o que mellor recolle este devir humano a través das nosas ideas é Arthur Lovejoy, quen postulou a súa teoría da "gran cadea do ser", na que o universo é racional e todos os organismos forman parte dunha gran cadea (máis arriba canto máis desenvolvemento intelectual se teña). E, tal como sinalo, nós os galegos xa achegamos algo nese devir das ideas, tamén a certa filosofía da vida (o referido *vive e deixa vivir* ou *non molestar*, imperativo aplicado tanto a nivel persoal como social), ou mesmo na citada *cadea do ser*, ben fose nos intentos de xuntar natureza e relixión ou mesmo na conformación do espazo europeo. Por tanto, como se acostuma dicir, sería cuestión de prodigarse algo máis nestes grandes e loables propósitos do devir humano, o que tamén nos axudaría a exercitar ese corpo colectivo que, polo que sabemos, está bastante atrofiado.

Así pois, non podemos negar a evidencia ou ser borrosos neste terreo. É unha herdanza xeográfica ou territorial coa que temos que convivir armoniosamente, polo que debemos pornos á súa altura canto á nosa caracterización social.

"Xa estamos: hai sempre, a partir do diluvio, un xardín occidental. E na súa procura −denso caldo do Apóstolo- sobrenadan os dous elementos aglutinadores deste libro sobre España: a 'pedra', porque nela −a golpes e con paciencia- se inscribiron todas as mensaxes e o dédalo, o antigo e insoldable *labrys* cuxas metamorfoses fan nobelo o único fío certo para desandar a aventura humana. Sabémolo, Atlantes e cretenses, curetes e ártabros, celtas e gnósticos tampouco o ignoraban. ¡Pasen e vexan señores!. É a soa e xenuina máquina do tempo, os espellos de Cocteau, a árbore de Alicia, as limpezas primaverais de Peter Pan. Inclínense ante ela, e a voar. Sen medo. Nascemos ensinados. Non hai aquí cocoricós para salmodiar negacións. Nin drogas. Vostedes poñen os ollos, nós o labirinto. Dá voltas. Faise praza de toros no granito de Termancia, estrela de Salomón na copa dalgún alquimista, mandala en Kathmandú, crisma no románico, machado de dobre punta nas mans do troglodita, danza en Creta, rosacruz na embriaguez da clandestinidade, octógono no Temple, sardana de Cataluña, espiral no báculo, urbanismo en Compostela, medo no neno, xogo de salón na corte do Rei Luís, taboleiro de xadrez no insomnio dun matemático descoñecido, charada nas verbenas, ollo pineal nos tugurios de San Francisco e simplemente esvástica por doquier. Non prolongarei este canto. Escrito fica en capítulos anteriores e máis aínda nas roquedades de Galicia, onde milleiros de labirintos e raros diagramas compoñen o maior libro de pedra herdado polo home. Fronte ao que alí −en maxestático abandono- pode verse, os xeroglíficos exipcios resultan un xogo de nenos. En efecto: 'pode verse'. E veraos quen á marxe do trillado desbroce trochas, escale arestas, derrote regatos, rasque ortigueiras e apuñale gándaras pé con pé en Bares, Fisterra, ou Barbanza, Pontecesures ou Santa Tegra. É dicir: o peregrino xacobeo." (S. Dragó, 1981, Vol. II: 139)

¿A que se debe ou a que pode atribuírse tal asintonía, non tanto vital como social, entre pobo e terra en Galicia?. A min ocórrenseme algunhas explicacións ante esta sintomatoloxía. En primeiro lugar, nos tres períodos históricos nos que simplifico a nosa longa existencia, na prehistoria (posto que a nosa historia, para algúns, empeza a escribirse nos tempos dos romanos) foron os celtas os que culminaron dita etapa. A época romana remata cos suevos. E, entre liortas de poderes políticos e relixiosos que acompañan a conformación do Estado español, a etapa castelán tamén parece que se move por eses mesmos derroteiros. Derroteiros da nosa historia social polos que Galicia aparece como lugar de interese, non tanto para os seus propios moradores como para os axentes sociais externos.

Neste sentido, e se se me permitir o símil, Galicia recordoume a esas máquinas comecartos que coido que se chamaban "as cataratas". Estas consistían nunhas bandexas móbiles cheas de moedas (daquelas eran pesos ou cinco pesetas), que atraían o usuario para que introducira pola ranura as súas moedas, co obxectivo de que ao caer dun xeito determinado empurrasen cara a fóra todas as que puidese das que había dentro. E parece que en Galicia pasa igual. Estamos cheos de valores e bondades naturais e sociais, desde o estano tan escaso e importante na era dos metais, pasando polo ouro levado polos romanos, ou a continua man de obra ou de vasalaxe prestada noutras partes, ata as actuais enerxías hídricas e eólicas. Mais semella que ten que vir o elemento esóxeno de turno -coas súas monedas- para sacar partido do que temos, coma se nós non decatásemos, quixésemos, puidésemos ou soubésemos facelo. Quizais sexa porque non valoramos ou non nos damos conta do que temos, ata que xa é tarde.

Outro símil moi común do que quero dicir ven da man do coñecido dito, bastante atribuído aos galegos, de que sempre nos parece mellor a galiña do veciño ou máis verde a herba do outro prado, cando son iguais. Algo así como cando os nosos produtos caseiros, por exemplo ese tomate ou leituga que plantamos, teñen máis valor se alguén de fóra -acostumado a consumir os das tendas- fica gratamente sorprendido polas diferenzas do que é máis natural ou auténtico. Natureza e autencidade que deberían ser tamén sinais da nosa identidade e valía sociais, mais que tamén soen pasar desapercibidas internamente, e non tanto para as perspectivas externas. E iso habería que mudalo. Non se trata tanto de que non nos sintamos como eses indíxenas aos que lles cambiaban o ouro por contas de cristal, senón do pobre papel que facemos cun desenvolvemento social pouco acorde co noso hábitat, coma se fósemos serventes dentro dun palacio, no lugar de habitantes ou moradores que disfrutan do mesmo.

Así pois, consultadas as distintas fontes de información -a modo de recadar unha especie de historial do obxecto de análise-, e unha vez feita a auscultación -a través das enquisas interactivas-, as miñas conclusións particulares serían:

- Asintonía en Galicia entre territorio e sociedade, non estando esta á altura do outro.

- Aínda pode resultar maior a asintonía entre pobo e os poderes fácticos.

- Descoñecemento e desinfomación culturais xeralizados sobre a entidade social galega.

- O que, todo ou en parte, daría lugar a certo complexo ou baixa autoestima endémica entre estes habitantes, algo que é un completo erro e está fóra de contexto.

E como *ao feito peito,* ademais de aprender e de corrixir os erros, creo que se pode aproveitar esa idiosincrasia ou forma de ser característica dos galegos, presidida por esa lóxica borrosa que impregna todo; facendo así posible que esa teórica indefinición constante poida convertirse nun exemplo a seguir neste mundo de tantos posicionamentos forzados, algúns deles extremos. Se ben, como se leva visto, nos fai falla crérnolo e algo máis de determinismo ou menos dúbidas nas nosas accións, sobre todo a nivel colectivo e social. Quero dicir que a forma de ser dos galegos pode ser comprendida en termos de filosofía de vida, máis natural -como os nosos produtos da terra ou do mar-; no sentido que -como se sabe- nada é branco ou negro, senón que a maioría das cousas deste universo se moven dentro dunha escala de percepcións ou *continuums*, sobre todo no referente á realidade social.

Así pois, pode que Dragó teña razón ao asegurar que entidades como India ou Galicia son o futuro. Mais para iso debemos entender -o antes posible- o que comporta a nosa localización xeoestratéxica neste planeta, máis todo o influxo e convivencias que tantos anos de existencia forxaron nesta *marmita da humanidade* que é Galicia. Quizais non compatibilicemos do todo cos valores e metas sociais imperantes, demasiado mecánicas ou materialistas e parece que sempre na procura e adoración do becerro de ouro. Máis ben os nosos valores poden ser calificados de protomaterialistas, parafraseando a clasificación manexada de Inglehart, xa que coido que temos outros valores importantes e que se poden revindicar como exemplo social a seguir: topofilia, lóxica borrosa ou non determinista, contorna espiritual e territorial, sabia natureza, calidade de vida, etc. Agora ben, hai que facelos valer.

Neste sentido, a nosa historia semellaríase á do Alquimista, de Paulo Coelho, que tras abandonar (emigrar) lonxe da súa terra e pasar por mil vicisitudes, ao final descobre que o gran tesouro estaba desde o principio aos seus pés, na súa vida e contorna orixinais, alí mesmo, sen necesidade de afastarse ou desprazarse a outros lugares, senón máis ben comprendendo e convivindo co seu propio medio. Algo do que nos pasa a nós, con todo o que supón vivir neste rincón privilexiado do planeta, cunha xeografía e historia tan peculiares, desgastadas polo tempo, diversas, con múltiples irregularidades que, xa de por si, parece que convidan ao refuxio, á dispersión da poboación, á proliferación de tantos micromundos como habitantes. So fai falla comparar a ancha e plana Castela coas fragas, vales, ladeiras, ríos, ribeiras, recunchos e toda unha sorte de pezas dun puzzle (ou labirinto, como Dragó apunta) paisaxístico e cromático que, xa de por si, ten que caracterizarnos á forza.

En moitas das reseñas bibliográficas manexadas neste libro, estamos a falar dunha Galicia que morre, que languidece. Mais como o propio Murado di: "A cultura galega sempre está morrendo mais sempre segue aí" (2008:196); aínda que coidado con isto, xa que vai tantas veces o cántaro a fonte que .... xa se sabe. Quero dicir que, se desde sempre esta terra foi obxecto de peregrinacións estelares e demais referencias histórico-místicas aludindo ao seu atractivo espiritual -no que, por exemplo, ten de fin de etapa ou renovación facer o camiño ou chegar ata o mar-, parece claro que se reflecte algo consustancial a nós mesmos. Ao peor resulta que a cosmovisión galega está acurtada por dita aura *finisterrae* que, como unha especie de fin preestablecido, abocado ou xa sabido, fai -como volta a pór de manifesto Miguel-Anxo- que "o silencio e a resignación [sexan] son algo consustancial aos galegos e a súa historia" (2008: 25). O que tamén explicaría o noso ancestral desinterés polo público e o social e que nos levaría a ser individualistas, xa que do que se trataría sería de chegar nas mellores condicións posibles para dito tránsito final, o da mítica barca que nos conducirá á outra beira.

Así e todo, sigo vendo o vaso medio cheo –no lugar de medio baleiro- e penso que, máis que atarnos ou condicionarnos negativamente, dita herdanza sincrética ou eclecticismo cultural -que quizais xa veña de atlantes, curetes e celtas- resulta toda unha bendición posto que, grazas a elo, pode que teñamos ou contemos -se nos decatamos- cunha bagaxe e especial disposición para orientar (¿por qué non dirixir?) a humanidade, xa que experiencia e coñecementos acumulados deberíamos de telos, senón nos fallan as referencias curriculares traídas a colación para a presente análise da sociedade galega.

De feito, tras a documentación, datos, informacións e demais contidos vistos e comentados, coido que o diagnóstico social en Galicia vén dado, de xeito especial, en clave territorial. É dicir, que nos asentamentos, distribución, papel e desenvolvemento dos nosos enclaves poboacionais temos moita da explicación sobre o noso ser social -pasado, presente e futuro-. E non por resultar algo lóxico ou igual que noutras partes, senón pola especial relación da nosa contorna na configuración dese ser social, tal e como vén a dicirnos a nosa xa longa historia. É o que se coñece como "topofilia" (vínculos afectivos que os seres humanos manteñen coa súa contorna[50]), e que no caso de Galicia resulta moi característica e particular:

"Esta é tal vez a maneira neurobioloxicamente moderna de dicir que o home galego incorpora a paisaxe, lévaa dentro ou mellor dito, que a riqueza da paisaxe galega, a súa lexibilidade, en tradicional oposición coa chaira de Castela (esquecendo que en Castela hai serras e montañas dabondo), é a responsable duns mapas cognitivos menos abstractos mais que avivecen o sentido de pertenza." (S. Lamas, 2004: 49)

Así, seguindo esta clave xeográfica, segundo se adoita falar de brecha tecnolóxica ou económica entre zonas e países, en Galicia poderíase falar de brecha sociolóxica ou, mellor dito, dun complexo que nos abrangue e impide o noso desenvolvemento natural como sociedade. Estoume referindo ao menosprezo, rechazo, vergoña e indiferenza da nosa orixe eminentemente rural, ou mellor dito natural. Como se viu, o proceso de concentración e crecemento das cidades non é propio nin característico de Galicia. A nosa historia escribiuse case que na súa totalidade desde os asentamentos caracteristicamente espallados pola nosa xeografía, xa que incluso as cidades constituídas en Gallaecia polos romanos eran máis ben para eles e con escaso poder de atracción para os lugareños. De aí que propoña recuperar o papel e a importancia da vida dos galegos en consonancia coa súa contorna natural, historicamente máis enriquecedora e característica da nosa sociedade que o fenómeno urbano (que, dito sexa de paso e polo que se

---

[50] Segundo a definición de Yi-Fu-Tuan, recollida no libro de Santiago Lamas: *Galicia borrosa*.

está vendo en todo o mundo, non parece un modelo de calidade de vida a seguir, constrinxindo ademais as sociedades a unhas contornas artificiais e afastadas do medio e a convivencia coa natureza). Neste sentido, se estamos fallando en algo ou debemos a alguén é, precisamente, a nosa terra, a nosa nai e señora terra; polo que, quizais, o problema da sociedade galega esté reflectido no título do libro de Xosé Luís Barreiro Rivas: *A Terra Quere Pobo.*

Confiando en que esta obra axude nalgunha medida a conseguir que nos decatemos de todo isto, se se puider dar algunha receita para mellorar o noso estado ou saúde social, dada a nosa filiación inequívoca ao noso territorio, ben se podería comezar, precisamente, polo saneamento e ordenación do mesmo.

Unha proposta técnica neste sentido a temos da man de Precedo Ledo, tal e como a veño explicitando e postulo:

"Este dinamismo da rede das vilas constitúe un feito singular, en comparación co que ocorre noutros sistema urbanos e ten gran importancia, porque ditos núcleos se configuran como centros intermedios de dinamización das comarcas rurais e, así mesmo, serven de nexo entre as principais cidades e o conxunto de lugares centrais que constitúen os puntos organizadores dos intercambios locais en cada unha das comarcas." (1998: 214)

Isto é: a diferenza ou pola nosa singularidade, o progreso e desenvolvemento de Galicia non pasan en exclusiva polo crecemento e desenvolvemento das cidades:

"Ademais destes plans, proxectos e actuacións sinalados, en todas as cidades, e en maior ou menor medida, estase asistinto –como anteriormente adiantamos- a un proceso de competición urbana para conseguir equipamentos e instalacións capaces de xerar efectos positivos para o futuro de cada cidade, mais sen que exista nin un plan global nin un estudo serio acerca da eficacia das alternativas demandadas." (1998: 218)

De feito, Precedo Ledo dedica un punto específico do seu libro á "descentralización urbana como unha opción de futuro" (1998: 230) e outro á "comarcalización como estratexia de futuro" (1998: 238)

"Desenvolvemento Urbano e Desenvolvemento Comarcal, lonxe de ser contraditorios, son dúas estratexias complementarias e equilibradoras, por canto cada unha delas compensa as debilidades da outra, á vez que reforza as súas oportunidades.

Neste contexto, aparentemente dual, a expansión previsible das áreas rururbanas, caso de que se aplicar nelas unha axeitada política de ordenación do territorio, achegarán unha singularidade ao sistema de asentamentos de Galicia, como unha oferta territorial intermedia que, de alcanzar esa calidade que é posible, virá a ser unha alternativa para un hábitat ecolóxico e para a continuidade do proceso de desenvolvemento endóxeno. Á súa vez, as actuais formas de turismo dacordarán novas e valiosas oportunidades na totalidade dos sistemas territoriais. En definitiva, tres estratexias dun mesmo modelo, encamiñadas cara a unha Galicia social e culturalmente máis urbana, máis equilibrada no territorio, máis ecolóxica e unha maior cohesión social, só que coa súa pirámide demográfica empobrecida e, por iso, cunha capacidade de innovación e de desenvolvemento local condicionada." (1998: 233)

"E para iso, o municipio é demasiado reducido e a provincia ou a rexión excesivamente grandes, de ahí que a comarca –estable e estructurada internamente- constitúa a escala espacial máis eficaz para a búsqueda dun mellor equilibrio territorial e, o que é máis importante, para unha maior cohesión social e tamén o marco idóneo para promover o asociacionismo e as iniciativas de promoción individual." (1998: 242)

"E isto é así porque [refiríndose á comarca] se trata dunha categoría antropolóxica que inclúe as relacións do home coa súa contorna territorial inmediata, das que deriva unha das chaves para a identificación individual e social coa cultura local." (1998: 239)

Tras facer unha clasificación das comarcas en cinco tipos: comarcas mentais, naturais, históricas, xeográficas e funcionais (1998: 244-250), Precedo remata a súa proposta cun "Modelo de Desenvolvemento Territorial Integrado":

"A nosa experiencia indica que estes obxectivos se poden agrupar nun modelo único de desenvolvemento territorial integrado e descentralizado –o Plan de Desenvolvemento Comarcal-, perante a coordinación e unha aplicación gradual, voluntaria e participativa, que recupera un espazo tradicional, a Comarca, como ámbito territorial para a cooperación, favorecendo a identificación do cidadán co territorio, pois é o referente cultural e antropolóxico inmediato." (1998: 283)

Seguindo co meu punto de vista persoal, a imaxe coa que eu me quedaría dos galegos -despois do proceso de información e interacción co obxeto de estudo- poderíase resumir nunha breve descrición xeral da situación e uns poucos aspectos que me pareceron diferenciadores e compiladores do concepto e imaxe deste ente social. Recurrindo de novo ao símil de cando dás a túa opinión/impresión sobre unha persoa, para min a entidade galega se atoparía nunha fase como cando se di dalguén que ten unha personalidade pouco marcada ou desenvolvida. Explicareino con outra analoxía: dun neno se pode dicir que é un ser, un individuo, mais todos coñecemos a expresión de que un neno ten que facerse persoa, é dicir, medrar, formarse e conformarse unha identidade, tal e como nos pasaría, ao meu modo de ver, a nivel social en Galicia.

Quizais sexa máis aséptica a forma como o explica, nunha conversa a este respecto co Director da Voz de Galicia, Xosé Luis Vilela. Segundo el, "en Galicia hai bos ladrillos mais falta facer o edificio, polo que sería necesaria unha clase dirixente, tanto a nivel político, económico e cultural, que asumise dito proxecto, xa que temos os materiais para ser unha comunidade forte e consolidada". Dito en linguaxe máis coloquial: *vimes hai, mais faltaría facer o cesto.*

Algo de todo isto é o que pretendo describir ao dicir que os galegos somos e formamos parte dun ente social propio e característico, mais ao que lle falta entidade como tal. O que non sei é se, máis que o exemplo do neno, debería utilizar o do ancián. Nese caso, tamén sabemos que a personalidade experimenta un deterioro coa idade e, así, resulta corrente empregar e oír expresións de persoas maiores das que se di: *xa non é o que era,* ou -debido aos achaques ou doenzas (máis no caso das dexenerativas)- *xa non é persoa.* Pois así tamén pode estar ocorrendo a nivel social con este ente que chegamos a conformar os galegos. A cuestión é se estamos ante os estertores do noso grupo como ente social específico, ou se esta etapa se corresponde coa da maduración como tal[51].

Igual que aconteceu cos celtas, romanos e suevos, que xa non son colectivos coas súas respectivas entidades, así mesmo pode que a identidade conformada polo conxunto dos galegos sexa máis ben cousa do pasado. ¿Estamos, pois, asistindo aos últimos coletazos como grupo social diferenciado?. Síntomas diso hai bastantes: despois do fenómeno da emigración (cando un pobo non pode dar sustento a seus cidadáns e exporta a súa forza de traballo e capital humano, malo), quizais o caso principal sexa a progresiva e parece que imparable perda do galego como lingua habitual ou cotiá. Un cúmulo de síntomas, en definitiva, froito dun proceso de deterioro e abandono como ente social, no que se poden sinalar feitos históricos significativos, como o fracaso na conformación dun estado como Portugal, ou a característica disponibilidade da nosa poboación para a osmose social ou, mesmo, a languidecente desaparición do Reino de Galicia como tal, feito que se consuma oficialmente no ano 1833, despois de practicamente vinte séculos de existencia.

Non falo dun revisionismo histórico revanchista, senón de feitos sociais máis que contrastados e verificados. Dígoo como algo inexorable, que ocorreu e que xa non ten volta atrás. O que nos ficaría por despexar é se, a raíz da Constitución de 1978 -que configura a España das Autonomías-, se marca un novo punto de inflexión e se ese proceso pode ou non dar lugar á revitalización dunha entidade social propia e conformada dentro dos escenarios nacional e internacional vixentes. Pero polo de agora, nin Comunidade nin Autónoma, xa que como colectivo estamos vendo que deixamos moito que desexar e, respecto a nosa autonomía, só hai que ter en conta a dependencia dos cartos europeos e dos presupostos do goberno central para comprender que, máis ben, somos como unha provincia ou rexión do estado español, desdibuxados e atraídos socialmente pola forza centrípeta do centralismo, en detrimento das nosas propias entidade e identidade sociais.

---

[51] Segundo o -xa mencionado- modelo cíclico do desenvolvemento das civilizacións, de Oswald Spengler, en cada un dos catro tipos de sociedades –a Apolínea ou Clásica, a Máxica, a Faústica ou Occidental e a de Decadencia- polas que discorre dito ciclo habería, a súa vez, tres fases ou etapas: nacemento, madurez e vellez. Se ademais temos en conta que este autor titulouno, entre 1918 -1º volumen- e 1923 -2º volumen-, "A decadencia de Occidente", quizais podamos aventurar que a sociedade galega responde a ambos comportamentos comparativamente descritos: de neno e de ancián tamén. Por un lado seríamos e daríamos síntomas de sociedade vella, moi vella, o que nos situaría no cuarto tipo: a de Decadencia, algo que temén estaría acorde co diagnóstico de Spengler para esta parte do globo. Mentres que, ao mesmo tempo e inmersos nese cuarto tipo de sociedade, pode que estemos na primeira das súas fases, a anterior á da madurez. É dicir, en base a este modelo, quizais a sociedade galega se atope na primeira das fases da súa decadencia, algo que coincidiría coa imaxe a veces de imberbes a veces de vellos que veño a explicitar no meu ditame particular. De ser así, aínda que as fases dunha sociedade non son como as idades dunha persoa e, polo tanto, todavía nos quedaría certo recorrido social, non deixaría de ser preocupante que estivéramos ao final do ciclo e sin a madurez social necesaria para afrontar máis axeitadamente os avatares da historia. Tamén pode interpretarse que é mellor non crecer ou madurar máis rápido, xa que chegaríamos antes ao noso final como civilización.

Segundo entendo, outra característica da nosa forma de ser colectiva sería que resultaría difícil molestarnos ou afastarnos dun ton moderado, recollido en gran parte das enquisas e demais estudos. Por tanto, como sociedade creo que transmitimos certa imaxe de "boa xente", que non nos queixamos nin "damos a lata", socialmente falando. Producíndose en situacións nimias as nosas saídas de ton sociolóxicas, como son os innumerables e característicos enredos e preitos nas disputas de lindes, regos, augas, obras, etc. O que viría a corroborar que, ao non ter ou asumir maiores preocupacións desde o punto de vista colectivo, as situacións de conflicto virían determinadas por estos outros aspectos de índole particular, caseira ou local.

Da información recompilada, tamén se pode entresacar certo nacionalismo solapado, diferente a outro calquera, como o vasco ou o catalán. No sentido de que o galego non perde a súa relación e identificación coa súa terra, mais sen maior alarde ou sen que iso teña que externalizarse. Máis ben, levámolo enraizado moi no noso interior, case me atrevería a dicir (nunha tentativa de pór outro símil organicista) como o esqueleto que forma parte do corpo humano, algo que nos sustenta e nos estrutura, aínda que moitas veces non sexamos conscientes de que está aí, debaixo da pel e os músculos sociais (ata que esa pel e eses músculos están nos ósos, como foi na etapa da emigración).

Como xa se dixo, considero que a orografía, o clima, a paisaxe e a localización marcan en grande medida a nosa forma de ser común. Indubidablemente, non somos do Caribe nin temos as mesmas formas de comportarnos, pensar, ou vestirnos que os caribeños, por poñer un exemplo. Máis ben, o noso impulso derivado da contorna nos leva á individualidade, como noutras moitas latitudes dos climas setentrionais, mais tamén a unha identificación con esa contorna dificilmente explicable e inigualable[52].

"Son os camiños do mar e os das peregrinacións, eses dos grandes eixos sobre os cales descansa a proxección europea deste país, arcaico e innovador, creativo e abúlico, pasivo e dinámico, que ten nunha xeografía intensamente humanizada algunhas das respostas específicas que axudarán a comprender e explicar o feito diferencial desta terra." (Precedo Ledo: 1998: 11)

Se ben o efecto que fai en nós esta orografía, o terreo ou a paisaxe parece que responde á lenda do Limia (o río do esquecemento), mais ao revés. É dicir, que en vez de perder a memoria quen o cruzara en dirección a Galicia, é como se as nosas delimitacións xeográficas marcasen un terreo no que a xente ou a súa poboación esquece, non lembra ou non ten memoria histórica.

Seguindo cos exemplos, recentemente se podía ler na prensa que científicos galegos regresaban máis pola morriña, apego ou atracción que exercía sobre eles a súa contorna ("Galicia

---

[52] Sobre a importancia e impronta da contorna, a paisaxe e o territorio na nosa forma de ser, mesmo do discurso narrativo, os termos e a linguaxe, remítome de novo a obra de Santiago Lamas, *Galicia borrosa* (Edicións do Castro, Sada, 2004).

provoca unha sensación especial que tira do estómago"), que polas condicións de emprego ou profisionais que lles ofrecían pola súa volta (e que eran peores que nos sitios onde estaban). Todo o cal nos leva a pensar que ese medio e ese microcosmos do galego pesan moito, teñen unha especial e significativa importancia na vida e na idiosincrasia desta poboación, por diante doutros aspectos, factores ou valores.

Por tanto, coido que actualmente somos unha sociedade cunha imaxe social neutra, que nin salienta nin tampouco desmerece. Non temos grandes fallos nin grandes virtudes. Tamén temos as nosas singularidades: a principal, segundo a miña visión, esa lóxica borrosa, que algúns chaman indecisión e que nos permite (socialmente falando) "nadar gardando a roupa". É dicir, que como colectivo non nos "mollamos" ou implicamos, agás en raras excepcións. Principalmente, iso é debido a que, a estas alturas da nosa existencia social, coido que non se pode falar dunha mente colectiva nin dunha idiosincrasia galega conformada, aínda que haxa unha base de crenzas, valores e, incluso, formas de pensar e actuar bastante comúns, mais que non chegan ou son insuficientes para aglutinar e formar un ente social conxuntado. Falta implicación e consciencia dos galegos neste sentido, facéndose necesario, pois, que esa lóxica, esa perspectiva ou forma de pensar e ser vaia sendo cada vez máis consciente en clave común ou colectiva.

De aí que, de cara a dar algunha receita ou recomendación segundo este diagnóstico particular, empezando porque (re)coñezamos e valoremos máis e máis colectivamente a nosa entidade e patrimonio sociais (o que somos como pobo), tamén farían falta unhas vitaminas de amplitude de miras, de mudanza de perspectiva non tan "micro" e máis "macro". Sen ter por que perdermos esas referencias próximas.

En definitiva, cos trazos ou aspectos comúns descritos, na actualidade, en Galicia non parece haber un ente social definido que acompañe as características e referencias históricas, xeográficas, de cultura, de lingua, etc. Non só non adoitamos ter normas ou comportamentos comúns, senón que aquí o característico é que cada un vaia ao seu. Ademais, parece que rápido abandonamos os sinais de identidade que poidan "avergoñarnos" ou estorbar nos nosos logros individuais, como ocorre claramente coa fagotización do idioma autóctono, os estilos de vida, as modas, os costumes, etc. Para tentar resumir o que estou a dicir baixo o meu punto de vista, recorro a un artigo publicado na Voz de Galicia, o 6 de marzo de 2007, titulado polo seu autor, Ramón Pernas, *Xambolismo*:

"Tamén coñecido como síndrome de Xan das Bolas, é unha patoloxía endóxena de carácter xenético que afecta a maioría dos galegos por igual, xa vivan no interior ou se asenten na diáspora. Consiste en caricaturizarse e reducir o amor propio ata límites insospeitados nun cidadán normal. Os síntomas leves residen en manifestacións eruptivas do 'vaiche boa', do 'depende' e da resignación que constata que a enfermidade xa é irreversible.

Non existen, que eu coñeza, antídotos contra este mal que, como é ben sabido, se transmite de pais a fillos e forma parte do ADN da galeguidade. Ninguén traballa no achado de vacina algunha e o xambolismo adquire carácter de pandemia con máis frecuencia que a desexada.

Para as xeracións mozas, convén contar quen foi o prócer que deu título ao xambolismo. Popular actor da década dos corenta, Xan das Bolas imitaba o máis abxecto e casposo do galego cazurro e analfabeto, inseguro e indefenso, en sainetes que exhibía con gran éxito entre os seus paisanos polo circuíto de teatros. A súa fama foi tan notable que a partir do teatro pasou ao cinema, consagrándose como secundario en numerosas películas nas que interpretaba, manda carallo!, o papel de galego. Papel que ridiculizaba a todos os galegos, mostrando unha cara pícara e remarcando o acento que nos caracteriza ao falar. A súa imaxe de paisano torpe e interesado espertaba hilarantes risadas nas salas de cinema, ao tempo que se interiorizaba sarcasticamente no imaxinario tópico español.

É urxente cambiar a imaxe, mudar o ton, contar Galicia desde outras miradas, vacinarse contra as tentacións do xambolismo, virus que afecta os blogs de internet e que se enquistou en programas de gran audiencia da televisión pública de Galicia."

Por desgraza, a continuación e actualización deste comportamento (anti) societario dos galegos podemos lelas nun artigo de Suso de Toro (O País, 6-12-2009):

"... este é un paso máis na típica carreira dun político de orixe galega que circula a través das veas do estado. A *galeguiños*, non hai quen nos gañe, Madrid e a administración do estado están infestados de galegos, desde a xustiza, ás caixas e a banca ou aos ministerios. O curioso é que iso non esperta receo alí nin sequera é percibido, ¿por que?. A resposta é simple, son galegos de marisco, cocido e algunha graza retranqueira, pero son serviles a unha política de estado que leva séculos marxinando a súa terra."

Así logo, en Galicia faltaría conciencia e amor propio, desde o punto de vista social, causas e obxectivos comúns, acadar e fomentar un espírito colectivo, etc. E non estou falando de nacionalismos nin nada que se lle pareza. Indubidablemente, hai ou nótase unha falta de valoración do propio moi importante, de contar con e estimar ese espazo común que, queirámolo ou non, conformamos os galegos. Non é que esa característica microperspectiva do galego sexa algo malo, mais tampouco se pode circunscribir ou limitar á mesma. Hai que ampliar esas miras e eses frontes. E aquí tanto o sistema educativo como as autoridades, líderes políticos e sociais, axentes económicos, ademais dos propios cidadáns, teñen moito que facer. Non se trata, como digo, de mirarnos o embigo e exaltar o noso carácter autóctono, nacionalista ou ideosincrático. Simplemente, hai que pór en marcha, artellar e vertebrar unha mentalidade ou espírito nos galegos que vaia máis alá dun mesmo, que exercite as accións e actividades colectivas, que valore e fomente a nosa capacidade identitaria común. Noutras palabras, debemos empezar a sentir e concienciarnos de que hai ou temos outros marcos macrosociais de referencia que nos definen e determinan, non só como persoas senón social e culturalmente. Se os galegos lográsemos comprender e chegar a interiorizar esta premisa, ademais de abrir ese círculo máis ou menos persoal, estariamos integrando e facendo operativo algo ao que non adoitamos dar relevancia, a non ser cando estamos fóra ou o achamos en falta. Repito que non se trata de facer exaltación ningunha de nada, nin de separatismos ou fronteiras, senón de pretender que a vida dos galegos vaia día a día máis alá do inmediato, sen que para iso teña que perder ou abandonar sinais de identidade individual senón, ao contrario, reforzalos e reivindicalos, xa que son os que nos unen, identifican, amparan, operan e conforman a nosa sociedade.

Tampouco digo que sexa algo fácil, xa que desfacer ou inculcar outras perspectivas (sociais neste caso) a toda unha poboación non é, nin moito menos, algo que poida darse ou conseguir nuns poucos anos. Mais si que se poden dar as condicións necesarias para ir fomentando esa transición, a través da formación e o ensino formal, así como por medio de políticas e xestións con perspectivas tamén amplas e diferentes ás dos microcosmos -por non dicir reinos de taifas- aos que nos teñen acostumados as clases dirixentes da nosa comunidade (gobernos locais, deputacións, institucións, etc.). De feito, o mesmo que hoxe en día se poden observar políticas e bases educativas tendentes ao aforro enerxético, reciclaxe de lixo, solidariedade, etc. Non resultaría utópico falar dunha maior consciencia colectiva ou dunha perspectiva máis ampla dentro da sociedade galega, con propostas que incidan no ensino e na valoración da nosa historia como pobo ou entidade social, pasando pola mirada que da realidade fan os nosos medios de comunicación, as achegas dos nosos escritores e artistas, os logros dos nosos investigadores, os obxectivos das nosas empresas, ata a procura dun sentimento común que nos una e identifique entre nós mesmos, cara a exercitar accións colectivas e actividades como grupo social, ás que estamos tan pouco acostumados.

Para comprender o meu diagnóstico, pregunto polo papel actual de Galicia como ente social. E non estou falando da nosa paisaxe, nin da nosa comida, nin do folclore, nin de casos como Zara: estoume referindo aos galegos como un todo, como un colectivo con entidade, que actúa e interactúa por si mesmo, que ten a súa propia existencia, o seu devir e historia, a súa personalidade e idiosincrasia, a súa imaxe. Ao meu modesto entender, o resultado dese constructo chamado sociedade galega non é que sexa moi bo ou que vaia a mellor, tampouco que estea mal nin vaia a peor: está *regulín regulán* (como sempre na indeterminación). Isto é, que a nosa sociedade como tal non ten un gran mérito ou valor na globalidade ou contexto das relacións intergrupais actuais, algo así como que o noso papel e paso polo actual escenario global resultan, máis ben, pouco relevantes.

CONCLUSIÓNS FINAIS

A auténtica conclusión deste ensaio, se é que tiver algunha, sería en forma de concepto ou imaxe que lograse transmitir a información pretendidamente obxectiva sobre este colectivo social, como é o que conformamos os galegos. É dicir, máis do que eu poida dicir ao respecto, a demostración do aquí exposto debería medirse polo efecto ou non que teña (por exemplo sobre o lector) á hora de conformar unha idea ou concepto real sobre os galegos, como ente propio (con as súas accións e interactividades específicas) dentro da configuración xeral da realidade social. Na medida que poida ou non transmitir esa imaxe e, ademais, esta se achegue á realidade, entón teranse cumpridos os obxectivos deste traballo.

E se de imaxe estamos a falar, Miguel-Anxo Murado, no seu libro xa referido (*Outra Idea de Galicia*), titula unha parte do mesmo como "O rostro do país". Se a faciana ou rostro é unha das partes do corpo máis identificativas e que máis adoitan dicir sobre alguén, ¿que cara podemos pór ao corpo social conformado polos galegos?. Segundo este autor, para o que "a increíble dispersión da poboación [.....] é en realidade a súa característica máis singular e a orixe de boa parte do que poderíamos chamar a identidade galega" (2008: 19):

"..., o que fai singular a Galicia é a súa xeografía física, que é tanto como dicir a súa apariencia. É ésta a súa vez a que deu orixe a unha xeografía humana bastante singular e, quizais, a non poucas das súas institucións políticas e incluso culturais." (2008: 13).

Isto viría a corroborar as conclusións que vimos esgrimindo tamén aquí, sobre que o importante e destacado da sociedade galega sería tanto a compoñente humana como o propio sitio ou lugar de que é parte integrante fundamental, que preside e confire as nosas características fundamentais como ente social singular. Neste senso, ao falar de Galicia ou da sociedade galega debería ocorrer un proceso similar ao que se produce cando nos referimos a alguén apelidado Kennedy, Ortega y Gasset ou Thyssen xa que, independentemente de como sexa por si mesma esa persoa, por mor da súa pertenza a unha familia ou clan recoñecidos, xa se ten certa idea, información ou imaxe sobre ela. Precisamente, ese recoñecemento social, tanto a nivel interno como externo, é o que nos falta ou do que adoece, clara e principalmente, a sociedade galega.

De feito, como o propio Murado se encarga de pór de manifesto:

"Somos nós quen antropomorfizamos os países e dotámolos dunha personalidade, dunha imaxe." (2008: 26)

E como se adoita dicir que "unha imaxe vale máis que mil palabras", permítome resumir as conclusións deste traballo dun modo gráfico e con humor (que é outra forma, moi sa por certo, de ver a vida). Concretamente, sírvome dunha viñeta do debuxante Xaquín Marín, publicada no diario A Voz de Galicia o 13/11/2006.

A modo de resumo, nesta tira humorística podemos apreciar a característica idiosincrática galega, de acordo coa cal, por un lado, non valoramos, non apreciamos ou pásanos desapercibido o que somos e temos como pobo ou sociedade mais, polo outro, ese baixo amor propio que mostramos polos haberes colectivos resultaría incluso característico, diferenciador e identitario. Algo así como o caso do vasco que dicía aquilo de "somos fanfarrones, mais porque podemos": é dicir, máis que un fallo presumía ou o salientaba como unha virtude. Baixo ese mesmo suposto de comportamento social, no caso de Galicia atoparíamonos tamén con que hipotéticos fallos da nosa sociedade (a desidia e a non valoración cara ao propio como conxunto), formarían con todo un selo diferenciador, característico, senlleiro e que nos levaría ata *pasar* de nós mesmos. Sendo que, tal e como se puido comprobar neste traballo, non nos sobra nada diso e, como o que se ri da súa situación, máis ben parece que sería outro mecanismo de defensa propio e autóctono á hora de afrontar a nosa −quizais- inexorable perda de identidade como colectivo diferenciado. O bó do humor e que permite afrontar dun xeito saudable a realidade, sobre todo cando as cousas non van moi ben, como creo que é no caso do noso selo social.

Como sociedade, pois, parece que transmitimos unha imaxe desdibuxada, pouco nítida ou indefinida. En consonancia coa lóxica borrosa que nos caracterizaría, pola que os galegos non pensaríamos nin veríamos as cousas tanto en branco ou negro senón, máis ben, en toda unha escala de grises. En consonancia, parece que os conceptos e imaxes sobre nós tamén se moverían dentro dunha gama que iría desde a falla de definición aos sinais de identidade moi claros, aínda que a maioría das veces estereotipados. De tal xeito que non formaríamos tanto un grupo social como tal, que actúa conxuntamente, senón máis ben illas, partes inconexas ou, incluso, unha amálgama de suxeitos cuns lazos de unión determinados polo territorio ou lugar xeográfico no que nos tocou vivir, así como polo idioma propio -cada vez menos- e algún elemento cultural común, como pode ser -tamén en retirada- a relixión cristiá (a cal, ademais do proceso de secularización xeral que experimenta en todas as sociedades modernas, en Galicia sempre conviviu con outras crenzas e manifestacións de carácter espiritual).

Esa suposta falta de identidade e de modelo social non foi sempre así, xa que Galicia tivo e foi un referente cultural bastante nítido nos seus días, máxime se temos en conta o que nos contan sobre os seus tempos prehistóricos, ou mesmo cando era un Reino no seu apoxeo histórico e xogaba un papel, tanto a nivel interno como externo, máis intenso e con influencia. Agora, tras o proceso autonómico derivado da Constitución Española de 1978, estamos asistindo a certo proceso de recuperación ou reforzo de símbolos e características comúns. Mais en medio deses períodos houbo, por desgraza, "longas noites de pedra" como pobo ou sociedade, como ente social propio. Todo o cal nos sitúa finalmente nun proceso incerto ou encrucillada que, ou ben pode levarnos a unha adaptación ou redefinición como colectividade específica, ou ben pasounos o tempo e a nosa identidade como ente específico estase diluíndo indefectiblemente, nun proceso de osmose social -quizais imparable a estas alturas-, no que as características propias e específicas resultarían absorbidas e integradas pola cultura social dominante. Tamén pode que de todo o vivido e da mixtura co estado español saia unha (nova) Galicia social, coa súa (outra) propia identidade e que, como adoita ocorrer normalmente nos procesos de evolución, este proceso sexa para ir a mellor.

De todos os modos, cinguíndonos á actualidade, creo que a abundante información recadada a este respecto, tanto polo que se refire á parte documental como á obtida de primeira man (principalmente a través de técnicas demoscópicas, tentando interactuar con mostras estatisticamente representativas da poboación galega), demostra que se atoparon unha serie de datos, referencias e, en definitiva, un cúmulo de aspectos sobre este ente social que, lonxe de parecerse a calquera outra descrición intrínseca ou extrínseca, amosan as súas propias características sociais e conforman unha determinada forma de ser colectiva.

Tras a información recollida e as análises realizadas, obtéñense trazos característicos da sociedade galega, dando lugar a un principio de definición do que transmite a nosa comunidade como tal nas súas múltiples manifestacións, dentro da realidade social na que se desenvolve. A modo de resumo, creo que a este respecto se poden entresacar:

- Está claro que os galegos conformamos ou cumprimos cos requisitos que as ciencias sociais indican á hora de definir un grupo, unha comunidade específica e, por tanto, un ente social en sí mesmo; tanto pola delimitación xeográfica do territorio, como pola lingua, a historia e formas culturais propias, costumes, crenzas, valores e unha morea de acenos de identidade máis.

- A presenza dunha entidade conxunta e que funcionase como tal non resulta moi visible en Galicia, o que non quere dicir que non exista un "corpo social" determinado, senón que está pouco exercitado ou desenvolvido. Neste senso, non estou de acordo con que os galegos teñamos "unha moi clara consciencia de nós", tal e como sosteñen autores como Alonso del Real ou Chao Rego (S. Lamas: 2004). Polo menos, non tal e como se entende o concepto de consciencia colectiva nos termos sociolóxicos de Durkheim[53], referíndose á perspectiva, cosmovisión, mentalidade ou pensamentos comúns. Se ben o propio Santiago Lamas tamén pon en dúbida esa claridade identitaria galega, tal e como xa se reflecte no título do seu libro e, sobre todo, cando diferencia entre consciencia étnica e consciencia nacional, seguindo as propostas de Xusto Beramendi (quen, por certo, xunto con Xosé Luís Barreiro Rivas, tamén sinalaba -o 1 de novembro do 2008, no suplemento Culturas da Voz de Galicia- a *"falta de visión de conxunto* como un dos problemas da sociedade galega", isto é, que "en Galicia faltou e falta visión de país"). Mentres que Lamas, seguindo a Risco, califica a nosa identidade como "rizomática", supoño que querendo describir un modelo ou sistema cognoscitivo sen subordinacións xerárquicas nin puntos centrais, é dicir, sin proposicións ou afirmacións unhas máis fundamentais que outras.

---

[53] Émile Durkheim: *La división del trabajo social.* Editorial Akal. Madrid. 1987

"Galicia foi tal vez consciente da súa etnicidade moi cedo, mais non das súas diferenzas nacionais ata hai moi pouco tempo." (2004: 132)

Máis ben, comparto a visión de Vicente Risco e Otero Pedrayo de que Galicia é Terra, ou terra e memoria, como engade Ramón Villares. Tal e como explica o propio Risco de que o/a galego/a pode vivir "lonxe do home mais preto da terra"[54], o que viría a dicir algo así como que o social non ten tanta importancia para nós coma a contorna, na que depositamos case por enteiro os nexos e contidos de identidade común, xa que fóra diso e entre iguais somos moi nosos, no sentido individual ou contrario á comunión ou unidade cos demais.

- En definitiva, máis que a sensación de grupo social conxuntado, o que caracterizaría a Galicia sería, preferentemente, a paisaxe cultural[55], que constituiría o verdadeiro selo da nosa identidade, tanto pola súa vinculación a nivel interno como polo destacable que resulta desde fóra. O que, entroutras cousas, podería explicar o noso característico apego á cotidianeidade, ao círculo máis inmediato ou a desafección polas interaccións entre entidades sociais (principalmente debido a súa tradicional ausencia).

- Por tanto se pode deducir que, como colectivo, non describimos unha forma de ser moi determinada, faltándonos definición, modelo, fin, consciencia ou mesmo mentalidade e querencia por tal entidade.

- Así pois, salientaría a preocupante situación actual na encrucillada entre, por un lado, a (re)definición como colectivo social ou, por outro, o inexorable proceso de diluírse como tal ente. De feito, un dos símbolos de identidade que -ata agora e seguindo os postulados das ciencias sociais- nos veu identificando colectivamente, como é o caso de ter un idioma propio, está perdendo presenza e terreo, como así se desprende dos periódicos estudos do Mapa Sociolingüístico, que leva a cabo a Real Academia Galega.

- Todo isto estaría rexido ou gobernado baixo unha perspectiva ecléctica de pensamento (ou *lóxica borrosa*, que outros autores din), e que vén a significar que a nosa forma colectiva de ver as cousas, de comprender e actuar, discorrería por un *continuum* e non sería dicotómica. Esa dicotomía se adoita traducir na capacidade de escoller e de decisión (branco ou negro, verdadeiro ou falso), fronte á dúbida e a indecisión que implica o moverse por dito *continuum* (os famosos grises entre o branco e o negro), que sería o noso caso se o levásemos ao terreo social. Iso explicaría certos estereotipos sobre os galegos, como o mito da escaleira, o característico uso do "depende", o "asegún" ou a retranca.

A nosa xenética social indícanos que somos celtas, que nos nosos xenes colectivos hai marcas características que nos unen estreitamente coa natureza, coa paisaxe, coas referen-

---

[54] Cita recollida no libro de Santiago Lamas: *Galicia borrosa*, páx. 41.

[55] Emprego a definición de *paisaxe cultural* nos termos en que o fai Santiago Lamas (2004), como a interiorización da contorna natural nos individuos e que, no caso de Galicia, resultaría moi característica e importante na conformación das identidades individuais e colectivas desta comunidade.

cias locais, coa familia. Esa é a nosa orixe social e, dígase o que se dicir, vincúlanos con esa cultura, que son os nosos referentes como colectividade. Despois, o noso *bautismo social* sería a Gallaecia romana, xa que supuxo darse a coñecer ao mundo como ente social determinado, neste caso en forma de provincia do imperio. Desde Prisciliano, non cabe dúbida de que a nosa primeira etapa como tal ente ou colectivo (re)coñecido pode calificarse como notoria, da que podemos estar orgullosos. Ata que a reconquista peninsular aos mouros e o nacemento de Portugal deixounos orfos de referentes, líderes, conceptos, metas e demais aspectos conformantes da vida en si dun colectivo social como tal. Despois, estamos a falar desa "longa noite de pedra", na que a igrexa católica asumiu o papel de titor social e o pobo cargou cos sinais máis valiosos da nosa identidade colectiva, como foi no caso do idioma que, de non ser pola Galicia de base (non a oficial, nin a xerárquica, nin a cultural), non tivo outra oportunidade para seguir con vida. Dita orfandade social só se rompeu co pranto e rebelión dunha muller, ante tanta dor vendo esmorecer unha cultura, unha raza, unha forma de ver as cousas, de sentilas, de recordalas. Con Rosalía de Castro iniciouse unha etapa romántica, idealista e reivindicativa desta sociedade, como se saísemos dunha adolescencia social que se enfronta á súa madurez. Murguía, Castelao ou a Xeneración Nós son, entre outros, dignos representantes de dita etapa, dunha Galicia pouco desenvolvida, na que as características carencias de todo o tipo agudizaban o enxeño ou obrigaban a facer as maletas, terminando así coa nosa orfandade e adolescencia sociais. Con tal mala sorte (e xa van unhas cantas na nosa historia) que, neses momentos, nos tocou vivir outra etapa escura e de escaso desenvolvemento da nosa sociedade, froito da guerra civil española. O ostracismo como pobo, cultura e ente social que iso supuxo, ademais de reincidir no xa alongado imperio da ignorancia identitaria da nosa sociedade, lévanos a que actualmente, en conxunto, nos atopemos nunha situación ou estado como grupo social pouco definido, con dúbidas, sen obxectivos nin referentes comúns claros, con diglosia lingüística e que non sabe moi ben o que quere como entidade.

Seguindo este ciclo, atoparíamonos ante unha situación indeterminada, característica dos procesos de emancipación nas persoas e que extrapolo a un conxunto social como o galego. Dita emancipación social, que tamén chegaría tarde e podería calificarse como serodia (como moitos outros froitos desta terra), contaría -desde o meu punto de vista- cunha boa oportunidade para facer carreira sociolóxica, se aproveitarmos a formación neste terreo que supón o autogoberno e a consideración, dentro do Estado español, como Comunidade Autónoma (das consideradas como históricas).

Se quixermos chegar a ser algo como ente social, creo que deberíamos exercitarnos e aprender como tal, tanto na academia da realidade social como na da participación e implicación de todos nós á hora de definir e orientar o noso rumbo e destino como pobo, algo que agora se podería articular a través dos nosos representantes nas institucións e órganos de goberno, mais que pode e debe ir máis alá, chegando a conformar unha colectividade con identidade e papel propios no escenario social.

Noutras palabras, neste caso as de Sánchez Santos e Pena López, no seu capítulo do libro citado de Veira:

"A modo de conclusión, podería afirmarse que a sociedade galega segue demandando resultados económicos, mais estes non son incondicionados senón que se subordinan ao respecto dunha determinada lóxica social, isto é, un control social do proceso: respecto ambiental, participación, libertade de expresión. Este aspecto non implica afirmar que os valores da sociedade galega son predominantemente económicos ou sociais, senón que se trata dunha xénese complexa na que entremezclan obxetivos económicos e un certo control humanista dos procesos." (2007: 186-187)

Vou citar dous exemplos que, quizais, reflictan a situación actual da sociedade galega, tal e como a pretendo describir, partindo da base do potencial que temos para existir e avanzar como entidade social.

O primerio deles refírese ao debate que se está producindo sobre os idiomas galego e castelán na nosa comunidade. O argumento de que o inglés e o castelán son máis útiles que o galego non supón dúbida ningunha para moitos. A cuestión é que, fronte aos que nos da por salientar a importancia que ten coñecerse socialmente a si mesmos, da herdanza social, da convivencia, das características comúns, das vinculacións sociais, da sensación de pertenza máis alá dos nosos confíns máis inmediatos ou os sinais de pertenza colectiva; hai outra moita xente que pensa que o futuro non está pensado, nin escrito, nin dito en galego e que, máis ben, se trata dunha perda de tempo, un ollar cara a atrás -derivado das teimas dalgúns en collerse ás lembranzas do pasado-, case que unha rémora para o noso avance e integración noutras entidades máis visibles.

O segundo caso é o do Prestige, xa que a marea humana de solidariedade que supuxo tivo repercusión mundial, mais se viu moi sorprendida tras coñecerse os resultados das seguintes eleccións (municipais) levadas a cabo nesas zonas. Daquela, moitos de nós puidemos ver como un vello mariñeiro da costa afectada xustifacaba o seu voto en base aos cartos recibidos pola catástrofe por catro dos seus membros. Como ben sinala de novo Miguel Anxo-Murado ao tratar o tema do caciquismo, en Galicia vótase a quen pode ser mellor "provedor" (2008: 161). Pola nosa banda, temos a proba de que Galicia aínda está en tránsito dunha sociedade materialista a unha post-materialista, seguindo o explicitado modelo teórico de Ronald Inglehart.

Emprego e me centro no caso máis significativo da diglosia para tentar describir, ademais da situación actual de Galicia como ente social propio, a encrucillada en que nos achamos neste senso[56]. Por un lado, está a aposta daqueles que, máis ou menos, consideran que canto maior

---

[56] Por afinidade no título, aínda que non no contido, máis de tipo político, fago referencia ao libro do sociólogo Ramón Mourelle: *Galicia na encrucillada*. Editorial Alvarellos. Lugo. 1996

sexa a integración externa e menos empeño haxa en dar vida as diferenciacións con respecto ao modelo social imperante, mellor que mellor. Iso recórdame a comparación que Santiago Lamas realiza no seu magnífico libro -*Galicia borrosa*- no sentido que sería o mesmo que ter que escoller entre o bar ou o fogar. Tamén hai quen quere esquecer as súas orixes, procedencia ou parentescos, mais neste caso de toda unha comunidade. Que imiten o acento galego, ou que o galego se asimile moitas veces á mofa nos medios de comunicación ou nos estereotipos sociais xustificarían xa de por si a táctica de asimilarse a quen impón esas visións, no lugar de asumir, revindicar, fomentar ou, incluso, enorgullecerse de ser e sentirse galego/a.

A este respecto, máis en clave marxista, temos as explicacións recollidas na enquisa de Alonso Montero, concretamente, nas respostas ofrecidas por Antonio Tovar e J. Santos Simões, respectivamente:

"En linguas tan semellantes, e tan mezcladas, como o galego e o castelán, os signos de clase (diñeiro, cultura, presentación externa, etc.) son quizais máis fortes que a lingua." (2008: 187)

"É que á ideoloxía burguesa só lle interesa un tipo de 'cultura': a que está ao servizo dos intereses da 'elite', e, para definir esta 'cultura', basta conectar os aparellos de televisión, oír a maioría de emisoras de radio, ler case a totalidade de xornais ou revistas de maior circulación. Isto é todo o que, dunha forma máis ou menos directa, está vinculado aos grandes intereses económicos." (2008: 160)

Claro que resulta máis útil saber inglés ou castelán, o que non quere dicir que sexa mellor. O importante e que cada persoa se sinta socialmente como en casa, arroupado, identificado, coas súas características propias e sinais de pertenza. A globalización, mesmo a configuración nuns entes máis grandes como o español ou o europeo, non debe estar reñida coa diferenciación, especificidade, idiosincrasia, valores e demais características particulares dun colectivo ou grupo social determinado, como o que constitúe a sociedade galega no seu xa longo camiñar. Precisamente, se se tratar de escoller camiños nesa encrucillada, parece claro que a mellora da nosa entidade social non está reñida coa achega que poidamos facer deste xeito aos escenarios estatais ou internacionais, xa que unha personalidade social propia desenvolvería un papel máis importante en conxuncións sociais cada vez máis amplas.

Tamén aquí quero facer mención ao que todos en Galicia sabemos mais que ocultamos ou calamos. E para iso recorro a unha (outra) historia persoal, cando o meu pai cuestionaba o meu interese por aprender galego (xa que non mo ensinaran nin na casa nin na escola) e, en troques, insistíame en que era máis importante para a miña formación o inglés; pasados os anos, na práctica, razón non lle faltaba ao meu proxenitor mais, desde o punto de vista ético, moral ou persoal, a vinculación coa miña contorna social, neste caso a través do coñecemento do noso idioma, como se adoita dicir, *non hai diñeiro que o pague*. E isto, máis ou menos e en resumo, creo que lle soará a todo o mundo que viva na nosa comunidade nas últimas décadas, xa que hoxe en día supón un debate social importante nela.[57]

Sabendo tamén do dito popular de que *non se escarmenta en cabeza allea*, pódese comparar a nosa situación comprobando o que pasa co español en Porto Rico, fagotizado polo inglés, reproducindo para iso as palabras de Lureida Torres na enquisa feita por Alonso Montero.

"A loita da minoría intelectual literaria e universitaria portorriqueña pola preservación do español na illa é considerada como actividade partidista e desvalorizada no sentir popular, e considerada como o motivo de crear problemas ao goberno e as súas institucións.

[Na clase alta] Hai un predominio do inglés, mais simultaneamente se considera que o inglés é de maior prestixio que o español.

[A clase media] Usa o inglés para ascender socialmente. O uso desta lingua achega esta clase á clase superior. Deste xeito, identifícase co agresor cultural vencedor (mente colonizada).

[No proletariado] O idioma inglés é, fronte o español, non só un símbolo de superior status social, senón unha vía para integrarse no mundo das grandes cidades co seu progreso, so eu adianto e súa ciencia.

[...]

Non basta con sinalar só o inglés falado; é preciso referirse ao inglés escrito. É explicable o uso exclusivo do inglés nos formularios, informes, instrucións, empregados por axencias federais (Exército, Mariña, Aviación, aduanas, correos, servicios de seguridade, etc.). Ademais, considérase o inglés como a lingua, por excelencia, da técnica e da ciencia en xeral". (2008: 182-184).

Neste sentido, a reiteración no que nos está pasando coa lingua galega non quere senón ser un exemplo ou reflectir o que ocorre en Galicia con as cuestións culturais e sociais autóctonas. De feito, aínda que a referida enquisa foi feita no ano 1974, resulta paradigmático que os seus contidos se manteñan plenamente vixentes e sexan -por tanto- máis que simples opinións recollidas daquela, como a resposta ofrecida por un dos entrevistados, Pedro Altares:

---

[57] Por desgraza, unha última hora a este respecto se pode ler na prensa do día 18 de novembro de 2009: "Unha nai pode perder a custodia das fillas por escolarizalas en galego" (Xornal). "Perder a custodia por vivir en Galicia: Negan a unha nai vivir en Vigo coas súas fillas debido ao 'desenraizamento' do ámbito educativo e a que se fala galego" (Público). "Un xuíz afirma que educar a un fillo en galego é inútil" (O País).

A resposta de Manuel Rivas non se fixo esperar: "... En Galicia, as nenas non só aprenderían galego, senón que poderían enriquecer o seu castelán coas 'marabillosas curvas' que Unamuno admiraba en Valle-Inclán.

Non vou falarlle agora de Alfonso X o Sabio, nin de Rosalía de Castro, nin do tronco común galaico-portugués, patrimonio lingüístico que permítenos comunicarnos con millóns de persoas no mundo, desde Brasil ao Timor Oriental. Como ademais temos a sorte de compartir o castelán, vexa vostede, señor xuíz, que non imos tan mal pertrechados, sempre, claro, que aos nenos non lles amputen a lingua 'inútil'. Creo que o que procede neste momento é ir ao argumento protoecolóxico enunciado por Julio Camba. Segundo demostrou nun irónico artigo, o galego é un idioma moi apto para falar non só entre as persoas senón tamén con todo tipo de animais. ¡Fíxese vostede se será útil!." (O País, 19 de novembro de 2009).

"O mesmo feito de que este tipo de enquisas 'necesite' facerse, indica xa cal é a actual situación, a realidade da que se parte e que se resumo nunha soa palabra: 'discriminación'. Hai un feito incuestionable e avergoña ter que dicilo: un pobo determinado nace, exprésase e crea unha cultura. Necesita a lingua. A súa lingua, non a dos outros, senón a súa. A lingua, o idioma é o principio, aínda non o fin, porque, en certa medida, é non só vehículo de comunicación, de expresión, senón tamén sistema de categorías propias a través das cales o home se funde co seu medio, co seu pobo. A lingua configura o pensamento e este exprésase por ela. Resulta, por tanto, dramático, e inhumano, que a un pobo se lle tente despoxar da súa lingua. É desposuílo da súa personalidade, da súa peculiar 'maneira' de ser.

O galego está hoxe obxectivamente en situación dramática: ausente das escolas, dos medios de comunicación de masas, incluso dos patronímicos e dos lugares xeográficos. Mais o galego o falan, é dicir, pénsanno, tres millóns de persoas. Non é casual: téntase que o galego fique reducido a mera expresión folclórica, a idioma oral. Quérese constrinxilo ao ámbito familiar. E é obvio que o home non é só membro dunha familia. É tamén parte dunha comunidade máis ampla e necesita non dividir a súa existencia en círculos pechados nos que se debe expresar a través de fórmulas mentais disociadas. Esta é unha barbaridade que comenza na escola, cando ao neno 'se obriga' alí a relacionarse con persoas (nada menos que os mestres) que falan e, por tanto, son diferentes. O neno sente moi pronto en privado, que non lle serve para a súa incoroparación á vida social, xa que nos diversos campos onde ten que desonvolverse, salvo o familiar e local, atopará ese sutil, e a cotío menos sutil, rechazo. Este feito acentúase se, como sucede en Galicia, a lingua, polas especiais circusntancias socioeconómicas do país, circunscríbese especialmente a unha clase determinada, o campesiñado, que sente así en propia carne outro motivo máis de marxinación, de segregación.

No ámbito colectivo, a discriminación é todavía maior: ao estar ausente a lingua galega de todos os medios comunitarios de masas e incluso daqueles actos privados con repercusión oficial (testamentos, instancias, contratos de traballo, etc.), a dualidade en que se forza a vivir o individuo tende a segregalo e a que se considere como alleo ás decisións que, así e todo, lle incumben de maneira fundamental. Para os intelectuais, por outra parte, o galego non é algo dado, senón que ten que ser froito dunha opción persoal, o que ten elementos positivos a escala individual, mais que fai difícil o lóxico fluír do desenvolvemento cultural, falto de apoios e con atrancos insalvables. É grave, ao contrario, que a un idioma se obrigue a replegarse cara a ámbitos minoritarios, onde necesariamente se empobrece circunscribíndose a unha problemática concreta, localista. A lingua é entón unha afirmación, moi estimable e a cotío heróica, da personalidade. Mais é insuficiente, xa que un idioma ten que ser algo máis que iso. Ao loitar polo recoñecemento da súa lingua, o intelectual galego engade unha nova barreira ás moitas que aparecen diante do seu labor creador, moita máis cando, ao contrario do que sucedeu noutras culturas peninsulares, a burguesía galega non admite a lingua do país como algo digno de ser apoiado. Quizais porque prefiriu abdicar dela como mostra da súa adscrición e inequívocos intereses de clase.

O problema está en que todos estes feitos non son gratuítos, non é o resultado dunha normal evolución histórica. Teñen a súa causa nas presións e nuns condicionantes políticos. A imposición dunha cultura maioritaria, a tentativa de uniformidade a base do dominio da cultura castelán sobre a galega, ten motivacións que pouco ou nada teñen que ver co lóxico transcorrer da Historia, que necesitaría, polo contrario, da achega de culturas que, como a galega, son patrimonio común de todo un pobo. Ante os tentáculos, cada día máis poderosos, dos estados fortes, impositivos e temerosos da libertade, faise imprescindible a afirmación persoal das minorías fronte á maneira totalitaria que corre o risco de inundar a civilización. Defender a lingua galega, personalidade e cultura, é, por tanto, defender a persoa humana e o seu futuro. Todo o que sexa pór atrancos ao seu desenvolvemento, aos seus inalienables dereitos, é atentar contra unha parte fundamental do patrimonio común. Desafortunadamente estes atrancos existen. Sería, por tanto, necesaria unha solución política, hoxe afastada do noso horizonte colectivo. Como en tantos outros ámbitos da vida pública peninsular. Hai que seguir entón traballando pola consecución de metas parciais, onde se inscriben o labor de tantas xentes, hoxe en Galicia, que loitan denonadamente por manter a súa propia maneira de ser, de falar, de crear fronte ao imperialismo cultural centralista. A batalla non está gañada. Mais moito menos perdida" (2008: 37-40)

Outra das persoas consultadas nesta enquisa, Arsenio Mota, diagnostica a non defensa e desprezo polo idioma galego como un síntoma da nosa minusvalía social. Minusvalía que habería que analizar para saber se estamos ante unha parálise social, un simple achaque, unha atrofia ou aínda algo peor: nos nosos estertores como sociedade diferenciada –ao final do ciclo de Spengler[58]-. En calquera caso, son síntomas inequívocos de que a nivel societario, en Galicia, nos está pasando algo, e non precisamente algo bo:

"Si, a escolarización nun idioma que non é o coloquial e o do medio ambiente pode crear no neno e, por extensión, na colectividade, un complexo de inferioridade inhibidor e unha consciencia negativista de minusvalía social." (2008: 124)

Pretendendo deitar algo de luz sobre dito comportamento social, e se cadra minorar o debate sobre a cuestión lingüística na nosa comunidade, pódese propor a seguinte situación: Estaremos de acordo en que falar inglés é un valor social hoxe en día en alza, desexable ou, incluso, que está de moda; é dicir, procúrase e está ben visto que unha persoa (traballador, fillo ou un mesmo) domine un ou máis idiomas estranxeiros. Por suposto, xeralmente iso non impide que se abandone ou menosprecie o idioma propio. Istó é, vese con bos ollos ao outro idioma, como valor engadido, mais iso non quere dicir que se rexeite ou abondone o propio. Por tanto, ata aquí estaría recollida unha actitude positiva e de convivencia entre dúas linguas, baixo un comportamento social aceptado que se podería resumir nas expresións "canto máis mellor" (neste caso idiomas) ou mesmo que "o saber non ocupa lugar". Reproducindo dito esquema ou situación, imaxinemos agora a mesma postura, respecto, convivencia e valoración entre o idioma orixinal e propio -o galego- e outro -o castelán-. Non cabe discusión ou razoamento lóxico algún sobre esas teóricas posicións ou papeis lingüísticos que se deberían producir en Galicia,

---

[58] Ver nota a rodapé nº 51

obxectivamente indiscutibles, sobre todo desde a perspectiva histórica e da realidade social xa que, ata mediados da década pasada –entre 1994 e 1997- e segundo a Real Academia Galega, o 80% da nosa poboación tiña como idioma usual o galego e o 95% o entendía (é dicir, só 300.000 galegos eran castelán falantes, segundo a Secretaría Xeral de Política Lingüística). Entón, o idioma propio de Galicia é o galego e o castelán debe saberse, ter en conta, tratado ou abordado nese sentido positivo ou coa actitude antes descrita, é dicir, máis como valor engadido, xa que o valor principal debe telo a lingua que conformou e ¿aínda conforma? a cosmovisión e forma de ser da nosa cultura autóctona. Senón é que estamos mudando os papeis e, por tanto, a nosa sociedade; xa que sería tanto como desexar que o inglés se convertise en lingua principal fronte ao castelán. Esta situación e comparación, que poden parecer esaxeradas, póren non están moi lonxes das que se puideron producir en Galicia a mediados do século XV se, na altura, alguén propuxera que a vida oficial e socialmente valorada ían promover e mudar a situación sociolingüística da nosa comunidade, cara a que ese outro idioma chegase a ser o principal, mentres que o propio o despreciado.

Aínda que pareza ciencia ficción, imaxínense que, debido a alta valoración de falar inglés e a súa progresiva colonización lingüística, dentro duns centos de anos se valorase en Madrid máis ese idioma que o castelán -por exemplo, por mor do goberno, administración e valores da Unión Europea ou da globalización- e que, incluso, moita xente se empeñase en chamar a esta comunidade *Medrid*. ¿Ciencia ficción?. Neste traballo xa se fai referencia a unha chea de palabras, siglas e expresións de dita colonización idiomática angloamericana[59], mentres que algunhas fontes consultadas cuantifican en case 600 as incursións lingüísticas desta cultura na española. Tendo en conta que se estima nunhas 2.500 palabras o nivel básico para defenderse nun idioma, entón o aquí exposto respecto á posible osmose cultural do inglés con respecto ao castelán pode ter as mesmas posibilidades que tivo o castelán en Galicia nos últimos cincocentos anos. Con isto, en definitiva, o que pretendo é facer ver o que acontece na nosa comunidade: que se rexeita, nos avergoñamos, ocultamos ou desprezamos a nosa lingua, xa que socialmente se valora máis o castelán. Baixo esa mesma premisa ou fórmula –e tendo en conta como se valora na actualidade o inglés-, os detractores ou quen menospreza o galego deberían pensar a donde poden conducir ese tipo de actitudes sociais. Polo demais, a proposta aquí exposta non lle resta valor a idioma ningún, senón que restitúe e posiciona nos seus respectivos lugares o galego e o castelán.

Desde o meu punto de vista e como veño dicindo, non só non presumimos nin alardeamos dos nosos contidos sociais ou culturais, senón que ás veces nos avergoñamos. E iso é como cando alguén renega do seu pasado, dos seus pais ou avós, da súa orixe ou da súa adscrición social. Se unha persoa fixer algo así: ou se acoller a outros referentes renegando dos propios –co conseguinte balance sobre se perder ou gañar co cambio-, ou non ten raíces nin

---

[59] Ver nota a rodapé nº 43

valores sociais que o orienten. Neste caso, segundo xa demostraron psicólogos, psiquiatras, sociólogos e demais estudiosos, pasa a ser -por dicilo así- unha persoa desvinculada socialmente (o que Durkheim[60] definiu como anomia). ¿E que pasa cando, en lugar dunha persoa, ocorre algo parecido cunha comunidade ou colectivo, como pode ser neste caso o ente social que, quixermos ou non, conformamos aínda os galegos?. Que cada un se faga a súa composición de lugar e a súa propia resposta ou, mellor aínda, que se suscite o debate na nosa comunidade e adoptemos posturas comúns, que é o que non se fai e o que fai falla. Quizais non haxa que buscar moitas explicacións, xa que pode que na actualidade sigamos comportándonos como sempre, comandados pola nosa xenética social (anterior aos celtas) e case que sen decatármonos diso:

"Resistir é imposible. Os mestres sabedores diso, exhuman a regra da vida postulada polo hermetismo para as épocas calamitosas: esfumarse, non chamar a atención, vestir de gris, nadar co Tao a favor da corrente .... As estridencias sobran. Os golpes de efecto prexudican. Para non ser do montón hai que confundirse con el." (S. Dagró, 1981, Vol. I: 223)

E se non fagamos -*grosso modo*- un balance histórico honesto. Aínda que nos poñamos no peor das revisións sinaladas e, segundo elas, sexamos proclives á osmose social, a que nos colonicen –mais non civilicen-, a ser dóciles -socialmente falando- e a deixarnos levar da man nos asuntos máis alá do círculo inmediato -sen ter iniciativa social propia neste terreo-, póren hai que recoñecer que en todas as nosas etapas como sociedade diferenciada, agás quizais nesta última, estivemos a unha grande altura dentro do escenario da construción social da realidade.

Así, antes da historia recoñecida ou protohistoria fomos o libro escrito en pedra e milladoiro da humanidade; na etapa romana, Gallaecia constitui a *Hispania Nova Citerior* e unha das principais fontes de riqueza (en ouro) daquel Imperio; na etapa sueva e visigoda alcanzamos quizais o *acimut social,* ou nivel máis (re)coñecido, que por pouco non chegou a cristalizar nun sincretismo que puido significar moito no desenvolvemento da humanidade, mais que sirviu para que –a partir da Idade Media- Galicia se convertese nun eixo cultural a través do Camiño de Santiago. Mentres que a etapa islámica da península apenas nos afectou -algo que habería que determinar se para ben ou para mal-, mais situábanos nunha posición privilexiada na chamada reconquista[61], algo que póren despertou os receos, enfrentamentos, rancores, maldicires e menosprezos por parte da sociedade dominante de turno, e que nos levou á situación actual. Entón, sen acritude senón con criterios históricos e socolóxicos, parece evi-

---

[60] Émile Durkheim: *El suicidio.* Editorial Akal. Madrid. 1998

[61] E se non que llo pregunten ao Conde de Gondomar, cando quixo que prevalecese a falta de mixtura de sangue morisca como argumento para postular a candidatura de Galicia a encabezar a fomación do que –co tempo- sería o actual Estado español; algo que –ademais de conformar a resposta sintomática das xerarquías cara a Galicia de aquí en adiante- lle costou que o mandasen case que a unha morte segura na polvoreira que supuña daquela (principios do século XVII) as relacións con Gran Bretaña.

dente que a peor etapa como sociedade é a que se deriva da nosa (¿des?)integración no que finalmente conformou o actual Estado español. Isto non lle pode parecer mal a ninguén, xa que comparativamente é así: tivemos tempos mellores como sociedade cando nos tocou interactuar con celtas, romanos ou suevos, mentres que a xa de por si chamada etapa de "doma e castración" non parece que pasará precisamente a formar parte das glorias da nosa historia. Noutras palabras, deste último medio milenio pode dicirse que resulta a parte menos boa do noso *currículo social*. É dicir, nos períodos históricos establecidos nesta síntese cronolóxica podemos atopar papeis importantes e significativos da nosa sociedade, excepto nos últimos cincocentos anos. De aí que, senón queremos esperar outros cinco séculos, deberíamos cuestionarnos que, insisto que honestamente e sen acritude, a nosa simbiose ou osmose coa actual cultura dominante non nos está achegando na medida das outras interrelacións sociais vividas na nosa historia. E se alguén se ten que incomodar por esta análise, eses deberíamos ser os que conformamos a sociedade galega, debido a que a nosa integración no Estado español, capitaneada pola cultura castelán, fixo que baixara o noso listón social. Senón que alguén explicite obxectivamente e con datos a que período dos sinalados supera o que nos trouxo a chamada Idade Moderna.

Como nestra historiografía non podemos recorrer nin a PIB's, nin a rendas per cápita, nin a outras magnitudes ás que estamos acostumados á hora de establecer niveis e comparacións do desenvolvemento de sociedades, propoño ao lector as seguintes: Para empezar, a produción cultural da nosa prehistoria –como demostran os cerca de 10.000 petróglifos e restos megalíticos- non ten parangón, e menos aínda coa nosa última ou etapa actual (lémbrese a polémica pola Cidade da Cultura). En canto ao período romano, ademais da enorme contribución galega ás arcas do Imperio –algo que agora tampouco se produce-, e de ter en Lugo o Toledo visigodo ou o Madrid actual, resulta que xa contabamos daquela –hai 2.000 anos- coas que se poderían considerar as infraestructuras viarias máis desenvolvidas e importantes, as consideradas autoestradas da época[62], mentres que agora non chegaremos ao AVE ata dentro duns anos e a conexión por autovía foi a última da península. En canto á Idade Media, que dicir dun idioma empregado social e culturalmente ata por Afonso X (O Sabio), sendo daquela valorado e *de modé* –mentres que agora resulta repudiado-. Mentres que a partir do século XVI, *voilá*, Galicia practicamente desaparece dos primeiros postos do escenario social, pasando a desempeñar papeis secundarios ou, máis ben, de última fila. Coido que está claro o que quero reflectir e cal é o balance.

---

[62] No xornal O Progreso -do día 23/06/2009- faise esta afirmación, referíndose ás comunicacións que tiña daquela a cidade de Lucus Augusti; mentres que, se quixermos ampliar esta perspectiva entrando en detalles, temos na mesma nova que "as excavacións arqueolóxicas sacaron á luz amplas casas individuais que nada terían que envexar ás actuais mansións, con piscina climatizada e calefacción, grandes mosaicos e espazosas estancias. As 'domus' e as súas termas privadas quecíanse cun sistema denominado 'hypocaustum', unha cámara baixo o chan das habitacións pola que se distribúe o aire quente procedente dunha lareira".

¿Que nos compensa?, ¿que nos interesa?. Agora toca cuestionarse o de deixar en mans alleas o noso destino social ou ocuparse dunha vez por todas do mesmo. Non é unha cuestión lingüística, nin de aldraxes, nin tan sequera de culpables: simplemente resulta que a sociedade galega, comparativamente, obtivo mellores resultados coas interaccións sociais anteriores a esta última etapa. Repito en que isto non debe incomodar ninguén e debe ser tratado dentro do ámbito das relacións normais humanas, neste caso referidas a un colectivo específico. Dicir que con celtas, romanos, suevos ou visigodos nos foi mellor non é descalificar ninguén, senón establecer unha realidade comparativa, co ánimo de acordar o noso ego social e así procurar mellorar a nosa sociedade por medio do (re)coñecemento do seu *pedigree* e dos seus posibles.

Insisto, como colectivo propio estamos nunha encrucillada xa que, ou ben podemos conformar un ente social, co noso papel, protagonismo e valores -ao tempo que compartimos marcos sociais máis amplos- ou, polo contrario, estaremos abocados a diluírnos socialmente (e probas disto último xa vimos que tampouco faltan, como é no caso do idioma e a rápida adscrición a factores externos ou, dito doutro modo, o abandono sistemático dos propios: desde o gando, o bosque autóctono, pasando polos materiais e formas de construción, ata os valores, estilos de vida, etc.). O que tento dicir é que, o mesmo que pasa a nivel persoal cando un non se valora a si mesmo, a nivel social os galegos deberíamos cuestionarnos e ser conscientes de estimar o noso "eu social", algo que parece brillar pola súa ausencia, sen que iso derive ou teña que ver con exclusivismos, *chauvinismos* ou autarquías, senón cunha simple cuestión de subsistencia e de prioridades como grupo social específico que aínda somos.

De feito, tal e como se pudo comprobar na información recadada, Galicia constitúe un lugar que atraiu e atrae riadas de xente. Isto é, pódese dicir que Galicia é un paso natural, guía, camiño ou un dos cauces dos que dispón a humanidade para facer o seu percorrido –por non falar da súa peregrinación-, cal oráculo ou orientación vital. Por tanto, ademais de sermos sabedores dese papel e da súa tremenda importancia, tamén debemos ser capaces de que iso redunde na nosa propia entidade sociolóxica, abrindo o actual encoro idiosincrático e recuperando o significado e papel desta terra; devolvéndolle así a Galicia o seu protagonismo máis universal, cal buraco negro do noso cosmos social, do que a tradición di que comunica a vida de aquí coa do máis alá[63]. Mentres que, en canto ás cualidades e dons naturais que sempre deparou esta terra, a receita sería –simplemente- que non nos pase o de sempre, que foron aproveitadas por outros.

"... Roma actuou en Galicia a modo de 'axente revelador' da riqueza cultural que aquí existía, mais que non era historia". (Villares, 1985: 38).

Segundo este mesmo autor:

---

[63] Referíndose ao Camiño de Santiago, Sánchez Dragó pregúntase se será "brecha aberta no espazo e no tempo." (1981, Vd II:139).

"O descobrimento e toma de consciencia de Galicia como unha unidade é un feito plenamente contemporáneo, aínda que os ilustrados fixeran importantes anticipacións neste aspecto, especialmente Martiño Sarmento. Esta concepción diferenciada de Galicia comenza moi timidamente coa guerra napoleónica e concrétase na década de 1840, despois da consolidación da revolución liberal e de todo o que esta significou: progresiva uniformización e homoxeneización de España na orde económica (mercado 'nacional'), político (administración centralizada e división provincial) e cultural (alfabetización obrigatoria en castelán). Esta toma de conciencia na década de 1840 parte de supostos moi simples, mais ten o mérito de inaugurar unha corrente ideolóxica e unha práctica política que haberá de prolongarse ata a actualidade. Corrente e práctica que tende a definirse na historiografía dos últimos anos como galeguismo, entendendo por tal a afirmación de carácter diferente de Galicia fronte a outros pobos e a loita por conservar e dar forma política esa diferenciación". (1985: 172)

Está claro que o noso futuro como ente social particular nin está no establecemento de fronteiras nin na osmose con outras entidades deste tipo, aínda que sexan máis grandes ou totalizadoras. Tentar coller o tren independentista ou de voltar a ser un Reino sería como seguir os cantos das sereas ou doutras referencias coas que nos describe socialmente o antropólogo Marcial Gondar, no seu artigo en *Galicia, unha luz no Atlántico*. En troques, se quixermos ser un grupo con entidade deberemos exercitar a nosa musculatura social, non moi desenvolvida que digamos, deixando de imitar marcos de referencia social que, como vimos dicir, non son precisamente os que nos aportaron máis.

Temos que ser conscientes de que, a nivel colectivo, tamén é bo diferenciarse ou, incluso, destacar, igual que ocorre a nivel persoal. Polo que ser máis conscientes da nosa personalidade social común, como galegos, non só redundaría no noso desenvolvemento, senón que sería a mellor forma de contribuír aos contextos nacional e internacional.

Como queda dito, ese futuro non pinta nada ben cara a reforzar a nosa identidade social, algo que tamén sinala Barreiro Rivas:

"Ou dito doutro xeito: a única defensa posible da futura identidade galega é aquela que se apoia na vontade e na capacidade de asunción dos instrumentos da globalización e na aberta construción dunha mentalidade global" (Galicia 2020: 25)

Para describir o dito, vexo unha sociedade cun espírito de supervivencia e enraizamento territorial moi significativos, incluso que podemos caracterizar como propios, singulares e diferenciadores, bautizándoos como o especial mecanismo socio-cultural de simbiose dos galegos coa súa contorna (sexa esta a que lles viu medrar ou á que tiveron que irse). Dita habilidade, social e culturalmente cultivada, herdada e comunmente extendida, manifestaríase, sobre todo e precisamente, nun devir social preferentemente desapercibido, procurando resgardarse ou non mostrarse moito, así como adaptándose o máximo posible ás circunstancias. Serían todos claros síntomas dunha estratexia ou comportamento sociais ancestrais de supervivencia. E todo iso, movido ou presidido por unha forza, motor ou principal motivo de vida común para este colectivo que sería, como vimos dicindo, preservar o seu microcosmos, por riba de calquera outra formulación ou perspectiva. Parece que os valores os poñen outros.

Sobre esta apreciación, recollo a carta de Josep María Llompart que, escrita no 1956, figura na *addenda* da enquisa aludida de Alonso Montero:

"Situada na súa remota e brumosa esquina peninsular, coa súa lenda ás costas, é Galicia, probablemente, unha das rexións de España peor comprendidas e máis erradamente xulgada polo resto dos españois. Aparte dos seus lugares comúns –emigrantes, hórreos, saudade, pazos melancólicos e umbríos ao Sonata de outono-; da súa gloriosa trindade romántica –Rosalía, Curros, Pondal-; da súa Compostela co pesadume de historia, pouco sabemos do espírito de Galicia, ese 'anxo mollado' do que falou Federico García Lorca. Ignorábamos, por exemplo, que a literatura galega fose unha realidade viva, perfectamente sincronizada coa sensibilidade actual e rica, ao parecer, en posibilidades; ignorábamos a existencia dun pensamento galego expresado en lingua galega, dunha arte galega persoal, moderna, universal no máis fondo sentido da palabra" (2008: 232-233)

Mentres que, terminando co símil ao que recorrín varias veces nesta investigación, se en lugar dun proceso de selección de persoal para cubrir un posto de traballo se tratase de analizar de maneira parecida a un grupo (datos curriculares + información directa), diría que estamos diante dunha sociedade que carecería de desenvolvemento como ente social, á que lle falta definición e entidade como tal e que, no escenario actual, resulta un colectivo escasamente activo ou relevante, aínda que as súas características e posibles sexan neste terreo moi significativas e importantes. O que, sen dúbida, ofrece unha perspectiva de desenvolvemento -como tal ente relevante- que non se debe obviar, senón potenciar e levar adiante -o que seguramente nos depararía moitas sorpresas agradables-.

Probas disto as temos nos moitos galegos que tiveron que afrontar ou desenvolverse nun medio que non era o seu -como foi no fenómeno da emigración-, e saíron adiante e, incluso, con éxito. De aí que en Galicia faga falla unha apertura de miras para darnos conta de que temos bases suficientes para a autoconfianza e a autoestima (sociais), que nada teñen que envexar a outras. Coido que se trata dun proceso natural, de aí os nosos posibles, mais que -con todo- estivo moito tempo solapado e cun alto custo social (máis os famosos trens que non collimos ou perdimos). Aínda así, podemos avanzar como sociedade e, para iso, falta espírito e accións colectivas propias, cos nosos marcos referenciais. Como sinala Arsenio Mota, ao contestar a citada enquisa de Alonso Montero:

"En todo o caso, é necesario ter fe profundamente nese pobo secularmente fiel 'a fala nai', mais sen pedir o que el non pode ver facer. Terá que vencer o seu individualismo atávico e a súa (natural) desconfianza, o seu vello illamento, empurrándoo cara ao palco da historia. Para iso se converte en necesaria unha auténtica promoción cultural que corresponda, no fondo, a un descobrimento e a unha asunción da súa propia personalidade." (2008: 130)

Pode que as miñas análises non gusten, como cando o médico di que hai que baixar peso, facer vida sa, comer máis froita e verdura ou vixiar o colesterol ou a tensión. Mais o que pretendo é chamar a atención para que se tome consciencia de que a nosa situación como ente social non é precisamente a máis desexable, senón que se debe mellorar substancialmente se é que queremos ter unha longa vida como colectivo específico e diferenciado.

Dita análise sociolóxica podería, finalmente, resumirse nos seguintes puntos:

a) Historicamente tivo maior recoñecemento e protagonismo a Galicia territorial que a humana. Iso non quere dicir que a xente galega non sexa válida, mais si que non adoita estar ao mesmo nivel, desacompasada ou nun segundo plano, case sempre superada pola paisaxe, polos recursos, en definitiva, polo lugar en si e por si mesmo. Se retomamos o exemplo das moradas, no caso de Galicia é como se fose máis valorada a casa que os seus inquilinos, sen desmerecer estes.

b) Por tanto e en conxunto, adoitamos ser unha poboación en asintonía coa súa propia contorna natural e cultural, como se nos fose grande ou non désemos a talla. É dicir, a sociedade galega actual non responde axeitadamente ao estatus, nivel ou papel propios deste espazo do planeta onde nos tocou vivir. Algo que pode ser considerado como unha característica propia. De feito, parece unha constante que fosen axentes externos os que case sempre se decataron (e se aproveitaron) das nosas -parece que- ignoradas posibilidades en recursos, tanto materiais como relacionados coas cuestións da humanidade.

c) Todo o cal ten como resultado ou vai emparellado ao –posiblemente tamén histórico e, por tanto, característico- descoñecemento e minusvaloración (e quizais certo complexo) da entidade social que conformamos os galegos.

d) Na actual etapa histórica, o marco sociocultural imperante non ofrece un bo balance ou resultado para Galicia, sobre todo se o compararmos cos precedentes, xa que produce unha perda progresiva da nosa importancia e papel sociais, deixándonos cun valor practicamente residual a estes efectos.

Mentres que as posibles receitas serían:

- Pornos á altura do noso escenario, sintonizando máis co mesmo grazas, entre outras circunstancias, ao mellor coñecemento, fomento e divulgación da nosa verdadeira idiosincrasia ou forma de ser, ata agora moi enmascarada por nós mesmos e polos estereotipos e a falta de interese por saber que hai en Galicia, aparte das viandas e demais riquezas naturais.

- Unha vez (re)coñecido o corpo social galego, perante á correspondente educación, exercitalo como tal e en base as súas posibilidades e características propias.

- Unha das propostas técnicas coas que xa contamos para estruturar axeitadamente dito corpo social vén da man da chamada *ordenación do territorio*, contanto posiblemente cun papel importante para isto as comarcas ou as localidades intermedias entre o medio rural e o urbano, que poden axudar a compatibilizar o desenvolvemento do actual proceso globalizador xunto coa conservación ou, mellor dito, non perda de características e identidade propias. Está claro que Galicia sempre se distinguiu polo seu particular e disperso asentamento poboacional[64], algo que se concreta no ter -incluso na actualidade- tantos núcleos de poboación como todo o resto de España; mentres que a concentración urbana é un fenómeno recente, pouco identitario –máis ben o contrario: un proceso mimético doutras partes- e que non consegue vertebrar a nosa sociedade.

- Xa que falamos de fornecer o noso corpo social, un dirixente político dicía un Día das Letras Galegas -aínda que logo non o practicara-, segundo pon de manifesto Xesús Alonso Montero (no Suplemento Culturas da Voz de Galicia, 31/10/2009): "O idioma galego, que é un ben espiritual de todos, é, tamén, o espiñazo da nosa personalidade". Se a columna vertebral da nosa sociedade é a lingua propia e, como xa vimos no diagnóstico, temos serios problemas nesa parte do corpo ou columna social, entón conviremos en que tamén fai falla un urxente fornecemento do noso idioma, pertencente á súa vez a un sistema cultural propio, que tamén necesita atención. Noutra parte deste libro mencionei a caracterización da historia e vida humana polas ideas e o desenvolvemento intelectual, sendo a linguaxe unha desas ideas -para Peter Watson- "porque constitúe un reflexo da forma na que as persoas pensan, polo que as diferentes linguas evidencian a historia social e intelectual dos pobos que as falan" (2006: 11). Segundo o cal, en canto ao estado da nosa lingua –produto de todo o noso devir e forma de ser e pensar-, poderíase dicir que -nestes momentos- estamos vivindo un capítulo ou etapa da nosa historia social moi pouco enriquecedora –por non dicir triste-, xa que a mímese coa outra lingua oficial –e, por tanto, outra forma de pensar e, tamén, outra historia- está minguando a súa presenza e, tamén, a súa influencia nesa forma de ser e facer da nosa traxectoria como pobo, cultura e sociedade. Así pois, neste punto a receita sería que o idioma galego fose (máis) valorado socialmente. Se no caso de Cataluña se pode atribuir gran parte do apoio e uso do idioma autóctono á variable clase social, elitista ou de signo de clase –de diferenciación positiva, en definitiva-, e no País Vasco pode considerarse como elemento ou argumento político-social de orgullo identitario, sobre todo para o sector e partidos chamados abertzales; no caso de Galicia non temos apenas referencia significativa algunha como valuarte ou para a valoración social do noso idioma, máis ben todo o contrario, xa que se estigmatiza como elemento de diferenciación negativo (sinónimo pexorativo de paleto, de aldea, de tosco, pouco fino, inculto, etc.). Así pois, cómpre mudar dita consideración e dar un valor social importante ao noso idioma; o que ben podería ser, por exemplo, rendindo homenaxe, orgullo e gratitude a nosa compoñente idiosincrática de carácter eminentemente rural, signo

---

[64] Casi 29.000 localidades da nosa Comunidade teñen menos de 500 habitantes, supondo o número de aldeas e lugares con menos de 10 casas un 72% do mapa galego (Fonte: Faro de Vigo).

de diferenciación e distinción social que, lonxe de ser algo negativo, debería supor todo o contrario, xa que grazas ao rural conservamos -entre outros- moitos trazos, signos e tradicións identitarias, así como o mesmo idioma galego, que de non ser gardado na arca da fala por parte -sobre todo- da poboación campesiña e do mar, a estas alturas ao peor estaría xa extinguido. Os galegos somos substancialmente de aldea, no sentido de que neste medio se desenvolveu a maior parte da nosa personalidade como ente social (xa que, exceptuando o papel do Lugo romano e o que ten Santiago como fin ou obxectivo das peregrinacións, nengunha cidade galega chega a ter representación colectiva máis aló da perspectiva localista, como pon de manifesto Precedo Ledo[65] ou como nos di a historia. Por isto e por outras moitas cousas que se expuxeron no presente traballo-, o pobo galego caracterízase -aínda agora e merecendo ser reivindicado para a nosa conformación identitaria- pola súa relación singular co seu medio ou contorna; de maneira que no lugar de perder ese sinal de identidade ou pensar que este pode subsistir nunha contorna artificial, o que debemos facer é coñecer, valorar, fornecer, dignificar e desenvolver a identificación da nosa poboación co seu medio (natural, insisto, non artificial).

- Tamén habería que facer algo similar coa nosa cultura en xeral, se quixermos exercitar axeitadamente o noso corpo social. "Galicia non pode facer diplomacia de estado, é obvio, mais si pode facer unha diplomacia branda, a través da cultura", é a opinión do actual presidente do Consello da Cultura Galega, Ramón Villarres, recollida na Voz de Galicia (01/06/2009). Tamén opina aquí César Antonio Molina: "Quizais temos a imaxe que debemos ter. Non danamos nin molestamos ninguén. Onde fomos, traballamos. Tal vez deberíamos explicarnos mellor a través da cultura. E iso conséguese creando un ambiente cultural propicio". Continuando o artigo: "Mellorar a educación e os esforzos en investigación e desenvolvemento foron un lugar común nas propostas dos galegos consultados". Entre esas consultas destaco as seguintes recomendacións para fornecer a nosa cultura: "Ser un mesmo. ... valorala e preservala" (Miguel-Anxo Murado), "Ten que ir da man das outras cousas do país" (Víctor Freixanes), ou "Abrirse ó mundo sin perder a raíz" (Borja Quiza). Mentres que rematamos coa opinión a este respecto de Xusto Beramendi, que nesta reportaxe titula o seu escrito *Cambiemos o cámara*:

"A imaxe exterior da cultura galega dependerá en cada momento do que metamos no proxector, da potencia deste para chegar máis ou menos lonxe, da intelixibilidade da mensaxe e da súa capacidade para disolver tópicos previos moi enraizados. Conseguir no exterior unha boa marca 'Galicia' no eido cultural pasa por transmitir unha identidade propia mais non resesa, pola equidistancia entre o hiperenxebrismo arcaizante e a clonación sen máis do alleo. Na producción cultural galega de hoxe hai de todo, mais unha parte apreciable dese todo, tanto na literatura, na música e nas artes plásticas como no audiovisiual ou no ensaio, reúne as condicións suficientes de calidade e orixinalidade como para formar unha imaxe boa e

---

[65] Op. cit.

moderna, dentro das limitacións dun país do noso tamaño. Outra cousa é que sexa esa parte a que se meta exclusiva ou principalmente no proxector (que depende sobre todo do poder político e doutros poderes). E aí está, na miña opinión, o principal problema. Se as grandes imaxes da nosa cultura que chegan aos de fóra son as xacobeas, imos aviados".

- Se son necesarias as medidas a nivel interno para mellorar e estruturar a sociedade galega, non o son menos aquelas outras para facelo a nivel externo, xa que unhas e outras conforman a identidade galega (e unha idea ou concepto sobre algo, neste caso un ente social, se compón das percepcións propias e as alleas). A nivel interno xa vimos algunhas propostas concretas -como a da ordenación do territorio ou o referido á nosa lingua-, mentres que tamén cómpre sinalar outros intentos e esforzos loables para articular unha Galicia social, merecedora do legado histórico e cultural que recibe; traballando para isto tamén no noso papel externo ou de interacción no escenario social global. Neste sentido se poden enmarcar as iniciativas en forma de *lobbies* galegos, como o que se conformou en Cataluña hai uns anos, ou mesmo as múltiples asociacións creadas pola nosa emigración. Mais a que traio seguidamente a colación é porque creo que apunta nunha dirección axeitada, pois a nosa interacción con Europa, máis concretamente co arco atlántico, vén de moi atrás e deberíamos recuperala no noso pulo social (ademais -ou non só- a través do significado relixioso do camiño). Estoume referindo á recente posta en marcha dun -tamén chamado- grupo de presión, integrado por funcionarios e profesionais para influir nas políticas da Unión Europea[66]:

"Hai que facilitar o coñecemento da Galiza real, fóra de folclores e sentimentos saudosos. Non somos exclusivamente un destino turístico, senón unha sociedade aberta de xente traballadora e emprendedora" (Xavier Vázquez).

"Galegos de valía en posicións de responsabilidade hainos abondo. Mais a falta de canles de participación fixo que se botase a perder un capital humano que podía ter estado ao servizo de Galiza" (Xosé María Sainz Pena).

"Véxase os valencianos, vascos e cataláns en Bruxelas. Son respectados como conxunto pola súa política de demostraren presenza. E como existen porque pregoan a súa existencia, os seus intereses son tomados en consideración cando reclaman ou ofrecen algo por medio das canles oficiais das súas delegacións de goberno" (Xavier Alcalá).

"Europa non ten ningunha imaxe de Galicia" (Jorge Velasco).

"De Galicia só hai vagas ideas. E os galegos deberían presentarse en Europa como a ponte natural iberoamericana" (Xavier Alcalá).

"A imaxe de Galicia en Europa non vai máis alá que a doutras rexións ou nacións da UE: están, pero non

---

[66] Ver A Voz de Galicia do 1 de novembro do 2009, páxinas 2 e 3.

teñen a visibilidade que lles corresponde pola súa historia, a súa cultura, a súa lingua" (María González Encinar).

"Non creo que o europeo teña unha concepción sobre si é unha rexión, un país ou unha nación. Eu suxeriría unha presentación de Galicia como parte dun arco atlántico de intereses" (Manuel Espárrago).

"Segue a ser unha descoñecida. E gustaríame que fora coñecida pola súa disponibilidade a cooperar con outras rexións" (Fernando Trabada).

Destaco así algúns puntos, aspectos ou campos nos que considero que se debería actuar para mellorar o noso ser colectivo, procurando tamén que sexan xeneralistas, factibles ou abordables para cada un de nós, dende o individuo hacia a sociedade[67]. Indubidablemente, hai tamén posibles obxectivos, liñas de actuación e recomendacións específicas para este propósito e susceptibles de seren feitas por organismos, institucións, axentes, poderes fácticos, representantes, sectores ou subsistemas sociais, se ben exceden o presente traballo.

Coido non equivocarme moito se digo que a actual carreira ou percorrido social imperante ou modal -a da chamada modernidade, canto máis rápido e arriba mellor-, non van moito connosco; senón que socialmente quizais sexamos máis de probas de fondo, de demostración máis que de competitividade, de tempos non cronometrados para chegar a este ou aquel tren, a tales ou cales indicadores e índices, etc. Iso non quere dicir que esteamos fora de xogo. O que pasa é que hai pobos que practican os *sprints* na historia, outros o medio fondo ou outros o maratón (é dicir, ten que haber de todo, como na biodiversidade, canta máis mellor). E no caso de Galicia –como noutras partes do mundo- quíxose e quere impor a esta sociedade o modelo do que se deu en chamar o mundo moderno (algo que podemos datar na nosa inicial integración no Estado español, a mediados do século XV); tamén subirnos aos famosos trens que –con todo- sempre perdíamos, porque quizais non ian connosco, coa nosa forma de ser. Se tivermos algo é unha traxectoria e unha valía na historia da humanidade e un estilo de vida propio, que xa achegaron moito no seu tempo (sincretismos cultural e relixioso, recursos naturais e sociais, europeización, etc.), e que póren nos empeñamos en uniformar ou, como se di agora, globalizar. É como se ao *american way of life* (ou estilo de vida norteamericano), ou á *flegma* inglesa, ou ao *chauvinismo* francés, ou á *dolce vita* italiana se lles quixesen impor outras concepcións, formas de ser e de vivir non acordes coas súas traxectorias, contornas, estilos, valores, etc. A nosa é outra temporización, outros ritmos, como tamén é outra historia e outra contorna. E non pasa nada por iso. Ao revés, creo que podemos achegar máis desde esa perspectiva e devir social específicos, máis repensados, máis pousados ou non tan atarefados, desde esa diferenciación espazo-histórica-temporal-cultural. Repito que xa o fixemos, dando ao mundo coñecido unha resposta de convivencia entre as forzas naturais e espirituais: o chamado sincretismo que,

---

[67] Parafraseando o famoso discurso de John F. Kennedy, trataríase de aplicar aquilo de que *non te preguntes o que pode facer Galicia por ti, senón o que podes facer ti por Galicia.*

tras os druídas e celtas, culminou co priscialismo e que, en parte e grazas ás peregrinacións, deu forma e lugar ao nacemento da unión europea, tal e como se entende agora.

Podemos recuperar esa condición, facultade e bagaxe sociais para mostrar de novo a este mundo que a armonía e respecto pola natureza non ten que estar reñido co desenvolvemento humano. Por exemplo, tal e como se recolle e pon en práctica hoxe en día no modelo das 3 E (Equidade, Ecoloxía, Economía), de McDonough e Braungart[68], modelo no que os galegos teríamos xa algo avanzado, posto que a Equidade social ou –dito ao revés- a desigualdade nunca foi unha marca orixinaria distintiva da nosa comunidade; en canto a Eco-efectividade sería cuestión de retomar sendas e camiños algo ou bastante esquecidos -mais nos que en Galicia contamos cunha bagaxe histórica dun valor inestimable-, mentres que no referente á Economía -que segundo estes autores (que xa aplican este modelo en Nike, Ford ou en edificios e planificacións de Chicago ou China), significa traballar sobre as cousas, os productos, os servicios e os sistemas correctos-, coido que diso tamén sabemos algo, ao menos en canto a traballar ben se refire. Se a este modelo ou proposta de carácter técnico lle engadirmos a conexión ou referencias de carácter máis espiritual, de conciencia ou moral, como tamén o denuncian, demandan ou poñen de manifesto no Consello das 13 Avóas[69] -que queren retomar a sintonía entre humanos e o planeta, tan perdida como se demostra na mudanza climática, extinción de especies, sobreexplotación ou, incluso, entre nós mesmos (fame, guerras e demais)-; entón creo que teríamos a fórmula ou combinación perfecta: razón e *modus operandi* á hora de vivir axeitadamente como sociedade (lémbrese o *life motive* dos galegos sinalado neste traballo e tómese no sentido positivo: *vive e deixa vivir*). Tendo ademais que neste terreo, referente á espiritualidade humana e á súa conexión coa natureza, seríamos dos poucos pobos que souberon ler, comprender e facilitar ese entendemento entre contorna e xente (outros exemplos refírense ás tribos americanas –tanto do norte, do centro ou do sur-, a outros sincretismos como o sufí, aos predicamentos hinduístas ou do oriente próximo e medio, etc.). De feito, coido que a sociedade galega ten unha boa ocasión e axeitado papel na recuperación e actualización dun xeito europeo de entender esa harmonía entre planeta e home, algo que se foi perdendo e vencellando case que exclusivamente ao fenómeno relixioso, cando é moito máis amplo e importante, tal e como se demostra nestas dúas obras mencionadas: por unha parte, co coñecemento e a viabilidade do concepto de ecoefectividade -de McDonough e Braungart- e, por outra, na chamada de atención sobre a perda de sintonía non so física senón tamén espiritual entre o home e a natureza -tal e como sinala o Consello Internacional integrado por esas Avoas da Humanidade-. Así pois, creo que Galicia pode e debe recuperar ese papel protagonista e de referencia para o entendemento e a armonía do home-contorna-espazo, empezando pola focalización a nivel europeo –na que tamén xa temos certo camiño andado a nivel relixioso-, ampliando os nosos

---

[68] Michael Braungart e William McDonough: *Cradle to cradle. De la cuna a la cuna: Rediseñando la forma en que hacemos las cosas.* McGraw-Hill. Madrid, 2005.

[69] Carol Shaefer: *La voz de las trece abuelas.* Editorial Luciérnaga. Barcelona. 2008

saberes e bagaxes ancestrais e interaccionando con outras culturas -que para todo iso si que serve a globalización-.

Aos meus alumnos dígolles que, segundo o modelo que toma como referencia o PIB (Producto Interior Bruto), temos os famosos e importantísimos G-20 ou G-8, nos que figuran ben posicionados países como China ou India; en troques, tendo en conta o IDH (Índice de Desenvolvemento Humano, xa visto na parte empírica deste traballo) os primeiros países do mundo serían Islandia, Noruega, Australia, Canadá, Irlanda, Suecia, ..., mentres que China estaría na metade da clasificación (no posto 81) e a India case ao final (no posto 128) (EE.UU no 12 e España no 13) [70]. Xa non só para Galicia, senón en xeral para o resto do mundo, o que debemos cuestionarnos é que modelo de sociedades queremos, basicamente optando entre aquelas que apostan polos indicadores e valores de tipo económico, de produción e demais, e as que optarían pola realización e calidade humana da vida e por outros valores menos mercantilistas ou competitivos (por suposto, sendo compatibles ambos modelos, sen menospreciar a ningún deles, habendo incluso hibridacións e buscando sempre a maior diversidade posible). No caso de Galicia creo que vai máis connosco ou debemos seguir ese outro modelo de sociedade, caracterizado por outros índices diferentes aos da macroeconomía, a industrialización ou aos indicadores de produción e de consumo. O noso país foi e é diferente, non é desa liga que impera no imaxinario global dos círculos e ámbitos mercantís; é doutra, cun estilo de vida propio, un discorrer diferente e lembrando a importancia do espírito sobre a materia. Para lograr iso a miña fórmula sería: coñecemento, autoestima e educación. De feito, o citado IDH é un indicador composto que mide o avance promedio dun país en función de tres dimensións básicas do desenvolvemento humano: vida longa e saudable, acceso a coñecementos e nivel de vida digno. ¿Por que non apostar por crecer nestas dimensións nas que, como se viu, temos moita bagaxe e van máis connosco, ademais de poder exercer de faro ou guía para outras sociedades?[71].

---

[70] Fonte: Programa de Nacións Unidas para o Desenvolvemento (PNUD). Informe correspondente ao periodo 2007-2008.

[71] Outro exemplo tanto de posibles clasificacións e criterios referidos a entes sociais, como de aspectos cada vez menos econométricos e máis sociolóxicos dos mesmos, o podemos entresacar do recente artigo publicado na edición dixital do País (23 de novembro de 2009), e do que se reproduce a parte final.

"España segue sendo 'different'

Hai países con boa prensa e outros cunha imaxe tan deteriorada que calquera tentativa de lavado de cara parece condenado ao fracaso. A Turquía costoulle décadas facer esquecer a ruína do seu sistema de prisións, posto de relevo pola película *O expreso de medianoite*, de Alan Parker (1978). A Colombia, por pór outro exemplo, perséguenna dúas fantasmas: a coca e a violencia. ...

Mais as nacións tamén poden posicionarse grazas á súa reputación, sobre todo cando se tratar de atraer inversións ou visitas. O informe CountryRep 2009, elaborado polo Reputation Institute, mostra datos moi interesantes sobre España. 'Entre 34 países analizados, incluídos os do G-8, España ocupa o posto décimo, por riba de Estados Unidos', sinala Fernando Prado, responsable da sección española do instituto. 'Culturalmente, o mundo nos ve como unha potencia; físicamente (atractivo xeográfico), somos moi valorados; obtemos moi boas notas como membro responsable da comunidade internacional e no ámbito institucional e político... Tamén se nos considera un modelo de estado do benestar, mais como fonte de marcas e empresas suspendemos', explica Prado.

Esta sería a miña aposta ou horizonte para recuperar, como sociedade, un estado de forma, complexión e funcionalidade axeitados e que, nestes momentos, están bastante atrofiados e deteriorados, tal e como se puido comprobar na presente análise.

Máis argumentos técnicos que corroboran dita desarticulación social en Galicia, e que alarman sobre a crise demográfica da nosa sociedade, acaban de ser publicados nos informes do Atlas Socioeconómico de Galicia Caixanova 2009 -xa comentado-, do Instituto Nacional de Estatística (INE) e doutro que se desprende da análise sobre a situación demográfica de 223 países, feito polo Goberno estadounidense. Respecto a estes dous últimos, creo que merece a pena entresacar os artigos de opinión escritos, respectivamente, polo demógrafo Manuel Blanco Desar e o xornalista César Casal.

Baixo o título, *Galicia 2020*, Blanco Desar chama a atención e á acción ao final do seu artigo:

"Temos que dotarnos de toda unha panoplia de medidas que poidamos financiar durante un par de xeracións e que sexan eficaces. Aínda que para isto tamén precisamos dun gran consenso social, que non esté sometido ao capricho da coniuntura e o caneo en curto. Sen tal espírito reconstituínte, a comunidade galega instalarase na senescencia, camiño da súa inviabilidade económica e necrose cultural" (A Voz de Galicia, 22 de novembro de 2009, páx. 6)

Pola súa parte, César Casal recolle o tesemuño dos científicos e analistas para que, igual que fai Xusto Beramendi nas súas declaracións nesta mesma reportaxe, esta cuestión tan alarmante pase a primeiro plano da actualidade e dos obxectivos que temos que afrontar se quixermos seguir sendo un pobo ou colectivo coa súa correspondente entidade social.

"O país dos mortos

Imos de cabeza a converternos nunha gran santa compaña. Xa temos pobos con tres cemiterios e ningún centro de saúde, porque hai máis mortos que vivos. O profundo traballo que fixo o meu compañeiro Manuel Blanco déixanos tremendo. Se non hai mudanzas, Galicia terá en 40 anos un millón de habitantes menos, o censo da Galicia de mediados do século XIX. Leron ben: si, século XIX. Só Singapur, Hong

---

71 É dicir, que o tradicional sambenito de país bo para vivir -para disfrutar- mais malo para traballar, segue vixente. Unha sociedade civil moi valorada fronte a un potencial económico menguado (o estudo recolle datos anteriores á crise), cunha especial debilidade: a marca España. 'Faría falta unha iniciativa pública e privada para vender a marca España no estranxeiro', subliña.

Igual que Ikea é Suecia ou Mercedes Alemaña, 'a España non a identifican fóra con ningunha marca ou gran empresa', continúa Prado. Hai excepcións, por exemplo, o Real Madrid ou o Barça son corporacións moi recoñecibles. Mais España, como tal, segue sendo un sitio pintoresco; o lugar da sesta e a simpatía que no seu día -finais de século XIX- *descubriron* os viaxeiros ingleses. Un lugar cheo de paradoxos, tamén: 'Exportamos o modelo da Transición española, pero somos incapaces de facer saber que Abertis está construíndo autoestradas en medio mundo.'"

Kong e Macao teñen unha taxa de natalidade máis baixa que a nosa comunidade. Unha ollada aos gráficos que ilustraron estes días os traballos na Voz estremece. Os municipios que, no 2008, tiveron entre ningún e dez nacementos forman unha mancha negra de terror que se estende como unha novela de Stephen King desde Ourense e Lugo cara ao Oeste. Chegamos a ter medias por baixo dun neno por muller, cando só por riba de dous nenos hai futuro. Mais os gobernos da Xunta ficaron sen palabras. Nin Albor, nin o tripartito de Laxe, nin a era glacial de Fraga -que se limitou a bromas fóra de ton sobre reproducirse-, nin as dúas cabezas que se devoraron a si mesmas do bipartito, nin agora o pai Feijoo tomáronllo en serio. Expertos cren que hai que multiplicar as axudas a natalidade e a vivenda. Que, dentro de corenta anos, vivamos aquí un millón menos é o problema máis serio que temos como país por diante, falemos máis ou menos galego que castelán." (A Voz de Galicia, 24 de novembro de 2009, páx. 14)

A este respecto, só quero puntualizar que a localización das taxas de natalidade máis baixas que a galega se corresponden cunha zona moi concreta do planeta, Asia Oriental, con coñecidos problemas de vivenda ou espazo habitable, sobrepoboación e políticas restrictivas en canto ao número de fillos. É dicir, mentres que en Singapur, Hong Kong ou Macao a taxa de natalidade resulta así de baixa digamos que a propósito, porque queren o necesitan ou mandan, póren en Galicia resulta todo o contrario, e prodúcense a pesar dos chamamentos e esforzos a prol da mesma. ¿Será un (outro) síntoma da necrose social citada uns parágrafos máis arriba, ou mesmo do cuarto tipo de sociedade, a da decadencia, que sería a derradeira no desenvolvemento dunha civilización, segundo Spengler[72]?.

Xa sei que é moi difícil ou utópico recuperar glorias pasadas, como por exemplo que os actuais Irán e Irak -a antigua Mesopotamia- voltasen a ter o esplendor e valías sociais de antes (do chamado berce da civilización). Mais temos a ventaxe de vivir en Europa, unha das mellores construcións da historia humana —segundo a revisión feita e xa referida de Peter Watson-, o que nos permite achegar a nosa bagaxe e perspectiva socio-cultural, coas súas características e contidos propios, sen deixar de ser universalistas; mentres que o mimetismo respecto a outros modelos socio-culturais parece que non fai senón diluír a nosa presenza e entidade como parte diferenciada -á vez que integrada- do proxecto común que supón a supervivencia e desenvolvemento do conxunto da humanidade.

Somos unha sociedade pulida, erosionada e diversificada polo tempo, como a nosa orografía. É dicir, nin despuntamos nin nos caracterizamos polos nosos picos ou punteiras sociais, senón polos relieves suaves, pola lóxica, perspectiva e maneiras de ser graduais ou borrosas, non dicotómicas ou binarias. Se o tempo conformou a nosa paisaxe e contorna, facendo do noso territorio un lugar esteticamente fermoso, rico en recursos e confortable para a vida -por unanimidade de criterios e opinións-, tamén o contido ou parte social ligada a dito territorio debería ir acorde con esas características. De feito, se as primeiras referencias sobre a humanidade

---

[72] Op. cit.

–entendida e caracterizada polo dominio do lume, o emprego de utensilios e a construción de casas-, remóntase a uns 10 mil anos a. de C.[73], dos galegos temos xa referencias de hai uns 5 mil (a. de C.). Isto é, seguramente somos uns dos pobos máis antigos deste planeta. Categorías e bagaxes, polo tanto, que de algo deberían servir ou, polo menos, que hai que (re)coñecer e por en valor, a non ser que esa idade social sexa outra das causas da nosa senectude como pobo e cultura autóctonos.

A recente campaña publicitaria da cadea de alimentación galega GADIS –que, como toda publicidade, intenta transmitir o máximo contido no mínimo tempo e espazo posibles-, recorre ao orgullo de ser e sentirse galegos, buscando así a fidelización entre a clientela potencial e os seus establecementos, neste caso baixo o denominador común da identificación territorial, histórica e cultural. Para elo, destaca varios trazos, sinais, acenos, expresións, características, logros e demais aspectos propios, á vez que (re)coñecidos, e dos que podemos sentirnos orgullosos. "Vivamos como galegos" é o *claim* principal empregado nesta campaña, e nunha das súas últimas versións remata coa expresión, eslogan ou *leitmotiv*, por suposto tamén moi galego: "Malo será" (incluso escribíndoo todo xunto, "maloserá", facendo así propio dos galegos o xeito e forma en que o empregamos na nosa comunicación social). Nin que dicir ten que as campañas de publicidade se basean en estudos dos *targets* ou públicos obxectivos -neste caso referíndose á sociedade galega prescriptora da compra no fogar-, sendo que a escolla da expresión *malo será*, ademais de por ser típica galega e recorrente desde o punto de vista publicitario, ven a dicir moito da nosa idiosincrasia ou forma de ser. Cunha expresión construída con dúas palabras (que publicitariamente se articulan nunha sóa, facéndoa máis popular e pegadiza, para facilitar así o seu recordo/identificación á potencial clientela), resulta que unha delas ten significado negativo (malo), e a outra é un tempo verbal de futuro. Póren, con iso somos capaces de comunicar, querer e desexar o mellor, o positivo, nunha especie de *conxuro verbal* que –esa é a vontade ou intencionalidade social asignada- sirva para afastar os males[74]. Iso é Galicia, iso somos nós. Maior bagaxe cultural non se pode recoller en dúas palabras, xa que dito *exorcismo comunitario* de carácter verbal se remonta ou pode ter as súas orixes nas prácticas druídicas dos nosos antergos, mentres que a lóxica borrosa que encerra non hai outra igual, quizais en sintonía co borroso que resulta aínda a humanidade en xeral, que non se sabe si sobe ou baixa a escaleira do desenvolvemento acorde co planeta no que vive e coa súa propia especie (se temos en conta datos tan horrosos como os millóns de persoas que pasan e morren de fame e outras miserias, nenos sen esperanza de vida por enfermedades curables e outras causas, abusos e crimes contra a humanidade, guerras e demais comportamentos noxentos, etc.). Así pois, e recorrendo a dita

---

[73] Peter Watson, op. cit.

[74] De feito o anuncio, que lembra a nosa emigración tentando establecer un paralelismo coa actual crise económica, afirma que os galegos "somos capaces de saír adiante como ninguén no mundo, de reinventarnos, de apertar os dentes, de traballar máis e mellor". E todo iso, baseado "nunha fórmula secreta", que non é outra que a consabida expresión empregada: "maloserá".

campaña publicitaria, tamén poderíamos pór a expresión *ao dreito,* xa que parece que está ao revés (algo tamén moi propio da nosa forma de falar, da retranca e idiosincrasia galegas, como se viu neste estudo), dicindo así *vivamos como galegos* polo noso ben e o dos demais, incluído o medio ambiente. Claro que isto non é nin serve como *claim* publicitario, senón que quere ser unha chamada de atención, máis ben de alarma, ante o panorama que se nos presenta como ente social propio.

Espero e desexo que o aquí referido non sexa froito dun proceso eminentemente subxectivo, obviando os defectos da sociedade á que pertenzo nin exaltando bondades ou virtudes, como adoita ocorrer cando informas a alguén sobre ti mesmo, da túa familia ou doutro grupo de pertenza. Tampouco digo que os datos e informacións aquí compilados conformen a realidade social única ou indefectible de Galicia. Simplemente, me estou referindo á imaxe dos galegos conformada ou froito do traballo de investigación e da información recadada (iso si, con metodoloxía científica) e que pode ou non coincidir, en todo ou en parte, co que dita realidade supón, transmite ou representa verdadeiramente e que, por suposto, non ten por que ser igual á imaxe ou concepto que outros poidan ter ou facerse deste colectivo. Quizais aquí o valor estea en que a información que se explicita sexa diversa, multidisciplinar, directa e indirecta e sobre un colectivo ou ente social no seu conxunto, tentando con iso dar unha idea real do mesmo, obtida perante técnicas de investigación que nos ofrece a ciencia (neste caso e principalmente a socioloxía) e que se diferencia daquelas sustentadas baixo outros supostos (lémbrense as comparacións con estereotipos, tópicos, imaxes mediáticas, etc.).

En definitiva, cos seus fallos e tamén as súas virtudes, quixen pór a sociedade galega diante dun (macro)espello, xa que creo que aínda moitos non nos (re)coñecemos nela. Con todo, non sei se conseguín transmitir algunha idea, concepto ou imaxe da nosa entidade común e, de ser así, se foren ou non axeitadas. De fracasar nestes dous propósitos, o meu traballo non deixaría de ser unha disertación, máis ou menos elaborada. Mentres que se o aquí dito suxeriu algo, sexa incrementando nalgunha medida o coñecemento sobre a realidade social galega, ou describindo os galegos como un colectivo ou ente social de tal ou cal forma, entón, se algún destes supostos se producir, estarei satisfeito co traballo e o tempo empregados.

Grazas polo voso.

BIBLIOGRAFÍA

ALONSO MONTERO, Xesús: *Encuesta mundial sobre la lengua y la cultura gallegas*. Alvarellos Editora. Santiago de Compostela. 2008

ÁLVAREZ SOUSA, Antón (Coordinador): *Realidade social galega*. Ir Indo Edicións. Vigo. 2000.

ATLAS SOCIOECONÓMICO DE GALICIA CAIXANOVA. Edita Instituto Sondaxe. A Coruña. Anos 2005, 2006, 2007, 2008 e 2009.

BARREIRO RIVAS, Xosé Luis: *A Galicia do 2020*, en "Galicia 2020". Ir Indo Edicións. Vigo. 2000.

CACABELOS, Ramón (Ed.): *El legado de Garkok*. Fundación Ebiotec. Madrid. 2006.

CASTELAO, Alfonso: *Sempre en Galiza*. Biblioteca Gallega. A Coruña. 2001.

C.I.S. (Centro de Investigaciones Sociológicas): *Identidades, actitudes y estereotipos en la España de las Autonomías*. Estudo nº 2.123. Madrid. 1994.

COSTA CLAVELL, Xavier.: *Los gallegos*. Edicións Nós. Buenos Aires. 1970

FERNÁNDEZ DE ROTA, José Antonio: *Antropología de un viejo paisaje gallego*. C.I.S. Siglo XXI Editores. Madrid. 1984.

FERNÁNDEZ DE ROTA, José Antonio: *Gallegos ante un espejo: Imaginación Antropológica en la Historia*. Ediciós do Castro. A Coruña, 1987.

FERNÁNDEZ PRIETO, Lourenzo: *Labregos con ciencia*. Edicións Xerais de Galicia. Vigo. 1992.

FREIXANES, Víctor (Coord.): *Galicia. Unha luz no Atlántico*. Edicións Xerais. Vigo. 2002.

FUNDACIÓN SANTA MARÍA (Ed.): *La sociedad española de los 90 y sus nuevos valores*. Madrid. 1992.

GONDAR PORTASANY, Marcial: *Entre o si e o non: retrato antropolóxico de nós*, en "Galicia. Unha Luz no Atlántico". Edicións Xeráis. Vigo. 2002.

GONZÁLEZ LÓPEZ, Emilio: *Historia de Galicia*. La Voz de Galicia (Biblioteca Gallega), A Coruña. 1980

GONZÁLEZ ROUCO, Roberto: *Galicia na encrucillada*. Editorial Alvarellos. Lugo. 1994

INGLEHART, Ronald: *El cambio cultural en las sociedades industriales avanzadas*. Monografías CIS nº 121. Siglo XXI Editores. Madrid. 1991

I.G.E. (Instituto Galego de Estatística): *Galicia en cifras*. Xunta de Galicia. Santiago de Compostela.

LAMAS, Santiago: *Galicia borrosa*. Edicións do Castro. Sada (A Coruña). 2004.

LISÓN TOLOSANA, Carmelo: *Perfiles simbólico-morales de la cultura gallega*. Editorial Akal. Madrid. 1974.

MURADO, Miguel-Anxo: *Otra idea de Galicia*. Random House Mondadori. Barcelona. 2008

OTERO PEDRAYO, Ramón: *Ensaio Histórico sobre a Cultura Galega*. Editorial Galaxia. Vigo. 1982.

PENSADO, José Luis: *Galicia en su lengua y sus gentes*. Biblioteca Gallega. A Coruña. 1991.

PINTOS DE CEA, Juan Luis: *Análisis y descripción de los hábitos culturales de los gallegos*. Xunta de Galicia.

PRECEDO LEDO, Andrés: *Geografía humana de Galicia*. Oikos-Tau. Vilassar de Mar (Barcelona). 1998

RIVAS, Manuel: *Galicia, Galicia*. Editorial Aguilar. Madrid. 2001.

SÁNCHEZ DRAGÓ, Fernando: *GÁRGORIS Y HABIDIS: Una Historia Mágica de España*. Ediciones Hisperión. Madrid. 1981

SANGRADOR, José Luis: *Identidades, actitudes y estereotipos en la España de las autonomías*. C.I.S. Madrid. 1994.

SERRANO CAMBÓN, Francisco Luis: *Cronología inédita de Galicia*. En: http://perso.wanadoo.es/cambon/

TARRÍO FERNÁNDEZ, José Antonio: *Cultura, educación e tradicións populares en Galicia*. Edicións do Castro. Sada (A Coruña). 1989.

TOYNBEE, Arnold: *Estudo de la Historia*. Tomos I, II y III. Editorial Planeta. Barcelona. 1989

VÁZQUEZ FERNÁNDEZ, Xosé Gabriel: *El suicidio en Galicia*. En Libro de Ponencias do 1º Congreso Astur-Galaico de Socioloxía. Santiago de Compostela. 1993.

VÁZQUEZ FERNÁNDEZ, Xosé Gabriel: *La historia de la demoscopia en Galicia*. En "Realidade social de Galicia". Ir Indo Edicións. Vigo. 2000.

VÁZQUEZ FERNÁNDEZ, Xosé Gabriel: *Galicia: Nunca Máis (cada 500 años)*. Revista Investigación y Marketing Nº 78 (AEDEMO).

VÁZQUEZ FERNÁNDEZ, Xosé Gabriel: *Las imágenes conformantes de la realidad social*. Tese Doutoral. Universidade de A Coruña. 2006

VEIRA VEIRA, José Luis (dir.): *Las actitudes y los valores sociales en Galicia*. CIS, Monografías nº 247. Madrid. 2007.

VILAS NOGUEIRA, Xosé: *Competitivos, xerárquicos e igualitaristas en Galicia: prosopografía*. Revista de Estudos Políticos. nº 103. Madrid. 1999

VILLARES, Ramón: *Historia de Galicia*. Alianza Editorial. Madrid, 1985.

VILLARES, Ramón: *Historia, con algo de prospectiva*, en "Galicia 2020". Ir Indo Edicións. Vigo. 2000.

VILLARES, Ramón: *Sobre a identidade histórica de Galicia*, en "Galicia. Unha Luz no Atlántico". Edicións Xeráis. Vigo. 2002.

V.V. AA.: *Galicia 2020*. Ir Indo Edicións. Vigo. 2000.

VV. AA. (C. LAMELA, O. TABOADELA, X. G. VÁZQUEZ): *El País de Nunca Máis y Máis que Nunca*. Edit. Fundación Santiago Rey Fernández-Latorre. A Coruña. 2003.

V.V. AA. (VICENTI, ROVIRA, TENORIO): *Aldeas, Aldeanos y Labriegos en la Galicia Tradicional*. Instituto de Estudos Agrarios, Pesqueros y Alimentarios. Madrid. 1984.

VV.AA. (SABUCEDO, KLANDERMANS, RODRÍGUEZ e FERNÁNDEZ):

Identidad social, valoración política y movilización colectiva en un contexto supranacional. Revista de Psicología Social. Volumen 15. Fundación Infancia y Aprendizaje. Madrid. 2000.